吉林省教育科学“十三五”规划课题
《基于图画书的幼儿情绪调控能力培养策略研究》

走进幼儿情绪管理

主编◎ 孙红艳　郜永红　樊俊杰

中国出版集团有限公司
世界图书出版公司
北京　广州　上海　西安

图书在版编目（CIP）数据

走进幼儿情绪管理 / 孙红艳，郜永红，樊俊杰主编
. — 北京 : 世界图书出版有限公司北京分公司，2023.8
ISBN 978-7-5232-1036-9

Ⅰ . ①走… Ⅱ . ①孙… ②郜… ③樊… Ⅲ . ①情绪—自我控制—学前教育—教学参考资料 Ⅳ . ① G613

中国国家版本馆 CIP 数据核字 (2024) 第 007697 号

书　　名　走进幼儿情绪管理
　　　　　ZOUJIN YOU'ER QINGXU GUANLI

主　　编　孙红艳　郜永红　樊俊杰
总 策 划　吴　迪
责任编辑　梁沁宁
特约编辑　李圆圆

出版发行　世界图书出版有限公司北京分公司
地　　址　北京市东城区朝内大街 137 号
邮　　编　100010
电　　话　010-64033507（总编室）　0431-80787855　13894825720（售后）
网　　址　http://www.wpcbj.com.cn
邮　　箱　wpcbjst@vip.163.com
销　　售　新华书店及各大平台
印　　刷　长春市伟艺印务有限公司
开　　本　787 mm×1092 mm　1/16
印　　张　16
字　　数　253 千字
版　　次　2024 年 8 月第 1 版
印　　次　2024 年 8 月第 1 次印刷
国际书号　978-7-5232-1036-9
定　　价　45.00 元

《走进幼儿情绪管理》编委会

主　编：孙红艳　郜永红　樊俊杰

副主编：刘　琦　陈　娟　马宇光　王丽娟

编者（按姓氏笔画排）：

王　彤　王　岩　王　瑶　王春秋　王桂娟　申海燕　田　静

付　华　刘　杨　刘　佳　刘　星　刘秀明　刘格言　刘曌笛

孙千棋　孙熙乔　李　响　李　颖　李东旭　李卓娜　李慕铭

杨　洋　杨　薇　杨婧楠　吴　丽　邹　丹　宋　帅　张　莹

张佳琦　张美加　张晓磊　陈乃嘉　林　青　封　雪　封祎祺

赵佳雯　赵悦辰　高　艳　郭子瑞　郭晓丹　常　乐　崔　欢

董　宇　温　泉　谢一迪　窦　默　霍　燕

序

幼儿时期是儿童生理发育和心理发育极为迅速的阶段，因此幼儿园保教工作的首要目标就是保障并促进幼儿的身心健康发展。《3—6岁儿童学习与发展指南》明确指出：健康是指人在身体、心理和社会适应能力方面的良好状态；幼儿在健康领域的发展目标之一就是“情绪安定愉快”。马克思认为，人“天生是社会动物”。幼儿在成长过程中，随着入园、进班，和老师、小朋友的交往不断加深，融入社会的程度也不断加深。他们会经历各种各样的事件，随之生发出各种各样的情绪，比如害羞、焦虑、悲伤、害怕、高兴、喜爱、愉快、惊喜等。为促进幼儿达成健康领域的发展目标，《3—6岁儿童学习与发展指南》建议学前教育工作者“营造温暖、轻松的心理环境，让幼儿形成安全感和信赖感”“帮助幼儿学会恰当表达和调控情绪”。具体如何做呢？我们面前的这本由长春市人民政府机关第一幼儿园孙红艳园长主编的《走进幼儿情绪管理》给出了直接而具体的实践案例。

这本书共分四个“话题”——幼儿情绪教育活动、幼儿情绪教育故事、幼儿情绪环境创设、幼儿情绪亲子故事。每一个“话题”都是先呈现“话题导引”，抛出问题，指出痛点；再呈现具体案例，阐述具体做法，分享反思和建议；最后是“话题拓展”，就本话题的案例进行简要的总结讨论。前三个话题的案例都来自一线教师。话题一的案例是关于幼儿情绪教育活动的，总共有24个活动案例，每个案例都详细而完整地陈述了设计意图、活动目标、活动准备、活动重难点、活动过程、活动反思。话题二包含19个案例，是一个个观察与分析幼儿情绪的故事，都由故事背景、故事呈现、故事分析、教育支持四个部分构成，不仅绘声绘色地讲述了“故事”，也客观、科学地对“故事”进行了分析，还提出了支持建议。话题三是8个情绪环境创设的案例，包括设计思路、发展目标、制作材料、制作方法、使用建议五个部分，可模仿性、可借鉴性、可操作性非常强。话题四来自家长的20个情绪主题的亲子故事案例，由故事呈现和故事反思两部分构成，既讲述了故事，也分享了家长的感悟和思考。全书总共71个案例，这些案例都是编者经过认真思考精心挑选出来的：在年龄逻辑上，按照托、小、中、大班的顺序排列；在内容逻辑上，按照情绪管理的难易程度由易渐难排列。——读过之后深感其中丰富而不零碎、具象而不琐碎、于细微见深远、于“情”见“智”的独特匠心。

在如何提高幼儿园保教质量的策略方面，在如何促进幼儿园一线教师的专业能力提升方面，我一直推崇荷兰教育学者弗雷德·柯瑟根提出的“小写理论”观点。他认为最能够帮助教师应对实际教育情境的不是专家学者所确定的“大写理论”，而是来自教育实践自我建构的“小写理论”。“小写理论”以经验为起点，以反思为动力，不深邃也不宏大，但却是一线教师们喜闻乐见的，可以发挥见微知著、助行致远的功效。这本书中经过孙红艳园长精心编写的案例就是来自长春市人民政府机关第一幼儿园的“小写理论”，是她们基于多年经验总结凝练出的教育智慧结晶，不论是对幼儿健康成长、对教师专业发展，还是对幼儿园保教质量提升，都具有直接而深远的意义。

孙红艳园长是第十六期全国幼儿园骨干园长高级研修班的学员，也是第九期全国幼儿园优秀园长高级研修班的学员，并担任班委工作。其在学期间踏实勤奋、积极认真，给授课专家和中心老师留下了深刻的印象。曾有教育部的相关领导将全国幼儿园骨干园长高级研修班比作本科生阶段，将全国幼儿园优秀园长高级研修班比作研究生阶段。也就是说从“本科生”到“研究生”，孙园长的专业水平再次得到显著提升。当她诚挚地邀约我为此书作序时，我欣然应允。孙红艳园长不仅是中心的学员，也是中心的实践导师，她所管理的长春市人民政府机关第一幼儿园也是中心的实践教学基地，在中心的园长培训工作中发挥了重要的作用，向全国园长展示了吉林省长春市良好的幼儿园风貌。如果说学员们去孙红艳园长所在的幼儿园跟岗学习、观摩研讨获得的是“深入现场”式的直观认识，那么读者们通过阅读这本书中的典型案例所获得的则可能是“切己体察”式的认知感悟。

《中庸》有言：“喜怒哀乐之未发，谓之中；发而皆中节，谓之和。中也者，天下之大本也；和也者，天下之达道也。致中和，天地位焉，万物育焉。”稳定良好的情绪不仅是个人身心健康的必备要素，也是关乎家庭、社会、国家健康运行和高质量发展的重要因素，于国于民、于当下于未来都有重大意义。希望这本书能够被更多的幼儿园园长、教师和家长读到，能够提供经验、触动思考、启发智慧，从而让我们做好情绪健康教育，帮助孩子们更好地认识情绪、管理情绪。“少成若天性，习惯之为常”，愿作为学前教育高质量发展的有机组成部分之一的幼儿情绪健康教育工作，为新时代教育强国建设添砖加瓦，为社会主义事业培养身心健康的建设者和接班人。

2023 年 8 月于东北师范大学

目录

话题一　幼儿情绪教育活动

话题四　幼儿情绪亲子故事

话题一 幼儿情绪教育活动

话题导引

在社交情境中我们常常发现，不同幼儿之间表现出的行为差异较为明显。有的幼儿更容易获得同伴的接受和喜爱，有的幼儿更容易出现肢体冲突和攻击性行为，有的幼儿面对压力事件更多地选择回避和退缩。作为成人，你会认为幼儿之间的行为差异是因为语言水平、社会交往能力的不同吗？除此之外，还有哪些原因呢？

实际上，在幼儿社会交往情境中，影响其行为表现的另一个重要因素是情绪，更准确地说是情绪能力的发展水平。情绪调节能力较弱的幼儿在与他人交往时，常常很难根据情境选择合适的表达方式，因而容易出现各种各样的问题行为。不难看出，情绪能力发展水平对幼儿个性、心理及社会性发展产生了重要的影响。那么，成人如何给予适宜的支持，帮助幼儿提升情绪能力水平呢？

在实践探索中，幼儿园应通过组织专门的集中教育活动来提升幼儿情绪能力。集中教育活动的内容须围绕幼儿情绪能力的各个组成部分来选择，具体包括：对自我和他人的情绪识别、情绪理解、情绪表达及情绪调节等方面。活动既要考虑到高兴、生气、伤心、害怕等基本情绪，又涉及嫉妒、害羞、担心等复杂情绪。幼儿情绪教育活动的实施应以情绪类图画书为载体，以此引发幼儿的参与兴趣，但又不能局限于图画书中的情绪要素，还要重点聚焦幼儿实际生活中的真实情绪体验，注重通过图画书内容引发幼儿的情感共鸣。除此之外，情绪教育活动的设计还要充分考虑幼儿的年龄特点，通过游戏化的方式丰富幼儿的情绪体验，使幼儿在说一说、看一看、玩一玩、做一做、演一演的过程中丰富情绪认知、提升情绪能力。

实践案例

案例1
我的情绪我做主（小班）

设计意图

小班幼儿的情绪具有冲动、外显、不稳定等特点。在观察本班幼儿情绪发展的过程中，我发现他们有时还不能确切地识别各种情绪，不知如何表达自己的情绪，更不能控制和调节自己的情绪。针对本班幼儿的现状，我结合图画书《变脸体操》设计了本次活动。活动中，我利用幼儿生活中的表情照片引导幼儿识别开心与难过的情绪，同时以贴近幼儿生活的方式鼓励他们勇敢地分享开心和难过的事情，通过“表情魔法镜”“表情照相机”等游戏巩固幼儿对于开心、难过表情的识别与表达。

活动目标

1. 感知开心、难过的表情，正确认识基本情绪感受。

2. 愿意分享自己开心、难过的事情。

3. 乐于关心、安慰他人，知道缓解难过的简单方法。

活动准备

1. 经验准备：幼儿有开心、难过的经历；玩过游戏《我的表情变变变》；阅读过图画书《变脸体操》；有基本情绪体验。

2. 物质准备：PPT 课件（本班幼儿生活中开心、难过的照片）、音乐《我的表情变变变》、各种表情图片、多媒体照相机、表情口袋和镜子每人一个。

活动重难点

1. 活动重点：能通过表情识别基本情绪。

2. 活动难点：愿意表达自己开心、难过的事情。

活动过程

一、利用音乐游戏引起幼儿参与活动的兴趣

教师播放音乐《我的表情变变变》，通过游戏感知面部表情变化的同时引出幼儿对快乐的感受。

二、引导幼儿观察图片，识别开心、难过情绪

1. 认识开心的表情。

观察图片，引导幼儿说出：照片中的幼儿是谁？他（她）是什么表情？你是从哪里看出来的？

鼓励幼儿大胆表现开心时眼睛、眉毛、嘴巴的变化。

2. 认识难过的表情。

观察图片，引导幼儿说出：照片中的幼儿是谁？他（她）是什么表情？难过的表情和开心表情一样吗？哪里不一样？

鼓励幼儿仔细观察照片，通过面部表情的变化让幼儿识别开心、难过的表情，引导幼儿了解人人都有开心、难过的情绪。

三、鼓励幼儿大胆分享开心、难过的事情

1. 说一说开心的事情。

通过提问引导幼儿说一说：我们会因为什么事情而感到开心呢？

鼓励幼儿大胆地说出让自己开心的事情，对每个人开心的事情给予回应，让幼儿有成功的情绪体验。

2. 说一说难过的事情。

通过交流引导幼儿说一说：我们会因为什么事情而难过？难过的时候你是怎么做的？别人难过的时候我们应该怎样做？

鼓励幼儿勇敢地分享自己难过的事情，并使其了解缓解难过情绪的简单办法，引导幼儿在生活中学会安慰、关心他人。

四、表情游戏

1. 表情魔法镜。

幼儿通过游戏观察镜子中自己表情的变化。

2. 表情照相机。

教师：让我们　起开心地玩游戏吧！我的表情袋里有很多的表情，我会随机变出一个表情，我们一起模仿一下图片上的表情，比一比谁模仿得最像。

通过表情照相机鼓励幼儿大胆地模仿不同的表情，并将最快乐的瞬间用多媒体照相机记录下来。

活动反思

本次活动能够通过图画书中的表情变化，生动形象地引导幼儿认识“难过”和“开心”，并能够和幼儿的知识经验相衔接，使幼儿在丰富的教学形式中体验活动。在与幼儿的互动中也做了如下反思：

一是了解幼儿的情绪体验、年龄特点和兴趣需要。设计本次活动的立足点是通过为幼儿创设轻松、愉快的环境让幼儿有成功的情绪体验。在此次活动中幼儿们给予了我意想不到的惊喜，幼儿的“哇”时刻表现了他们最真实的情绪状态。本次活动也关注到了幼儿的年龄特点和生活经验。教师能够围绕幼儿的生活经验展开相关的有效提问，与幼儿能够形成了良好的师幼互动；幼儿能够勇敢地说出让自己开心的事情和难过的事情，幼儿专注的眼神、参与活动的热情进一步提升了幼儿的知识经验。

二是了解幼儿的最近发展区。刚开始的音乐游戏《我的表情变变变》很吸引幼儿，以至于结束的时候幼儿还继续要求：再变出一个表情吧！接下来我变出了开心与难过的表情，他们则通过观察照片上的表情来判断我的表情，结果是幼儿都能准确说出我的表情变化。但对于细节的观察需要老师根据他们的最近发展区给予引导与总结。

三是关注有效的提问与追问。在抛给幼儿“你会因为什么事而感到开心”这个问题时，有一个幼儿很快地说：“玩玩具会感到开心。”当时我给予的回应是：“那的确是让我们所有人都感到开心的一件事。”在这里还进行了有效的师幼互动给予幼儿及时的追问：“玩什么玩具会让你感到这么开心？”这样师幼之间、幼儿之间就会有更多的话题来进行深入的探讨。

本次活动的不足之处在“说一说开心的事情”这个环节。一个幼儿说她跌倒了就很伤心，但我的问题是开心的事，后来才发现是屏幕上一张小朋友跌倒的照片干扰了她的思维。小班幼儿的思维属于直觉形象思维，她一直都沉浸在伤心的事件中，没法将注意力转移到我的问题上。

另外，在“说一说难过的事情”这一环节中，给予幼儿思考回答的时间比较短，应该给予幼儿等待的黄金五秒钟，让幼儿充分地表达自己的想法。在使用道具时，抽取表情图片较慢，耽误了时间，显得环节不紧凑，所以要继续优化表情口袋。

（长春市人民政府机关第一幼儿园　谢一迪）

案例2
我不想生气（小班）

设计意图

小班幼儿的年龄阶段和身心发展特点决定了他们很容易情绪化，会因为一点小事生气或者发脾气。最近班级幼儿相处时经常出现大喊大叫向老师告状的情况，影响了幼儿之间的良性交往。为了更好地帮助幼儿学会恰当表达和调控情绪，我以图画书《我不想生气》为载体，设计了本次活动，利用观察法、经验迁移法、游戏法等方法帮助幼儿理解故事内容。幼儿首先通过观察小兔子的表情来识别小兔子的情绪，接着经验迁移到平时自己会因为什么事情生气的问题上，最后幼儿一起讨论生气时调节的好办法。

活动目标

1. 能正确识别小兔子的情绪变化，知道生气是一种正常的情绪。

2. 乐于寻找调节生气情绪的方法，愿意保持积极情绪。

活动准备

1. 经验准备：幼儿有玩猜谜语游戏的经验；能够正确识别开心、生气的情绪。

2. 物质准备：图画书《我不想生气》PPT课件、舒缓音乐。

活动重难点

1. 活动重点：识别生气的情绪。

2. 活动难点：寻找调节生气情绪的方法。

活动过程

一、谜语导入，引发幼儿活动兴趣

教师说出谜语引起幼儿参与活动的兴趣：红眼睛，白皮袍，短尾巴，长耳朵。

二、观察画面，帮助幼儿理解故事内容

1. 出示故事封面，识别小兔子的情绪。

教师：你们发现小兔子怎么啦？你从哪里发现小兔子很生气？

幼儿通过观察小兔子的面部表情和肢体动作，发现小兔子生气的情绪。

2. 观察画面，模仿小兔子生气时的样子。

教师：小兔子生气的时候是什么样子呢？谁能来表演一下生气时的小兔子。

引导幼儿观察小兔子生气时的语言和动作，鼓励幼儿用自己的方式来表演。

3. 经验迁移，分享自己生气时的感受。

教师：你们有生气的时候吗？你们会因为什么生气呢？

鼓励幼儿回忆自己生气时的样子，大胆表现出跺脚、叉腰、大喊大叫等行为。

三、寻找生气的原因，分享自己的经验

1. 观察画面，发现小兔生气的原因。

教师：小兔子为什么这么生气呢？你们能来猜一猜吗？你们说了这么多，现在让我们看一看小兔子到底因为什么事情生气了吧。

先请幼儿猜一猜小兔子生气的原因，然后出示逐页 PPT，引导幼儿观察画面寻找答案，发现被人嘲笑、有人故意来捣乱或被人冤枉的时候都会让人生气。

2. 说一说自己生气的原因，以及生气时自己是怎么做的。

请幼儿结合自己的生活经验，说一说生活中让自己生气的事情都有哪些，并说一说自己在生气时是怎么做的。

四、游戏：消灭大火球，感受开心的情绪

教师：小兔子生气的时候肚子里就像装了一个大火球，现在我们都变成了小兔子，让我们一起消灭大火球吧。

活动反思

本次活动以幼儿喜爱的小动物为主人公，很容易让幼儿共情。当教师出示小兔子封面的时候，幼儿一下子就发现了小兔子生气了的情绪。教师的引导、提问及游戏互动，充分调动了幼儿的已有经验，让幼儿积极地参与进来。而且故事主要以生气这一单一情绪为主，小班幼儿很容易理解。活动总体完成了既定目标，但也存在一些不足，值得反思。

一是充分等待，及时鼓励幼儿勇敢表达。当教师引导幼儿观察画面并提问幼儿小兔子生气的时候是什么样子的时候，幼儿很容易通过观察说出小兔子生气的时候是皱着眉毛、抱着胳膊的等。但是，当我请幼儿来到前面表演小兔子生气的样子时，有很多幼儿不好意思或者害羞。这个时候我应该给予幼儿充足的时间，鼓励幼儿大胆在集体面前表现。当幼儿敢于表现的时候要及时鼓励和表扬。

二是有效提问与及时总结。爱模仿是小班幼儿的天性。活动中，当我提问“生活中有什么事情会让你生气”的时候，刚开始有一个幼儿说“妈妈不让我看电视我会生气”，后面回答的好几个幼儿都跟着这样说，幼儿的思路被限制了。我及时追问：那除了妈妈不让你看电视这件事还有其他事吗？又有一个幼儿说“别人把我的玩具推倒了我会生气”，我又问：除了这些事还有其他事情会让你生气吗？其实在这个过程中我可以尝试进行一下小结，这样可以更有利于帮助幼儿理解我们会因为哪些事情生气。

三是合理把握活动难易程度。“寻找调节生气情绪的方法”这一环节对小班幼儿来讲稍微有些难度。由于生活经验、思维能力及语言表达能力的局限，幼儿能想出来的办法非常有限，说出来最多的办法就是吃好吃的糖果和食物，和我预想的幼儿能说出深呼吸、唱歌、跳舞等方法有偏差。这一环节需要再深度思考，寻找更符合小班幼儿的方式。

（长春市人民政府机关第一幼儿园　王春秋）

案例3 阿文的小毯子（小班）

设计意图

《3—6 岁儿童学习与发展指南》中明确指出，3—4 岁的幼儿应当开始对集体活动产生兴趣，并对幼儿园的生活好奇，喜欢上幼儿园。小班幼儿从家庭走向幼儿园是其社会化的第一步。由于环境的变化，新入园的幼儿大多会产生焦虑情绪，尤其是在入园与家长分离时，其产生的分离焦虑情绪最为明显，行为表现也更为突出。因此，我借助图画书《阿文的小毯子》设计了本次活动。通过阿文对小毯子产生的分离焦虑情绪，到妈妈帮助阿文找到缓解焦虑的办法，最后阿文顺利适应幼儿园生活的故事来引发幼儿的共鸣，并引导幼儿分享在幼儿园感到开心的事情，引发幼儿对集体生活的积极情绪。

活动目标

1. 喜欢欣赏故事，尝试用语言清楚表达主人公的焦虑情绪变化。
2. 知道自己在幼儿园开心的事情，并敢于与同伴分享。

活动准备

1. 经验准备：有图画书阅读的经验；能够识别高兴、难过等情绪。
2. 物质准备：图画书《阿文的小毯子》、阿文卡通头饰、小毯子实物。

活动重难点

1. 活动重点：尝试用语言清楚描述图画书中主人公情绪的变化。
2. 活动难点：知道自己在幼儿园开心的事情，并敢于与同伴分享。

活动过程

一、情景导入，引入故事

1. 教师将阿文的卡通头像佩戴在头上，模仿阿文。

教师：小朋友们，你们好呀，我是阿文！我要介绍一位好朋友——一条黄色的小毯子。（拿出小毯子）我非常喜欢它。无论走到哪里，我都喜欢带着小毯子一起。我要去上幼儿园了。

二、观察画面，理解故事内容

1. 出示图画书封面 PPT，介绍故事主人公。

教师：小老鼠的名字叫阿文，他手里面的宝贝是他最好的伙伴，每天都要陪在他身边。

2. 继续阅读图画书画面，观察阿文的行为和表情。

教师：阿文为什么走到哪里都带着小毯子呢？他将喜欢的食物分享给小毯子时是什么表情？

通过交流鼓励幼儿大胆表达自己的看法，感受阿文对小毯子的喜爱之情。

3. 观察画面，感受阿文的情绪变化。

教师：爸爸可以将阿文的小毯子丢掉吗？如果有人要把你喜欢的东西丢掉，你会怎么做？

引导幼儿思考阿文失去小毯子会是什么心情并鼓励幼儿大胆表述出来，理解并感受阿文难过焦虑的情绪。

4. 自由讨论缓解情绪的办法。

教师：阿文不能带着小毯子上学，他哭得好伤心，那你有什么好办法呢？

幼儿结合自身已有的经验，寻找帮助阿文调节情绪的办法。

5. 观察画面，感受积极的办法可以缓解焦虑情绪。

教师：阿文可以带着小毯子上幼儿园了吗？阿文的妈妈想到了什么好方法帮助阿文缓解焦虑的情绪？阿文的表情是什么样的？

引导幼儿理解和感受：由小毯子到小手绢，阿文的焦虑情绪也得到了缓解。

三、分享互动——开心宝贝就是我

1. 我问你答。

教师：孩子们，当你们有焦虑情绪的时候，你们有什么办法能够让自己开心起来吗？当你这么做的时候你的心情是什么样子的？

邀请幼儿分享自己的情绪感受，鼓励幼儿大胆表达，幼儿之间相互分享、学习同伴处理焦虑情绪的方法，知道焦虑是可以缓解的。

2. 分享幼儿园里的开心事。

教师：你们喜欢每天来幼儿园吗？在幼儿园做什么事情开心呢？

活动反思

本次教学活动设计利用幼儿对图画敏感这一特点，通过一边阅读一边提问的方式，对幼儿进行启发诱导，促进幼儿自主感知、理解焦虑情绪，使幼儿能够积极思考并且大胆表述寻找缓解焦虑的办法。活动充分尊重幼儿的主体地位，达成了既定的教学目标。

一是尊重小班幼儿的身心发育特点。小班幼儿的身心发育处于未完成状态，这决定了他们对焦虑这种情绪是难以理解的，会与担心和难过的情绪相混淆。所以我遵循幼儿已有的缓解入园焦虑的情绪经验，与图画书故事相结合后再回到幼儿自身经验的教育路径，设计了“开心宝贝就是我”这个分享互动环节。孩子们纷纷回忆起自己慢慢融入幼儿园的过程，参与热情得到了充分调动。

二是注重问题的启发诱导。小班阶段幼儿的注意力持续时长在3—5分钟之间，为了更好地帮助幼儿理解图画书故事内容，我将问题贯穿在活动始终。从大家一起观察图画书封面“都有谁？拿着什么？”到“对于阿文的小毯子有什么想法？”再到引导大家思考“上幼儿园后，是如何让自己开心的？”设问层层递进，一步步引导、带动幼儿去理解和感受。幼儿们七嘴八舌的讨论，既满足了他们的分享欲望，同时幼儿也向同伴学习了更多处理焦虑情绪的方法，知道了焦虑是可以缓解的。

活动也存在一些不足，由于小班幼儿了解缓解情绪的社会情感经验有限，所以在活动过程中，他们提出的缓解情绪的办法也多是雷同的。面对这种情况，老师应给予干预，及时调整幼儿思路。另外，在寻找开心宝贝的环节，有效地调动了孩子的积极性，但是秩序较乱。

对于焦虑情绪的认知不是一次集中教学活动就能够完成的，我会在生活中继续观察幼儿的情绪，通过多种方式引导幼儿正确认识自己的情绪并寻找开心的方法。

（长春市人民政府机关第一幼儿园　李慕铭）

案例4
不乱发脾气（小班）

设计意图

《3—6 岁儿童学习与发展指南》健康领域中对于 3—4 岁幼儿的情绪发展提出了明确的目标：情绪比较稳定，很少因一点儿小事哭闹不止，有比较强烈的情绪反应时，能在成人的安抚下逐渐平静下来。在教育建议中提到，成人可以和幼儿一起谈论自己高兴或生气的事，鼓励幼儿与人分享自己的情绪，允许幼儿表达自己的情绪，并给予适当的引导。小班幼儿常常会因为争抢玩具，肢体碰撞等产生生气、愤怒的情绪，在产生生气情绪时往往通过喊叫和肢体冲突去表达。本次活动通过观察图画书《不要随便发脾气》中小男孩从发脾气时迁怒自己的朋友大花，到冷静之后主动调整发泄生气情绪的方式的过程，引导幼儿在自己发脾气的时候选择恰当的发泄方式，做到既不伤害他人，又能合理表达自己的情绪。在活动最后，利用 3 岁幼儿爱模仿的特点，选择舒缓生气情绪的儿歌视频，引导幼儿在唱唱跳跳中感知调节情绪的恰当方式。

活动目标

1. 愿意保持愉快的情绪，懂得生气时不随意发脾气。

2. 能积极主动地寻找生气时适合的表达方式。

活动准备

1. 经验准备：能讲述自己发脾气的原因和经过；阅读过图画书《不要随便发脾气》。

2. 物质准备：图画书图片、调节情绪的视频。

活动重难点

1. 活动重点：正确认识生气的情绪。

2. 活动难点：用恰当的方式表达自己的不开心。

活动过程

一、观察图画书封面，引出主题

教师通过引导幼儿观察库特的五官，让幼儿猜测小男孩的情绪是什么样的。教师让幼儿说一说是从哪里看出来库特生气的，并猜一猜他为什么生气。再看一看库特在生气的时候都做了什么。

小结：每个人都可能会因为各种各样的事情生气，生气的时候所表现出来的行为就叫发脾气，如喊叫、摔东西、跺脚、想独处、想哭等。

二、寻找表达不开心的恰当方法

1. 出示库特发脾气时的 PPT 图片。

教师：后来库特找到了一个缓解生气情绪的方法，他找到的是什么方法呢？我们来看一看。

请幼儿们说一说库特是怎么发脾气的，你是否喜欢他的做法并说一说原因。

2. 出示库特打沙袋情绪的 PPT 图片，如果我们是库特的朋友，还可以为他提供哪些建议帮助他的心情好起来呢？

交流过程中，教师要表扬积极想办法的幼儿；交流之后教师及时总结方法，肯定幼儿的思考，引导幼儿关注库特的方法。

小结：生气是正常的情绪，但发脾气的时候要注意方法，不要伤害到自己和他人。

三、看一看，做一做

观看兔小悦视频。通过模仿唱跳帮助幼儿了解发泄情绪的恰当方法。跟唱跟跳之后请幼儿说一说：除了这些方法，还有没有别的方法可以帮助情绪好起来呢？请幼儿想一想：如果下一次自己要发脾气的时候，会选择什么方式呢？

小结：用恰当的方式把脾气释放出去之后，我们会感觉很轻松，以后我们再生气的时候要记得今天学到的办法，不要乱发脾气。

活动反思

通过本次活动，第一目标基本完成。第二目标中“能积极主动地寻找生气时适合的表达方式”完成度不是很理想。幼儿在活动后获得的经验多数来自游戏时对儿歌的记忆和模仿，而不是经过主动思考的结果。我在提问时应该更注重引导幼儿积极思考，帮助幼儿“入境”感受库特的情绪，并结合自身生活经验帮助库特调节生气的情绪。

第一环节运用了观察法，通过提问引导幼儿观察图画书封面和主人公，猜测故事情节。在播放 PPT 的过程中，第二张图片里出现的猫咪大花转移了幼儿的注意力，幼儿开始讨论自己家的宠物和在生活中见到过的小猫。在之后的修改中，PPT 应当主要截取库特的表情和动作并使图片尽量大而清晰。

在第二环节中，观察法、提问法和讨论法相结合，讨论了库特生气的原因和发泄情绪的方法。在讨论过程中，幼儿对于库特生气的情绪没有充分感受，导致幼儿在表达时不知道要说什么。在下一次活动时应该更注意引导幼儿进入图画书中的情境，体会库特的情绪变化。幼儿在分享自己生气的经历时，语言表达不够完整，表达自己内心感受和发泄生气情绪的办法时词不达意，需要教师在认真倾听的过程中充分理解幼儿表达的意思，及时追问和提炼幼儿的语言。

第三环节的游戏，我采用模仿唱跳的方式帮助幼儿了解舒缓生气情绪的方法。游戏结束后我询问幼儿下一次生气的时候会选择如何发脾气，幼儿可以说出“唱歌、运动、听音乐、跺脚”等发泄脾气的恰当方式。能够让幼儿印象深刻的方法应该符合他们的年龄特点且他们乐于尝试。活动中的儿歌在后续进行延伸活动时可以继续运用，让幼儿在唱跳和重复中加强理解，以便在今后产生生气的情绪时能够主动尝试恰当的发泄方法。

（长春市人民政府机关第一幼儿园　陈乃嘉）

案例5
我喜欢你（中班）

设计意图

学期初，每位幼儿都带了自己喜欢的图画书到幼儿园分享阅读，我发现其中有一本《我喜欢你》特别受欢迎，幼儿通过阅读图画书了解了在生活中与同伴相处时怎样正确表达自己的喜欢。结合《3—6 岁儿童学习与发展指南》中提出的“艺术也是表达自己对周围世界的认知和情绪态度的独特方式”，我以图画书《我喜欢你》为载体设计了本节活动，引导幼儿用更多正确的方式表达自己对同伴的喜欢，体验彼此喜欢带来的愉悦情绪。

活动目标

1. 乐于跟随音乐进行说唱，享受同伴间彼此喜欢的快乐情绪。

2. 尝试创编独特的动作表达情感，体验与同伴合作表演的乐趣。

活动准备

1. 经验准备：幼儿阅读过图画书《我喜欢你》；有说唱歌曲的经验。

2. 物质准备：PPT 故事图片、音乐。

活动重难点

1. 活动重点：能跟随节奏正确演唱歌曲，并能够随着音乐节奏创编动作。

2. 活动难点：通过说唱表演传播感受相互喜欢的快乐情绪。

活动过程

一、回忆图画书，谈话导入

1. 大家一起来回忆。

出示 PPT 图片，帮助幼儿回忆故事中太阳公公是用暖暖的拥抱表达喜欢的，并与幼儿拥抱感受拥抱带来的温暖。

2. 大家一起说一说。

教师：说一说你曾经感受到的喜欢的表达方式。都有什么？

教师：除了拥抱还能怎么表达喜欢呢？

二、感受节奏，学习说唱

1. 共同欣赏音乐，仔细聆听音乐是如何表达喜欢的。

2. 再次欣赏音乐，帮助幼儿发现歌曲是说出来的。

3. 播放音乐，幼儿尝试说唱。

尝试和老师一起说唱歌曲，强调要听前奏后再开始演唱，还要跟上节奏。此步骤重复几遍，使幼儿能够熟练说唱歌曲，感受歌曲中的欢乐情绪，对歌曲产生浓厚的兴趣。

三、边唱边做，尝试创编动作

1. 相互合作，创编动作。

请幼儿和身边的朋友相互合作，跟随音乐创编出与众不同的抱抱你、亲亲你、夸夸你、逗逗你的动作。体验和同伴相互喜欢的快乐。

2. 请创编幼儿组合到前边展示。

3. 全班幼儿一起跟随音乐和自己的朋友用创编的动作进行演唱。教师走到幼儿中间与他们互动，表达喜欢，传播彼此的快乐情绪。

活动反思

由于幼儿爱看图画书《我喜欢你》，因此也比较喜爱本次活动，能够感受到说唱歌曲带来的乐趣，始终在愉快的情绪中进行创编，基本完成活动目标。

本次活动帮助幼儿知道了如何与同伴友好相处，并通过音乐与图画书的巧妙结合激发了幼儿的快乐情绪，让幼儿能在轻松愉快的氛围中体会到相互喜欢带来的快乐，以此来提升幼儿在园生活的幸福感，同时提高了他们的亲社会行为能力。

活动中，有些幼儿思维活跃，有很好的语言表达、歌舞表演能力，像乐乐创编的“撒花”式“夸夸你”的动作，还有锡宝创编的各种各样“逗逗你”的鬼脸等。

但也有幼儿在活动中遇到了困难，语琳是一个内向的小女孩，她吝啬于表达自己的情绪，大多数时间都是她唯一的好朋友周周在带动她唱歌、做动作，作为老师的我及时对她进行了鼓励，并尝试让她换一个小伙伴，但她并没有同意，而且情绪受到了一些影响。我对此进行了反思，自己可能是介入的时机不恰当，采取的方法有些急功近利了，导致幼儿刚刚建立的自信心及快乐情绪被打扰。我也意识到，以后在各项活动中应该更加关注不善表达、自信心不足、接受新知较慢的幼儿，循序渐进地培养他们的表达欲望，让他们通过锻炼更好地展现自己的各种情绪。

（长春市人民政府机关第一幼儿园　孙熙乔）

案例6
啊，我生气了（中班）

设计意图

幼儿升入中班以后，随着年龄的增长，自我意识明显增强，脾气也变大起来。平时在与班级部分家长的交谈中发现，个别幼儿在家遇到不顺心的事情立刻就会发脾气，哄也哄不好。《3—6岁儿童学习与发展指南》中指出，4—5岁幼儿有比较强烈的情绪反应时，能在成人提醒下逐渐平静下来。针对这样的实际情况，我设计了本次活动。活动以图画书贯穿始终，从幼儿生活出发，利用观察、谈话、提问等方式，引导幼儿知道乱发脾气对身心不利，同时对他人也会产生影响，要学会正确排解自己的不良情绪。通过与同伴共同游戏，幼儿尝试找出调控情绪的方法，乐意帮助自己和他人疏解不良情绪。

活动目标

1. 喜欢观察画面，愿意用语言大胆地表达自己生气时的表现。
2. 知道生气是一件正常的事情，积极探索排解生气情绪的方法。
3. 体验与同伴玩《情绪大魔方》游戏的快乐，愿意保持愉悦心情。

活动准备

1. 经验准备：幼儿有过发脾气的经历；能较完整地讲述因为什么事情生气或发脾气。

2. 物质准备：有关生气表情的图片一张，图画书《啊，我生气了》PPT，带有生气、开心、悲伤、害怕表情的骰子每组一个。

活动重难点

1. 活动重点：能够识别生气的情绪，积极探索调节生气情绪的方法。

2. 活动难点：乐意清楚地表达用哪些不同的方式调节生气时的情绪。

活动过程

一、图片导入，引出活动主题

1. 引导幼儿观察图片。

出示一张生气表情的图片，让幼儿观察并引导幼儿猜测，发生了什么事情会出现这样的表情。

2. 幼儿讲述让自己生气的事情。

教师：你有过生气的经历吗？发生了什么事让你生气？

引导幼儿了解我们都曾发过脾气，如和朋友吵架了，淘气被批评了，把自己喜欢的东西弄坏了……生气的原因有很多种，生气也是一种情绪的表达。

二、欣赏故事，了解生气

1. 出示图画书封面，引导幼儿观察封面内容。

引导幼儿观察主人公周边产生的红色线条，幼儿发现当主人公生气时，红色线条就会出现，这些线条代表他产生了不良情绪。

2. 观察图画书第一段，找一找球球生气的原因。

3. 分组交流。

引导幼儿分组交流：球球为什么生气？一共有几件事让他生气？生气时周围出现了什么？

通过观察和分析，发现红色线条的多少与生气的严重程度有关。

4. 幼儿模仿秀。

模仿球球发泄自己生气情绪时的行为。

5. 观察图画书第二段，说一说球球生气时发泄的方法。

引导幼儿了解，生气虽然也是一种情绪的表达，但是控制不好，会对身心产生不良的影响。

三、积极探索，寻找方法

1. 小组讨论正确调节情绪的好方法。

引导幼儿发散思维，教师此时不做正确或错误的评判，看看幼儿是否正确了解排解情绪的方法。

2. 小组代表发言，说一说讨论后的结果。

3. 观察图画书第三段，知道生气后调节情绪的重要性。

引导幼儿结合自己发生过的事情一起回忆，了解生气时正确排解情绪的重要性。

四、游戏“情绪大魔方”

幼儿分组游戏，组内一名幼儿投掷表情骰子。若骰子是生气的表情，请幼儿想出一个调节情绪的方法，并表演（说）出来。依次轮流给同组其他幼儿进行游戏。

活动反思

本次活动贴近幼儿的生活，从幼儿的实际经验出发，能够帮助幼儿了解负面情绪，好好把控自己的情绪，并用正确的方式表达负面情绪，教会幼儿用自己喜欢的方式调整不良情绪，避免对身心造成伤害。

一是活动目标符合幼儿年龄阶段。活动目标根据幼儿的身心特点而制定，重难点突出，利用与幼儿情感上的共鸣引导幼儿自己发现生气对身心造成的不良影响。幼儿在活动中，能通过图画书直观感受生气给自己身心带来的伤害。

二是活动环节围绕情绪主题设定。《幼儿园教育指导纲要（试行）》中指出：教师在活动中，应作为幼儿的引导者、合作者、支持者。在本次活动中我仅仅是通过提问、追问的方式为幼儿创设想说、敢说、愿意说的学习环境，主要是活动主体围绕情绪主题畅所欲言。活动中的提问也都是以幼儿情绪为出发点，支持幼儿深度探究关于生气危害自己的身心健康的原因，并积极探索调节情绪的好方法。

环节一：主要以一张图片引出主题，引导幼儿联系实际回忆自己曾经发生过的事情，引起共鸣。例如，当我提问“你见过谁生气？他生气时做了什么事？”时，博博一下就联想到爸爸生气时的状态，并讲述爸爸因为和妈妈生气，吵架并且砸了东西。通过这个问题，一下就扣入重点，幼儿直接感知乱发脾气对自己和他人会造成伤害。

环节二：通过欣赏故事了解生气，知道生气也是一种情绪的表达。我通过幼儿相互交流的方式，让幼儿之间产生互动，一起商讨故事发生的经过，从而找出关键问题。但是我过于强调图画书中出现的“红色线条”，多次引导幼儿寻找和说出“红色线条”与生气的关系，有刻意完成任务的感觉。“教”过于明显化了，应该做到育人于无形之中，体验过程更重要。

环节三：在积极探索中，幼儿分小组讨论正确调节情绪的好方法。此时，我没有直接指明幼儿探索的方法是否合理，而是给予他们相互讨论的机会，将“我说”变成“你们说”，将“我做”变成“你们做”。幼儿之间有合作、有商讨、有你来我往的争辩，大大锻炼了中班幼儿的社会交往能力。之后，小组代表将讨论的结果分享给其他幼儿。整个环节完全由幼儿把控，充分体现了幼儿在学习过程中的主体性。

环节四：幼儿与同伴相互玩“情绪大魔方”游戏，积极动脑筋想出排解不良情绪的好办法，并将这些好办法和其他的好朋友分享，如：有的说可以大声唱歌，有的说自己一个人去屋子里喊几声，有的说吃一个雪糕高兴一下等，让大家收集到很多排解情绪的好办法，努力让自己保持愉快的心情。

总之，学以致用才是关键。希望幼儿在今后保持快乐心情，积极乐观地学习与生活。

（长春市人民政府机关第一幼儿园　刘星）

案例7
难过的白轮船（中班）

设计意图

进入中班后，随着年龄的增长、生活经验的扩展，幼儿的情绪也日益丰富和深刻。此时期的幼儿对情绪的控制能力逐渐提高，但是对情绪的外露和感染仍然无法把握。班级中经常会有幼儿因为一些事情难过却不知道如何正确表达的情况。依据本班幼儿的发展特点并结合图画书《白轮船生病了》，我设计了此次活动。本次活动通过引导幼儿观察、感知、理解白轮船的难过情绪，结合自己或身边人难过的经历，探索正确排解难过情绪的方法。

活动目标

1. 乐意讲述自己难过的经历，尝试调节难过的情绪。

2. 知道每个人都有难过的情绪，能保持愉快的情绪。

活动准备

1. 经验准备：阅读过图画书《白轮船生病了》；有记录的经验。

2. 物质准备：图画书《白轮船生病了》部分情节图片、PPT（不同情景幼儿难过图片）、画纸、画笔。

活动重难点

1. 活动重点：认识难过情绪，敢于分享自己的情绪。

2. 活动难点：尝试寻找调节难过情绪的多种方法。

活动过程

一、回忆故事，引出难过情绪

1. 共同回忆故事《白轮船生病了》片段，感受白轮船由开心到伤心难过的过程。

2. 根据故事内容提问。

请幼儿回忆：老爷爷邀请白轮船一起去大海的时候白轮船是怎样回答的？

它是什么心情？它的表情是什么样的？当看不到其他轮船，白轮船开始想念他的朋友时，表情是什么样的？它是什么心情？

引导幼儿通过观察白轮船的表情，以及和老爷爷的对话，分析此刻白轮船的情绪。

二、分享交流，理解难过的情绪

1. 经验迁移，分享一下自己难过的经历。

引导幼儿回忆自己难过的事情，并且大胆地讲出自己难过的事情。

2. 回忆难过时的感受。

教师：难过的时候你想做什么？

引导幼儿明白每个人难受的表现会不同：有的人会哭，有的人会发脾气，有的人不想说话。

三、讨论调节难过情绪的方法

1. 讨论交流，记录调节难过情绪的方法。

请幼儿说一说：当白轮船难过的时候，老爷爷是怎么帮助他的？共同讨论：还有什么其他的办法能帮助白轮船调节难过的情绪？

2. 观看情景图片，小组讨论缓解难过情绪的办法。

情景一：明明的好朋友搬家了，他开始想念自己的好朋友了，突然难过起来。

情景二：亮亮和洋洋正在玩玩具，突然他们因为争抢玩具而闹别扭。两个人都难过起来。

情景三：佳佳在玩游戏时一不小心受伤了，她难过地哭了起来。

幼儿自主分成三组，每组选择一个故事情景，根据故事情节分析难过的原因和调节难过情绪的方法。每组幼儿用绘画的方式记录在自己小组的大画纸上。最后请每组一名代表分享。引导幼儿尝试根据不同的难过原因来想对应的办法安慰他人。

四、歌曲律动，感受开心的情绪

向幼儿分享一个欢快音乐律动《开心歌》。

小结：幼儿们有那么多好办法来调节难过情绪，希望每个人在难过的时候都能快速地调节好自己的情绪，保持一份好心情。

活动反思

本活动以图画书《白轮船生病了》的部分故事情节作为导入环节，借助白轮船的难过经历引导幼儿回忆自己难过的情绪，并共同想办法调节难过的情绪，总体完成了活动目标。对本次活动反思如下：

一是本次活动内容符合中班幼儿的年龄特点。班级幼儿刚刚升入中班，为了培养他们的初步合作意识，我在第三环节中设计了小组讨论，引导幼儿记录下排解难过情绪的各种方法，同时也锻炼了幼儿的记录能力。

二是活动通过教师与幼儿的谈话激发幼儿已有经验，从寻找白轮船难过的原因到“谈谈自己什么时候会难过”，并寻找调节情绪的办法，安排合理、一气呵成。在谈话部分，将健康的心理知识，换位思考的理念，正确排解消极情绪的方式渗透其中。通过此次活动希望能让孩子感受到同伴、亲人相互间的关爱，从而建立乐观、积极的情感态度。

三是在教学活动过程中使用启发性提问。如：你难过的时候会做什么事情？有什么方法可以缓解难过的情绪？让幼儿带着好奇心和疑问去逐一思考，提倡他们用多说、多想、多思考的方式来逐步寻找问题的答案。针对幼儿的回答进行有效的引导，根据幼儿提出的方法共同体验、感受排解消极情绪的多种方法。

经过对本次活动的反思，总结出活动的一些不足之处。活动导入部分，教师提问：白轮船开始想念朋友时心情怎么样？部分幼儿回答：生病了。这说明幼儿对心情这个概念的理解有些模糊，把生病当作一种心情。而教师并没有关注到，仅是听到心中想要的正确答案“难过”，便继续往下进行活动，没有给予幼儿充分理解和表达的空间。此处可做以下调整：第一种方法是在导入故事时不提白轮船生病了，仅让幼儿观察白轮船的表情来回答它的心情是什么样的。第二种方法是当幼儿回答“生病了”时，可引导幼儿共情自己生病时是什么样的心情。

另外，该活动还可以延续到我们的区域游戏中。如为幼儿设立一个“心情商店”，幼儿可以把一些不愿意表达的事情画一画，投入我们的心情商店中，再由我们的店员想办法来帮助解决，真正做到将活动内容带进生活！

最后，对于幼儿积极主动讨论总结出的缓解难过情绪的诸多方法，我可以让幼儿进行现场情景模拟，这样可以让幼儿亲身体验进而获得更多的生活实践经验。

（长春市人民政府机关第一幼儿园　刘秀明）

案例8
当我害怕时（中班）

设计意图

《3—6 岁儿童学习与发展指南》中明确指出，情绪对儿童发展有着非常重要的意义，良好的情绪是幼儿学习与发展的重要条件，是幼儿心理健康的重要标志。在组织幼儿玩“赶走小怪兽”的游戏时，有些幼儿很勇敢地想把怪兽赶走：“我们用大炮。”“我们请它离开这里，不要打扰小动物的生活。”……有些幼儿出现不愿意参与游戏的现象：“老师，我害怕小怪兽。”“老师，你能抱着我吗？”中班幼儿面对自己害怕的事物仍然会出现逃避、不安等行为表现。如何引导幼儿正确认识害怕，勇敢地面对害怕情绪呢？我选择以图画书《当我害怕时》为载体，通过游戏的方式，引导幼儿积极面对“害怕”。

活动目标

1. 喜欢听故事，能连贯、基本完整地表述害怕的感受和体验。

2. 了解害怕是人的一种正常情绪，积极尝试寻找解决害怕的办法。

3. 当同伴害怕时，懂得关心、帮助同伴，共同战胜害怕的心理。

活动准备

1. 经验准备：对人的情绪表现有基本的认知和感受。

2. 物质准备：PPT 课件、纸、记号笔、图画书《当我害怕时》。

活动重难点

1. 活动重点：能理解和表述害怕的感受和体验。

2. 活动难点：尝试寻找解决害怕的办法，懂得关心和帮助同伴。

活动过程

一、游戏导入，识别害怕的情绪

1. 游戏：我的情绪我做主。

出示 PPT，看图辨认情绪。

教师：这些图片都表现的是什么情绪？你是从哪里看出来的？你能来表演一下吗？并说一说你内心的感受。

看 PPT 上面的生气、难过、高兴、害怕四种情绪内容，请幼儿表述。通过观察和感受，理解每个人都会有不同的情绪，这些情绪通过人的表情、肢体动作等表现出来。

2. 记录：我为什么害怕？

教师：你害怕过吗？是什么事情使你感到害怕或不害怕？请根据表格的内容，用自己独有的方式做好记录。

姓名	你害怕过吗？	因为什么事情让你害怕或不害怕？
	害怕过（ ） 没害怕过（ ）	

教师：你愿意与大家分享表格上记录的内容吗？遇到什么事情让你害怕？你为什么害怕呢？跟大家分享一下你的感受。

小结："害怕"是人遇到某件事情后表现出的一种情绪，每个人都会经历害怕的事情，每个人害怕时都有不同的表现。

通过记录表格的形式，鼓励幼儿用自己独有的方式，例如画图、做标记等，记录下自己的感受。根据幼儿的已有经验，鼓励幼儿用连贯、完整的语言讲述自己发生的事情和感受。

二、游戏“害怕 A 不怕 B”

1. 依次出示图片 5 张：看图片，识别自己的害怕情绪。

教师：图片中发生的事情令你害怕吗，害怕选 A 不怕选 B。

2. 选座位，说明害怕的原因。

教师：你的感受是什么样的？如果你害怕，你会怎么做？你需要大人帮助吗？如果同伴害怕，你可以用什么办法帮助他？

通过观看不同的图片，引导幼儿准确识别自己的害怕情绪，愿意与同伴分享自己的想法。给幼儿提供选择的权力，尊重幼儿的意见。在讨论过程中支持随时换组，支持幼儿帮助同伴。引导幼儿主动寻找解决害怕情绪的方法。

三、欣赏图画书《当我害怕时》

一边欣赏图画书，一边理解故事内容：小兔子怕什么？它害怕时的反应是什么？跟刚刚说的有哪些不同？小兔子害怕的时候，都有哪些办法让自己不害怕呢？

小结：害怕是正常的情绪表现，不管是大人还是小孩都会有害怕的事情。害怕的情绪可以通过适合的方法来调节，可以寻求好朋友帮忙，或者向家长诉说。如果是非常危险的事情令你害怕，一定要远离，求助于成人，确保自己的健康和安全。

活动反思

本次活动较好地完成了活动目标，反思如下：

一是根据已有生活经验，引导幼儿识别自我情绪。本次内容紧紧围绕“害怕”这一主题，有利于幼儿更清晰地识别“什么是害怕？”“如果害怕了感受是怎样的？”正确认识害怕现象，并能想方法、找策略去面对害怕的反应。谈话时，一名幼儿说：“我害怕老师。”于是大家展开了讨论，“老师是为了你好，谁让你不好好吃饭。”“睡觉的时候，老师希望大家能安安静静睡觉，你不睡觉，老师有时候就会生气。”很多幼儿还围绕日常说：“我害怕黑，晚上不敢一个人睡觉。”“我害怕虫子，蜘蛛和蚂蚁……”幼儿喜欢把已有的生活经验当作话题，这正是自主解决问题的契机。在自由讨论、轮流发言活动中，我提示他们用连贯的语言完整地表达自己的想法。

二是利用表格和游戏，帮助幼儿分析害怕或不害怕的原因，以及寻找解决害怕的办法。活动中，我设计了表格和游戏的形式，让幼儿从接纳害怕开始，用喜欢的方式表达表现。通过游戏，在玩中体会到害怕原来并不是一件可怕的事情。初步体验能战胜害怕情绪、寻找到克服害怕情绪的成功感受。

幼儿对表格非常感兴趣，月月着急地说："华华，我害怕过，我怕黑。我要涂上黑颜色，代表黑天。"我连忙表示赞同："你这样一说，我就明白了你的意思。那黑天的时候还有什么事情令你害怕呢？你也可以画出来。"她拿着表格开始思考了。他们三三两两议论着，大多数都用画图、做标记的方式记录着。我安静地观察并没有打扰，偶尔会提示幼儿书写姿势要正确。

当表格填好后，我并没有第一时间进行讨论，而是用游戏的方式，把记录的结果，边玩边理解和分析。利用游戏的竞争情境激发并鼓励幼儿敢于表达、善于表达的欲望。游戏中，起初根据害怕和不害怕把幼儿分成 A 组（害怕）和 B 组（不害怕），大家轮流发言，有重点地表述，渐渐地幼儿克服害怕的情绪，从 A 组主动调到 B 组，反过来主动帮助别人克服害怕的情绪。B 组的人数越来越多，在游戏最后，他们仿佛都变得越来越勇敢，胆子越来越大。

三是激发幼儿帮助同伴的意识，促进幼儿社会性发展。本节活动中，幼儿体会到帮助别人和被别人帮助的重要性。在能正确面对害怕情绪时，首先懂得安抚好自己，使自己有克服害怕情绪的能力，激发了自我的独立人格，并能主动尝试真诚地安慰他人，产生关心同伴、帮助同伴的友好行为，促进了幼儿社会性的发展。

（长春市人民政府机关第一幼儿园　付华）

案例9
大喊大叫的一天（中班）

设计意图

甜甜最近来幼儿园总会哭闹，这两天更加严重，不但早上来幼儿园会哭闹，在参加集体活动时也总是乱发脾气，跟以前简直判若两人。经过了解才知道，甜甜妈妈生了小弟弟后不像原来那样全心全意地对甜甜了，甜甜自认为失去了妈妈的爱，经常因为一点小事就会哭闹、发脾气。随后在对班级进行微调查时发现，有近一半的幼儿都来自二胎家庭，孩子们之间相处时情绪冲突事件时有发生。基于这一现状，我以图画书《大喊大叫的一天》为载体设计了本次教育活动。图画书中的小主人公贝拉有着和甜甜一样的家庭结构和情绪表现，通过对图画书的欣赏和阅读，引发幼儿情感共鸣，透过主人公贝拉，幼儿看到日常生活中自己是如何表达不良情绪的。通过交流讨论，让幼儿了解到虽然生活中会有一些事让我们烦恼，让我们不开心，但是我们可以通过不同的方法调节好自己的情绪，让自己大喊大叫的一天变成开心快乐的一天，也同时体会到爸爸妈妈的爱永远在身边。

活动目标

1. 知道乱发脾气等不良情绪会给我们的生活带来消极影响，尝试用合适的方式表达自己的情绪。

2. 积极寻找更多更好的疏导和调节情绪的方法，并在生活中经常保持好的情绪。

活动准备

1. 经验准备：幼儿有相互交流自己与弟弟妹妹之间故事的经验。

2. 物质准备：图画书 PPT、视频、图片、音乐。

活动重难点

1. 活动重点：感知生气、乱发脾气等不良情绪和行为会给人们的生活带来消极影响。

2. 活动难点：能够寻找一些疏导和调节不良情绪的方法，并在自己不开心的时候主动调节自己的情绪。

活动过程

一、看照片和视频，感受与家中弟弟妹妹之间的亲情

1. 观察几张幼儿和弟弟妹妹温馨时刻的照片和视频，请幼儿说一说看完后的感想。

2. 引导幼儿感受弟弟妹妹的到来为家里增添的乐趣。

二、通过故事《大喊大叫的一天》，感知生气的情绪表现

1. 观察图画中的内容，说一说图画中的小女孩怎么了？（放音效，出示贝拉）猜一猜贝拉为什么会这样？

2. 倾听教师完整地讲述故事。

3. 回忆故事内容，再一次感受贝拉发脾气的原因。例如："早上醒来的时候，贝拉为什么会大喊大叫？……"

4. 教师提问："你在故事里听到贝拉还遇到哪些让她大喊大叫的事情？"

教师追问：妈妈为什么要让贝拉吃鸡蛋、给贝拉穿红色的鞋？如果你的朋友对你大喊大叫，你的心情会怎么样？当听到弟弟被表扬时，贝拉在干什么？她为什么这样做？晚上快要睡觉的时候，贝拉做了什么？

小结：大喊大叫使贝拉忘记了妈妈的爱，大喊大叫会使你失去朋友，大喊大叫并不能得到别人的赞扬，大喊大叫并不能让我们得到自己想要的东西。

三、聆听家人的声音，感受家人的爱

1. 请幼儿说一说贝拉这一天的表现怎么样？看到这样的贝拉，她的妈妈是怎么做的？妈妈为什么这么做？贝拉最后说了什么？

2. 分享幼儿的情绪：自己有没有过大喊大叫的时候，看到你大喊大叫的样子你的家人会怎么想，怎么做？

3. 看视频，感受爸爸和妈妈对自己的爱。

四、讨论通过什么方法可以让自己快乐起来

1. 自由讨论有哪些让自己快乐的方法？

2. 出示图片了解更多调节情绪的方法。

小结：吃好吃的食物，看喜欢的图书、动画片，跟好朋友玩游戏等方法都可以让我们开心起来。

活动反思

4—5 岁是幼儿情绪理解能力发展的关键期，成人需要帮助幼儿正确认识情绪，改善不良情绪。本次活动基于图画书中的《大喊大叫的一天》中主人公贝拉的一天情绪表现，帮助幼儿认识到不良的情绪和不理智的行为对自己、对朋友、对家人的影响，让幼儿学会疏导自己的情绪并知道运用合适的方法表达自己的情绪。因为图画书比较贴近孩子的生活，画面简单易懂，所以在设计这节活动的时候，我把重点放在引导幼儿去理解贝拉大喊大叫行为背后的原因上，让他们知道贝拉的做法是不对的，并将这种情感通过爸爸妈妈的话迁移到幼儿身上。活动总体完成了既定目标。

一是在导入环节中，幼儿在看到自己家庭照片时感到很高兴，能够积极向大家介绍自己的弟弟和妹妹。幼儿通过故事中小女孩贝拉的种种行为能够知道不良情绪带来的影响，也能结合自己的实际生活说出自己平时不开心的时候会怎样表达情绪，像甜甜通过这节活动知道了自己平时乱发脾气是不对的，在讲自己的经历时还红了眼眶。

二是整节活动的高潮是讨论和思考说出几种疏导不良情绪的方法的环节，在这一过程中幼儿积极讨论，想出了很多很好的办法。例如：吃好吃的食物、看喜欢的图书、看动画片、唱快乐的歌、跟好朋友玩游戏……整节活动中，幼儿基本上能感同身受，达到预定的活动目标。

活动存在的不足是，在看视频环节中由于爸爸妈妈的视频太长了，影响了活动的节奏，在今后的教学活动中要注意活动时间安排，避免幼儿疲劳。

（长春市人们政府机关第一幼儿园　崔欢）

案例10
我也会害羞（中班）

设计意图

在日常生活中，几乎每个人都有过害羞的体验，针对特定情境，程度适当的害羞是正常反应，但如果害羞程度过高，会妨碍幼儿的社会交往发展，不利于幼儿的心理健康发展。班级幼儿在阅读了图画书《西红柿女孩》后，不仅对故事表现出了极大的兴趣，也对故事里的主人公米乐，一个非常害羞，脸蛋总是红扑扑像个“西红柿”一样的女孩产生了共情，对害羞情绪有了深入的理解和认识，在区域活动中完成了“我害羞的事情”绘画作品。基于此，我设计了本次中班活动“我也会害羞”，目的在于让幼儿大胆地表达自己的害羞经历，使害羞的幼儿产生心理共鸣，培养幼儿的同理心，懂得尊重别人并找出缓解害羞的方法。

活动目标

1. 愿意把自己害羞的经历大胆地表述出来。

2. 积极面对害羞的情绪，找到缓解害羞情绪的方法。

活动准备

1. 经验准备：已阅读过图画书《西红柿女孩》；有过害羞的经历。

2. 物质准备：幼儿提前创作完成的美术作品。

活动重难点

1. 活动重点：能把自己的害羞经历大胆地讲述出来。

2. 活动难点：探讨分享缓解害羞情绪的方法。

活动过程

一、回忆故事，引起共鸣

1. 回忆图画书故事的内容，引出主人公害羞的经历。

教师：大家还记得《西红柿女孩》的故事吗？为什么米乐被称为“西红柿女孩”呢？

小结：米乐从一个只要有人叫她的名字就会变得满脸通红，一听到老师叫到她的名字就会马上心跳加速、呼吸困难的“西红柿”女孩，在伙伴的鼓励下，最终成为“米乐小百灵”。

2. 产生共情，回忆自己的害羞经历。

引导幼儿回忆米乐因为什么事情感到害羞呢？也请幼儿们说一说自己会因为什么事情感到害羞。

小结：我们每个人都会有害羞的时候，老师也会有害羞的候，害羞是一种很正常的情绪，我们都会有，所以害羞并不可怕。只要我们勇敢地面对，“脸红”很快就会过去。

二、出示作品，大胆表述

1. 出示幼儿之前创作的绘画作品图片，请幼儿上前说一说自己画的害羞的时刻是什么。

教师：小朋友已经把自己的害羞时刻通过美术作品的形式表达了出来，现在我们就一起来看一看。（教师提前把幼儿们的作品做成 PPT）

2. 请幼儿和旁边的小伙伴分享自己的害羞时刻，鼓励幼儿大胆表达。

小结：教师对每个分享害羞经历的幼儿要及时给予肯定与鼓励，每个幼儿都是勇敢的，都大胆地说出了自己的害羞经历，并引发每个幼儿对害羞情绪如何慢慢缓解的方法的思考。

三、探讨交流，寻找方法

1. 说一说害羞的时候你是如何缓解害羞情绪的。

教师：每个幼儿都在作品上表现出了自己的害羞时刻，也愿意大胆地分享交流，请说一说你缓解害羞的好方法。

2. 引导幼儿说一说自己在害羞的时候是怎样成功缓解害着情绪的，有什么好办法。

3. 幼儿分组讨论：怎样能让自己害羞的情绪得到缓解？可以尝试一下，看看能否克服害羞的心理情绪。

四、活动延伸

请幼儿回家问一问爸爸妈妈有没有害羞的时候，请爸爸妈妈也说一说自己害羞的事情，让幼儿们知道大人也会害羞，和爸爸妈妈也交流一下自己克服害羞情绪的方法。

活动反思

本次活动以图画书《西红柿女孩》为切入点，引发了幼儿们的共鸣，并鼓励幼儿们大胆讲出自己的害羞经历，探讨克服害羞情绪的方法。活动激起了幼儿极大的参与热情，总体完成了活动目标。通过本次活动，幼儿们大胆地表达了自己的害羞时刻：有的幼儿说自己在哥哥姐姐面前换衣服时会害羞；有的幼儿说自己在遇到不认识的阿姨时，妈妈让她打招呼，她会害羞地躲到妈妈的身后不好意思说话；也有幼儿画了自己在幼儿园升旗仪式的国旗下讲话时的害羞情景……孩子们这么多的害羞事情也让我深有感触，现对本次活动做如下几点总结：

一是此次活动以图画书故事为切入点，让幼儿表达自己的害羞情绪，知道这样的情绪是很正常的。在活动中，幼儿们大胆地说出了他们的害羞经历，如在大家面前或者公众场合讲话时会害羞得脸通红。我告诉他们很多人都不好意思在公开场合讲话，因为这并不是一件容易的事情。当你一个人站在台上面对那么多双眼睛的注视时，你就已经很勇敢了，如果你还能大胆地讲话，那更是一件了不起的事情。

二是通过此次活动我了解到了幼儿的害羞经历，在分享交流的环节中及时回应和肯定了幼儿们好的缓解害羞情绪的方法。作为教师我们要充分尊重孩子的害羞情绪，并在教学活动和生活中帮助幼儿寻找解决害羞情绪的方法，适当鼓励和创造机会让幼儿慢慢地克服害羞的情绪。

此次活动存在的不足是，“探讨分享缓解害羞情绪的方法”环节时间有些紧促，幼儿们没能充分表达，如果能以小组记录的形式探讨害羞情绪缓解方法，会更有效率，也能更好地记录幼儿们的好办法。经过反思，在下一次活动中我会采取更丰富的形式和更有效的方法来激发幼儿的参与热情和提高课堂效率。

（长春市人民政府机关第一幼儿园　霍燕）

案例11
当我感到失望（中班）

设计意图

4—5岁的幼儿处于情绪发展的关键时期。该阶段幼儿的情绪发展情况较3岁幼儿的更稳定，但该阶段幼儿仍会因为一点小事儿而产生较大的情绪变化。近期我发现本班幼儿会因为举手没被老师邀请到，或者比赛输于他人而情绪瞬间失落，表现为垂头丧气甚至大发脾气。这正是幼儿在自己的心愿没有得到满足后产生的失望情绪。虽然失望情绪是每一个人都会有的正常情绪，但如果得不到正确的认识和表达，会对幼儿产生负面影响。因此，结合本班幼儿的情绪发展特点，我选择利用图画书《当我感到失望》为切入点，以游戏的方式让幼儿发现和识别自己和他人出现的失望情绪，同时利用谈话法、讨论法和记录的方式，引导幼儿找到适合自己调节失望情绪的方法。

活动目标

1. 正确识别自己和他人的失望情绪，尝试找到缓解情绪的方法。
2. 喜欢在集体面前分享交流缓解失望情绪的方法。

活动准备

1. 经验准备：幼儿有过小组讨论的经验；会用筷子夹豆子；能用完整的语言描述自己的感受。
2. 物质准备：图画书《当我感到失望》、筷子若干、黄豆若干、盘子四个。

活动重难点

1. 活动重点：识别失望的情绪，寻找一些缓解失望情绪的方法。
2. 活动难点：懂得主动化解自己的失望情绪。

活动过程

一、游戏导入，引出幼儿失望的情绪

1. 讲解游戏玩法和规则，组织比赛。
2. 教师组织比赛，宣布比赛结果。

二、识别失望的情绪，并用笑脸哭脸记录

1. 请班级幼儿说一说游戏结束后的感受。

教师：在今天的比赛中，有一些小朋友说自己非常开心，而有一些小朋友说自己有一点不开心、生气和难过。

幼儿小组讨论自己和其他人的情绪并在班级情绪角上记录。通过小组自由讨论，说一说自己和他人游戏后的表现，然后去情绪角用画笑脸或哭脸的方式记录班级每个幼儿游戏后的心情。

2. 识别什么是失望的情绪，哪些表现是失望后的行为，发现哪些幼儿产生了失望的情绪。

三、阅读图画书《当我感到失望》，交流分享缓解失望情绪的方法

1. 讲述图画故事。

教师：你们有失望的情绪，而有一只叫歪歪兔的小兔子也很失望。今天老师带来了一本图画故事书《当我感到失望》，我们一起来看一看，歪歪兔有了失望的情绪后是怎么缓解的吧？

2. 对图画故事进行提问，加深印象。

教师：歪歪兔遇到了哪些让她感到失望的事情？后来歪歪兔是怎么缓解自己的失望的呢？

3. 根据图画书故事，幼儿分享交流自己缓解失望的方法。

教师：看到刚才输了比赛的小朋友那么失望，我们除了歪歪兔的方法，还有什么办法能让自己或者小伙伴走出失望的情绪呢？（幼儿自由讨论）

小结：大家的办法都很棒。那接下来我们就用自己的方式来帮助自己和他人缓解失望吧。再次到我们的情绪角利用画表情的方式把自己调整后的心情状态，以及你是用什么办法缓解失望的记录下来。大家一起行动起来吧。

活动反思

由于失望的情绪不易于表述和具象体现，所以本次活动在导入环节设计了一个小游戏让幼儿出现失望的情绪，再通过发现、识别、讨论、缓解等方式，由浅入深、层层递进、动静结合地引出幼儿的失望情绪并让幼儿了解哪些是失望情绪后的行为表现，以及找到一些缓解失望情绪的方式方法。活动基本达成

了预设目标。反思整个活动过程，促进目标达成的主要教育方式如下：

一是游戏导入，引发情绪共鸣。本节活动通过一个小游戏，让幼儿切身感受到了失望的情绪，从而自然地过渡到与本次活动相关的情绪主题内容，引发幼儿思考。在游戏情境中，利用幼儿游戏前对获胜的期待与失败后出现的心理反差，成功激发出他们的失望情绪，为下面的环节做了铺垫。

二是利用情绪角、小组讨论和图画书进行升华共情。首先利用小组讨论的方式，让幼儿观察、感受失望的行为表现，让幼儿发现和理解失望的情绪。其次通过图画书《当我感到失望》，让幼儿了解如何坦然面对失望的情绪，找到缓解自己或他人失望情绪的方法。再次通过两次情绪角的变化，使幼儿懂得在以后的日常活动和区域游戏中，不因失望而过度伤心难过。整个活动从感受——认识——理解——化解四个过程帮助幼儿充分感知了“失望”的情绪，最后幼儿通过自己的方式，选择听一首歌曲、跳一支舞蹈或给别人一个拥抱等方式，让自己感受到缓解情绪后的快乐。

活动基本根据预设过程顺利组织完成，但是在活动过程中，还存在着一些不足之处：

一是活动的导入环节虽然比较有趣，充分激发了幼儿参与的积极性，但是由于游戏的趣味性过高，幼儿十分喜欢，所以在活动中“失望”的情绪体验没有达到预设的体验程度。因为有些幼儿在游戏中获胜了，并没有感受到失望的情绪，使得游戏环节略显“喧宾夺主”。以后可以把游戏内容进行一个调整，或者换成幼儿对失望的已有经验调查等形式。

二是在帮助幼儿理解他人的失望情绪时引导不足。失望后的行为表现多为生气、哭泣、不说话和大发脾气，在理解这些就是失望情绪的表现时，因为前经验不足，幼儿很难说出这些表现就是失望的情绪。而幼儿仅仅根据输掉游戏后的行为表现来辨识“失望”，也不能获得关于失败情绪的全面而深刻的认知。其实还可以拓展一下。问一问幼儿自己朋友或者家人什么时候会失望？他们失望的时候是怎么办的？最后在以后的活动中也要注意对幼儿情绪经验的积累和总结。

（长春市人民政府机关第一幼儿园　李卓娜）

案例12
发火（中班）

设计意图

《3—6岁儿童学习与发展指南》中指出：中班幼儿能经常保持愉快的情绪，不高兴时能较快缓解，不乱发脾气。中班幼儿处在社会交往发展的关键时期，该时期是幼儿个性形成的发展阶段。可本班幼儿自升入中班后在与同伴相处时，经常会发生一些摩擦，因为不会调节自己的情绪，还会有发火、大喊大叫、崩溃等状态发生，甚至影响一天的心情。最近这种现象发生得越来越频繁。因此，我以图画书《发火》为载体设计了本节活动。活动融入多媒体，利用多种动态图片及各种音效等方法更直观地让幼儿感受情绪变化。通过观察图片与联系生活实际，让幼儿知道发火是正常情绪表现，并鼓励幼儿在活动中尝试调节自己的情绪。

活动目标

1. 喜欢观察图片，能够用连贯的语言表述情绪变化。
2. 知道发火是情绪的正常表现，并寻找调节情绪的办法。
3. 在游戏中体验与同伴共同游戏的愉快情绪。

活动准备

1. 经验准备：对不同的情绪有感受；有基本情绪识别的能力。
2. 物质准备：图画书《发火》PPT、音乐、翻页笔、音响。

活动重难点

1. 活动重点：知道发火是人情绪的正常表现，能用连贯的语言表达图画书中小新的情绪。
2. 活动难点：探索调节坏情绪的办法，并尝试在生活中正确运用。

活动过程

一、利用封面导入情节，引起幼儿兴趣

1. 出示封面，教师介绍主人公并请幼儿观察。

2. 幼儿观察主人公情绪并提问。

教师通过引导幼儿观察图片，请幼儿说一说：小新怎么了？从哪里看出来小新生气了？发生了什么事情小新才会生气？

二、利用故事 PPT，引导幼儿感受发火的情绪变化

1. 出示 PPT1(星期一)，引导幼儿观察主人公情绪并提问。

通过 PPT 引导幼儿观察并提问：小新的表情怎么样？在做什么事情？妈妈的表情怎么样？妈妈可能会说什么？

教师：你每天起床的时候发生过懒床的事情吗？你是怎样避免懒床情况发生的？

2. 出示 PPT2、PPT3、PPT4，引导幼儿观察主人公情绪变化并提问。

（1）观察 PPT2（星期二），请幼儿思考：小新在做什么？妈妈的表情怎么样？发生了什么事情妈妈才会有这样的表情？那你认为小新这样做对不对？为什么？

（2）观察 PPT3（星期三），请幼儿说一说：这天晚上小新和爸爸发生了什么事情？如果你是小新你会对爸爸说什么？爸爸会怎么回答？（请幼儿模仿图片进行情景表演）

（3）联系实际并提问：你在生活中有没有遇到过这样的事情？你是怎么做的？你的愿望达成了吗？有什么样的好办法？

教师：听，谁哭了？（播放哭泣音频）小新妈妈、妹妹的表情都是什么样的？发生了什么事情让三个人都不高兴了？如果在你的家里发生了这种事，你的妈妈会说什么？

（4）出示 PPT5（星期五），引导幼儿观察并提问。

引导幼儿观察图片并提问，图片里大家的表情一样吗？大家是什么样的表情？如果你是小新的小伙伴你会说什么？

3. 寻找缓解坏情绪的办法。

让幼儿分享缓解坏情绪的办法，教师利用动态 PPT 及音效配合。

教师：在生气的时候有什么样的好办法可以让自己平静下来？

教师：在生活中哪些事情会容易使你生气、沮丧、悲伤？

总结：每个人都会产生情绪，有好的情绪，也有坏的情绪，这是正常现象。但是这些情绪有时候会影响我们自己和身边的人，尤其是当我们产生坏情绪时，就会对自己和身边的人产生消极影响，因此要学会调节，因为坏情绪并不能帮助我们解决问题。

三、音乐模仿游戏《表情变变变》

表情游戏：在音乐响起来的时候跟着音乐围成圆圈顺时针行走，大屏幕会有很多表情在转动，当音乐停止的时候，所有幼儿眼睛看向大屏幕，大屏幕最后出现什么表情，幼儿就一起来模仿这个表情。

活动反思

本节活动设计思路清楚、层次分明，特别是活动最后的游戏再次激发了幼儿的兴趣与对本节活动的喜爱之情。活动总体完成了既定目标，具体反思如下：

一是在整个活动中，孩子的参与性非常高，孩子能根据自己的经历讲述自己的情绪，有高兴，有发火，有难过……通过活动，孩子们也了解到每个人都会在生活中产生各种各样的情绪，这些都是正常的，但是无论怎样，我们都应该保持开心乐观的心态，学会调节自己的情绪。孩子们也知道了坏情绪会带给自己以及身边的人负能量。

二是教师与孩子的互动性较好，但是对于孩子的回答，我的回应还不够积极。另外在总结环节没有引导幼儿更全面更有针对性地进行总结，教师应在孩子总结的基础上再次提炼总结。

三是对于在活动中大部分幼儿想出来的雷同的办法，教师没有及时用总结性语言概括并调整幼儿思路。比如幼儿想出调节情绪的办法都是跑一跑、跳一跳、游泳，教师应该用总结性语言概括：除了体育锻炼还有什么办法呢？而不是顺应孩子的话一直去说。教师的随机反应也有待提高，比如有一名幼儿在回答“小新现在的头顶有一团火，我们怎么帮助他灭火呢”时，他说寻找消防员叔叔。

此时教师应及时给予肯定，然后运用语言的艺术与魅力对幼儿的这个办法进行分析。

在本节情绪活动后，我在班级内开设了情绪角，有需要的幼儿可以选择去情绪角来排解自己的坏情绪，也可以在情绪角利用自己喜欢的方式记录自己的各种情绪。孩子们在日常生活中，也会想办法出主意帮助身边的小伙伴来调节坏情绪。

（长春市人民政府机关第一幼儿园　张佳琦）

案例13 不怕被嘲笑（中班）

设计意图

在与同伴交往过程中难免会听到一些不友好的话语，如“你怎么长得这么矮，你几岁啊？”“瞧你笨笨的样子，像个乌龟一样。”“哈哈哈哈，你就是太胖了才爬不过来！”很多幼儿在听到这些话语时都会出现失落、愤怒、悲伤的情绪，如果不能正确处理，很容易对心理健康产生影响。因此，本节教育活动通过阅读《不怕被嘲笑》图画书，帮助幼儿理解被嘲笑后会有不同负面情绪出现，引导幼儿认识到嘲笑别人是不对的，被嘲笑不是自己的错。同时通过角色游戏鼓励幼儿勇敢面对被嘲笑后的消极情绪，提高幼儿情绪调节能力。

活动目标

1. 能够感受被嘲笑的难过情绪并尝试寻找调节难过情绪的方法。
2. 乐于发现同伴的优点并在“你说我猜”游戏中恰当地表达。

活动准备

1. 经验准备：幼儿知道“嘲笑”的意思；了解同伴优点；有一定的语言表达能力。

2. 物质准备：《不怕被嘲笑》图画书、班级幼儿照片、星星贴纸。

活动重难点

1. 活动重点：能够感受到他人被嘲笑时会产生消极情绪，并尝试运用调节情绪的方式方法。

2. 活动难点：能够准确连贯地描述同伴的优点并进行“你说我猜”游戏。

活动过程

一、故事导入，感受被嘲笑时会出现消极情绪

1. 观察图片，提问导入。

教师：穆奇长什么样？它和其他猴子一样吗？哪里不一样？穆奇和其他人的不一样，会给他的生活带来哪些有趣的事情呢？让我们一起走进故事《不怕被嘲笑》吧。

2. 倾听故事，理解故事主人公心情转变的原因。

教师：穆奇喜欢自己没有毛的样子吗？它什么时候开始不喜欢了？

引导幼儿发现同伴每天嘲笑穆奇，使穆奇再也不喜欢自己没长毛的样子了。

教师：穆奇被嘲笑的时候会有哪些情绪呢？它的心情会有什么变化？

小结：通过故事知道嘲笑别人是不对的，幼儿能够感受到被嘲笑的时候会出现愤怒、害羞、伤心和难过的情绪，知道出现这些情绪是正常的。

二、共同总结朋友们给穆奇的调节消极情绪的方法

1. 结合故事 PPT 思维导图，帮助幼儿共同总结缓解被嘲笑后难过、伤心情绪的方式方法。

教师：穆奇为了不被嘲笑，想了好多好多的办法，比如去买厚厚的毛大衣，往身上粘其他动物剪下来的毛等。可是这些都没有改变什么，朋友们给了穆奇哪些好的建议？

教师：可以像鬣狗学习用幽默来化解，勇于自嘲；可以像长颈鹿学习做自己，认识到每个人都是独一无二的，不用追求跟大家完全一致；可以像树懒学习深呼吸，不理他们，让嘲笑者自己变得无趣；可以像羚羊学习多跟友好的朋友在一起。

小结：通过教师层层递进地引导幼儿对诱发情绪的情景进行重新认识和评价，让幼儿认识到嘲笑别人是不对的，被嘲笑并不是自己的错。我们可以用很多调节情绪的方法和应对的策略来面对嘲笑。注重教师回应幼儿的有效性，及时发现幼儿独一无二的地方，帮助幼儿重回自信。

2. 利用提问和幼儿一起回忆生活中调节情绪的方法。

教师：在生活中你遇到过被嘲笑的情况吗？你是怎样做的呢？你有哪些办法调节自己的情绪呢？

三、夸赞同伴的长处和优点，猜猜谁是我的好朋友。

1. 鼓励幼儿大胆说出好朋友的名字，喜欢与同伴友好相处。

幼儿运用语言赞美好朋友的长处和优点，从而学习友好相处的语言表达方式。

教师：你能说一说你的好朋友哪里最厉害，他有哪些长处吗？

2. 游戏：你说我猜，猜猜他是谁。

游戏规则：请一位幼儿来前面选择一张想要夸赞的小伙伴的照片，然后用语言来描述他的优点，其他幼儿猜测是谁。最后请前面的幼儿分别给照片上的小伙伴和猜对的小伙伴发一枚小星星贴在胸前。

活动反思

本次活动较好地完成了活动目标，具体反思如下：

一是选择《不怕被嘲笑》这个图画书在中班这个年龄段进行情绪社会化的积极引导是非常正确的。主人公小猴子穆奇会让孩子有身临其境的感受，他们通过故事能够感受到嘲笑的发生、发展，也能够跟随故事的发展感受理解他人被嘲笑后会产生伤心和难过的情感。

二是适时调整了教学方式，让活动进行得更顺畅了。因为第一次活动后发现他们是不愿意分享自己被嘲笑的经历的，因此我更改了课程环节，将分享自己被嘲笑的经历变成理解感受他人被嘲笑后的情绪变化，激发了幼儿社会情感的共鸣。并且他们能够吸收并应用故事里提供的情绪调节建议，调节自己的情绪和社会行为，相信他们再被嘲笑的时候就能够从容面对了。

三是在游戏环节中，我希望通过预设问题启发幼儿找到与他人友好相处的方式，在追问中却得到了意想不到的收获。孩子们在说自己好朋友的时候，会主动用语言夸赞好朋友："你真棒！"这时我捕捉到被提到的好朋友脸上洋溢的笑容并及时追问："她为什么是你的好朋友？""因为她借我画笔。"我及时回应幼儿："哦！原来是因为在你需要帮助的时候她及时帮助了你。"随后，孩子们的回答给了我更多的惊喜："他站队跟不上队伍的时候我告诉他。""是啊，好朋友就是要互相提醒，一起进步。"这样，就将如何与他人友好相处通过孩子们的回答又传递给孩子们，潜移默化地增进了幼儿彼此之间的友谊。

本次活动完成度很高，但也存在如下问题：

在活动进行环节中，我应当多设计一些有思维指向的开放性问题，如"如果你是穆奇，你有什么好办法吗？"这类问题没有统一的答案，幼儿不但要理解故事内容，还要将故事中的情绪表达出来，这可以帮助幼儿更好地识"被嘲笑"后的情绪，也有利于幼儿情绪与智力发展。

在寻找总结调节情绪的小技巧中，我有些急于求成。情绪本身就是极其敏感的细微变化，我应跟随幼儿的节奏。教师语言衔接不恰当也会刺激到幼儿的情绪。因此，要注意语言的艺术性、科学性和准确性，保护好孩子们的积极状态和良好情绪。

（长春市人民政府机关第一幼儿园　申海燕）

案例14
我不害怕（中班）

设计意图

《3—6 岁儿童学习与发展指南》中提出要帮助幼儿保持良好的情绪状态，学会恰当表达和调控情绪，鼓励幼儿与人分享自己的情绪，并给予适当的引导。随着年龄的增长，中班幼儿的情绪体验越来越丰富，自我调节情绪的能力也不断增强，但仍存在情绪不稳定，容易受周围环境或不同因素影响等问题。基于本班幼儿往往对许多事情感到害怕的情况，比如打疫苗、玩刺激的游乐设施等，我设计了此次活动。通过图画书《比利床下的怪物》展开讨论，分享交流自己害怕的经历，情景表演害怕时的表情动作，最后记录缓解害怕的方法，鼓励幼儿要勇敢面对害怕，掌握缓解害怕的方法，同时学会尊重他人的害怕情绪。

活动目标

1. 愿意分享自己害怕的情绪，知道害怕是一种正常的情绪。
2. 理解害怕产生的原因，能够分享缓解害怕的不同方法。
3. 乐于关心他人，懂得尊重他人的害怕情绪。

活动准备

1. 经验准备：幼儿具备情绪识别的能力；有过害怕的经历；部分幼儿有独自睡觉的经历。

2. 物质准备：图画书《比利床下的怪物》PPT、记录笔、已完成部分的记录表、分类表格、音乐。

活动重难点

1. 活动重点：能够识别害怕情绪并合理面对，分享缓解害怕的不同方法。
2. 活动难点：理解害怕的特殊性，尊重他人的害怕情绪。

活动过程

一、图画书导入，引出害怕情绪

1. 共同阅读图画书中比利独自睡觉的情节，感受害怕氛围。

首先播放轻缓的音乐，教师声情并茂进行讲述，在转折处（张牙舞爪的影子）播放紧张的音乐，辅助幼儿感受独自睡觉的害怕氛围。

2. 分享独自睡觉的感觉，感受比利的心情。

幼儿根据已有经历，说一说独自睡觉时会有哪些不一样的心情。

二、根据记录表交流“害怕的事”，理解害怕情绪

1. 根据记录表，说一说自己害怕的事。

（1）鼓励幼儿自由交流讨论自己的害怕记录表。

（2）采用随机模式选取三个幼儿的记录表进行展示。

将幼儿的记录表提前以大转盘的形式投放到大屏幕上，随机喊停，请转到相应记录表的幼儿进行分享。

2. 情景表演，尝试用动作表情表现感到害怕时的样子。

观察同伴间表演害怕的不同样子，更好地识别害怕情绪产生时的表情和动作。

3. 总结害怕对象，合理面对害怕情绪。

出示分类表格，理解表格信息，发现每个人都会害怕，且害怕的对象也会不同：有人害怕打雷下雨等自然现象，有人害怕刺激性游乐设施等特定情境，有人害怕凶猛动物，有人害怕与陌生人交往等社会活动，有人害怕鬼怪等。

教师：其实感到害怕是很正常的事，不光幼儿有害怕的事，大人也有害怕的事，每个人都会有害怕的事。

三、分享缓解害怕情绪的方法，帮助同伴完成记录表

1. 幼儿讨论如何缓解害怕。

幼儿自由分组，进行讨论如何缓解害怕，并请小组代表发表组内讨论意见。

2. 小组合作，共同记录战胜害怕的方法，完成害怕记录表。

3. 交流感受，理解害怕的特殊性。

现场调查“听完这么多办法，觉得自己变勇敢的幼儿请举手”，引导幼儿发现：有时候害怕不会一下子消失不见，但只要我们能不断鼓励自己，不断尝试，总有一天会战胜害怕！

活动反思

本次活动的设计贴近幼儿生活，符合中班幼儿心理发展的需求。具体反思如下：

一是在分享讨论幼儿害怕记录表时，利用多媒体随机选择的方式比较新颖，调动了幼儿的积极性，提高了幼儿的参与度。

二是能从情绪认知、情绪表达、情绪调节等方面动静结合，生动有趣地让幼儿合理面对害怕情绪。

需要注意的地方：首先，在幼儿自由讨论害怕记录表时，可以适当增加幼儿之间讨论的时间，满足所有幼儿的表达意愿。其次，在幼儿表演害怕表情动作时，我采用了让幼儿个别展示的教学方式。其实大部分幼儿都已经表演出害怕时的表情动作，这时整体表演即可，个别展示有些多此一举。最后，在为他人想缓解害怕的方法的环节，由于我之前留给幼儿分享交流的时间不合理，导致幼儿不能完全理解同伴的害怕记录表。根据中班幼儿移情能力有限的事实，此环节可以调整成经过活动后为自己的害怕绘画缓解的方法。

（长春市人民政府机关第一幼儿园　郭子瑞）

案例15
123，我不生气（中班）

设计意图

幼儿升到中班时，其社会交往能力已有明显发展，但是当幼儿之间出现矛盾时，他们依旧经常会将愤怒、生气等消极情绪转化为不良行为去解决问题，从而引发矛盾升级。为了帮助幼儿更好地进行自我情绪的管理，我选择以图画书《123，我不生气》为载体，设计了本次教育活动。活动采用观察、讨论等方式，引导幼儿正确地认知生气、愤怒时自己的情绪状态，初步尝试调节生气、愤怒的情绪，从而促进幼儿情绪的健康发展。

活动目标

1. 能正确识别生气、愤怒的情绪，愿意分享自己的情绪感受。

2. 喜欢欣赏故事，愿意与同伴探讨缓解消极情绪的方法。

活动准备

1. 经验准备：已经能够识别基本情绪；有看图讲述的经验。

2. 物质准备：故事图片、音乐、骰子、糟糕情绪的图片。

活动重难点

1. 活动重点：正确识别人物表情、动作与情绪变化的关系。

2. 活动难点：恰当表达消极情绪，并寻找疏解消极情绪的方法。

活动过程

一、故事引入，吸引幼儿兴趣

出示封面图片，观察并描述：主人公在做什么？你认为她现在的情绪怎么样？

对幼儿已有的积极情绪的经验回顾，通过猜测图片内容感受积极情绪带来的快乐。

二、观察图片，讨论调节生气、愤怒的情绪方法

1. 描述图片内容说一说发生了什么，并讲述主人公的心情。

教师：每个人都会有不同的情绪，你觉得主人公的心情是怎样的？从哪里看出来的？主人公没有拿住气球， 很生气！如果你遇到这样的情况，你会怎么做？

引导幼儿通过面部表情辨别情绪，加深情绪认知。教师注意启发幼儿转换视角，从自身出发，并表达自己关于生气情绪的相关体验。

2. 观察图片学唱歌谣《123，我不生气》。

教师：唱完歌谣后，你有什么样的感觉？小女孩会有什么转变呢？结合画面内容与幼儿一起梳理书中的情绪语言表达和行为方式，通过启发式提问引导幼儿发表自己的观点与想法，并学习主人公情绪调节的方法。

3. 寻找不生气的方法。

出示图片，幼儿观察图片并说一说主人公的伙伴在做什么？她的朋友是怎么安慰她的？

幼儿自主讨论：如果是你，你会怎么安慰她？（请两名幼儿来模仿画面中的情景，并用自己的方法安慰同伴。）

4. 根据不同的画面情节，描述画面中发生了什么事？讨论在不同情境下调节生气、愤怒的情绪方法并进一步理解儿歌。

幼儿与老师一同说情绪歌谣，用歌谣的形式一起来舒缓自己的情绪。引导幼儿自主讨论：我们已经与小女孩经历了她的不开心。在生活中，你遇到过不开心的事情吗？你是如何解决的？

三、游戏“赶走坏情绪”

生活中总是会出现很多不如意的事情，我们会因此伤心、难过、愤怒。我们如何赶走它们呢？让我们一起来玩一个“赶走坏情绪”的游戏！

游戏规则：投掷骰子来抽选情绪卡片，以小组的形式讨论调节情绪的方法，看一看谁的方法最多，哪些方法最有效，并将方法分享给幼儿们。

活动反思

本次活动通过“一边观察图画书一边讨论”这种幼儿喜欢的方式，意在教会幼儿识别情绪，让幼儿感受消极情绪带来的糟糕体验并讨论如何调节消极情绪，进而更好地寻找与分享调节生气、愤怒这种消极情绪的方法。活动在轻松、自由的氛围中激发了幼儿学习的主动性。为了更好地开展之后的教学活动我做了以下的反思：

一是结合幼儿生活经验。本次活动最大的特点是把图画书与幼儿一日生活紧密联系起来。“情绪”对于幼儿来说是非常抽象的词汇，而故事却可以将主人公的情绪表现、情绪行为与幼儿生活中的经历相融合，使幼儿更容易理解，并将获得的情绪知识逐渐内化为自身的行为，从而提高幼儿的情绪处理能力。

二是教学方法多样。本次活动运用了观察法、讨论法、情景表演法、游戏法等多种教学方法，紧紧围绕调节消极情绪和感受积极情绪的教育内容展开。在讨论调节消极情绪的方法这一环节，孩子们打开了“话匣子”，幼儿积极地说出自己的故事。例如：被幼儿抢玩具时，我很生气，但我会和他商量一起玩。幼儿不小心踩到我，虽然我很生气，但我原谅了他，因为他不是故意的。在此基础上我追加转换角色的问题：“如果你出现了这样的情况，你会怎么做？”孩子们畅所欲言，自主地寻找调节情绪的方式，同时学习到更多调节情绪的方法，丰富了自己的经验。

本次活动还存在不足之处。在儿歌中，有一句歌词是：123，放松深呼吸。“深呼吸”对于本班幼儿来说是一个新的调节情绪的方式。当幼儿深呼吸时，我关注到幼儿表情的变化但却没有及时抓住教育契机，一带而过。应该让幼儿谈一谈深呼吸时自己的感受，让幼儿对这个新的调节方式有更深刻的理解。

（长春市人民政府机关第一幼儿园　杨洋）

案例16
气球小熊（中班）

设计意图

《3—6 岁儿童学习与发展指南》明确指出，成人应帮助幼儿学会恰当地表达和调控情绪。4—5 岁幼儿的情绪状态相对稳定，但由于语言表达能力有限，幼儿对情绪的调节能力还相对较弱，容易激动和冲动。结合中班幼儿这一发展特点，同时考虑本班幼儿已经能够基本识别基本情绪的前经验，我选择以图画书《气球小熊》为载体，设计了本次中班教学活动。《气球小熊》分别介绍了害怕、生气、难过、开心四种幼儿经常体验的基本情绪，每一个情绪变化都经历了正常——情绪高涨——情绪爆发——恢复四个阶段。本次活动运用讨论法、感官体验法来鼓励幼儿大胆表达调节害怕、生气、伤心情绪的方法，还通过情境游戏法，增加快乐体验，引导幼儿保持积极愉快的情绪。

活动目标

1. 感受气球小熊情绪变化过程的有趣，知道每个人都会经历情绪变化。

2. 理解情绪变化时身体会有不同反应，尝试用不同方法调节消极情绪。

3. 体验与同伴玩气球游戏的乐趣，乐于保持愉快心情。

活动准备

1. 经验准备：幼儿有玩气球的经历；会演唱歌曲《三只小熊》；能够识别害怕、伤心、生气、高兴时的不同表情。

2. 物质准备：图画书《气球小熊》PPT、《三只小熊》音乐。

活动重难点

1. 活动重点：尝试用不同方法调节消极情绪。

2. 活动难点：理解情绪变化时身体会有不同反应。

活动过程

一、歌曲导入，表达情绪

1. 播放歌曲《三只小熊》，请幼儿回忆歌曲名字，师幼共同演唱歌曲。

2. 请幼儿说一说演唱歌曲的心情是什么样的。

3. 引出图画书主人公气球小熊，引发幼儿对气球小熊情绪变化的好奇。

教师：今天介绍一位小熊朋友，它的名字叫气球小熊。气球小熊的心情经历了很多变化，你们想不想一起看一看？

二、分享交流，理解情绪

1. 出示气球小熊受到惊吓的画面，观察表情与动作的变化。

引导幼儿观察气球小熊遇到了谁？鼓励幼儿说出气球小熊的感觉怎么样？你是怎么看出来的？鼓励幼儿用动作大胆表达害怕的感觉。

2. 运用 PPT 动画效果，感受气球小熊惊吓时身体的变化过程。

引导幼儿观察气球小熊受到惊吓时身体有什么变化？（气球变大、颜色变黄）鼓励幼儿大胆猜想气球越胀越大会怎么样？

3. 师幼讨论，鼓励幼儿勇敢表达惊吓泄气后变回可爱小熊的方法。

教师：气球小熊变瘪了怎么办？我们一起来试一试！受到了惊吓，有什么办法让小熊恢复心情？

4. 感受气球小熊生气时身体变化的过程，大胆表达生气后变回可爱小熊的方法。

引导幼儿说出妈妈从超市回来没给小熊买零食，气球小熊的感觉。观察生气的时候，气球小熊的身体形状和颜色的变化。尝试不用方法调节生气情绪。

教师：越胀越大，会怎么样？生气的时候，有什么办法让小熊恢复心情？我们一起来试一下。

5. 感受气球小熊伤心时气球的变化过程，大胆表达伤心后变回可爱小熊的方法。

引导幼儿说出气球小熊的冰淇淋掉到地上的感觉。观察伤心时，气球小熊形状和颜色的变化。尝试用不同方法调节伤心情绪。

教师：越胀越大，会怎么样？伤心的时候，有什么办法让小熊恢复心情？

6. 观察气球小熊高兴时气球的变化，感受好心情传递给家人的温暖。

引导幼儿说出气球小熊收到最喜欢的机器熊作为生日礼物的心情。启发幼儿思考：高兴的时候，气球泄气了吗？

三、情境游戏，感受情绪

1. 创设气球旅行情境，教师引导幼儿变身气球宝宝，感受身体充气，变大，飞向天空，落到草地的感觉。

2. 情境游戏最后引导幼儿说出自己的感受。

教师：气球宝宝们，你们现在感觉怎么样？和同伴一起游戏真开心啊，希望你们一直保持愉悦的心情，做快乐的自己！

活动反思

本次活动充分抓住图画书画面的趣味性与幼儿进行了有效互动，通过提问、追问、拓展环节激发了幼儿已有经验。活动过程中幼儿参与热情高涨，表现积极，总体完成了活动目标。其中，如下几点有利于本次活动目标的达成。

一是关注幼儿的生活经验。从选材来看，图画书《气球小熊》通过情绪和气球之间的有趣关联让原本抽象的情绪变化以更加具体的方式展现在幼儿面前。该类型的情绪主题图画书符合幼儿的生活经验。除此之外，活动开始以幼儿生活中熟悉的《三只小熊》儿歌导入，引发了幼儿的愉快情绪，唤起了幼儿的情绪表达愿望，激发了幼儿的情感共鸣。

二是关注对幼儿的及时回应。在寻找缓解生气方法这一环节，一名幼儿说出“哄它玩”这一方法，我及时肯定与追问“非常棒的主意，可以玩一些什么？”其他幼儿的思路一下子被打开，开始七嘴八舌地回答“玩玩具”“搭积木”“捉迷藏”“跑步”……最后，我及时总结：游戏、运动都可以平复心情，缓解生气的情绪。

三是关注活动中幼儿的生成性行为。在预设的活动中，气球小熊变瘪之后的恢复方法是用嘴吸气、吹气。在实际活动中，幼儿先想出的方法是“打气”，教师追问“用什么打气”“怎么打气”，一名幼儿兴致高涨，手脚并用地模仿如何用打气筒给气球打气，其他幼儿纷纷模仿。面对幼儿生活经验的迁移与应用，教师及时捕捉到幼儿的兴趣点，在最后一个环节情境游戏中，将这一动作随即应用到给气球宝宝充气环节，替换预设的呼吸吹气环节，做到了随机应变，也鼓励了幼儿迁移经验的做法。

活动需要改进的地方是在开心情绪这一环节。我提问：“高兴的时候，气球泄气了吗？”幼儿有不同的答案，但我没有及时追问“为什么”而是直接呈现图片，验证幼儿猜测的结果，没有给予幼儿充分的表达空间。

（长春市人民政府机关第一幼儿园　樊俊杰）

案例17 我很骄傲（大班）

设计意图

幼儿由于知识、兴趣、能力等方面的不同，其自信心强弱的表现也不同，呈现出独特的心理特点，5 岁以后幼儿的个性特征有了较明显的表现，其中最突出的是自我意识的发展，主要体现在自我评价的能力上。图画书《各种各样的人》能帮助幼儿领悟到：这世上的每一个人，无论五官还是兴趣爱好，都是不一样的，都有着自己的特点。于是，我利用书中的部分情节图片设计了此次教学活动，帮助处于大班阶段的幼儿通过同伴的评价、自我展示感受自己的与众不同，发掘自己的闪光点，了解自己的独特性，从而引导他们形成积极的自我意识，感受骄傲情绪。

活动目标

1. 乐于发现自己和他人的优点，并为之感到骄傲。
2. 愿意在集体中大胆表现，体会被肯定的愉悦心情。

活动准备

1. 经验准备：已阅读图画书《各种各样的人》；了解自己和同伴的特长。
2. 物质准备：能表现自己特长的简笔画作品和视频、背景音乐、动画视频《骄傲的花孔雀》。

活动重难点

1. 活动重点：能够发现自己和他人的闪光点，为自己的优点感到骄傲。
2. 活动难点：能正确面对自己的优点并恰当地表达骄傲的情绪。

活动过程

一、歌曲引入，初步感受被肯定的愉悦感

1. 欣赏歌曲《爱我你就夸夸我》，引出主题。

2. 教师：你做什么事情被别人夸奖过？被夸奖时你的心情是怎么样的？

通过提问和交流让幼儿回忆生活经验，能初步感受到被肯定的愉悦情绪。

二、发现优点，进一步体会被肯定的感觉

1. 出示四幅眼睛图片，请幼儿观察。

教师：这都是谁的眼睛？从眼睛中你能感受出他的表情吗？请幼儿夸一夸你最喜欢的一双眼睛。

通过观察外形特征鼓励幼儿发现自己或同伴的优点。

2. 出示幼儿日常活动的六幅图片。

教师：你最想夸夸图片中的哪位幼儿？为什么？

通过观察日常活动中的行为表现发现他人的优点。

3. 小组讨论：我的本领大。

（1）幼儿通过简笔画和语言表达分享特长和爱好。

引导幼儿在小组中说一说自己的特长，并能发现同伴的特长和本领。

（2）现场展示：我的本领大。

请具有同类特长的幼儿在集体中进行展示。

总结：你们都是与众不同的，要学会爱自己，因为世界上只有一个你，让我们抱抱优秀的自己，跟自己说一句：我骄傲，我是最棒的！

活动反思

本次活动总体完成活动目标，具体反思如下：

是活动内容层次递增且环环相扣。首先，活动第一环节通过欣赏歌曲和经验回忆感受被别人夸奖和肯定的愉悦感，为后续埋下伏笔。第二环节中巧妙设计同伴互评，让幼儿在他评中认可与众不同的自己，产生正面积极的自我认识，为树立积极的自评奠定基础。第三环节为强化幼儿积极的自我评价，在创设轻松、愉快的自我体验过程中，鼓励幼儿大胆表现才艺、情感体验式朗诵等，增进了同伴间相互了解，实现了幼儿积极的自我评价。

二是师幼互动积极亲切且温馨。首先，该活动开始以我向幼儿抛出的问题为主，通过欣赏歌曲、观看照片视频、语言鼓励等方式正面引导幼儿。比如幼儿在讲述自己特长时，说在家会帮妈妈做家务，我赞扬她勤劳的同时追问她为什么要帮助妈妈，她说因为妈妈很辛苦，我便总结她是个懂得感恩的孩子，在这里提炼幼儿回答的重要信息帮助他们建立初步的自我认识。其次，在幼儿自我认识建立的基础上，接下来我采用互答互问和幼儿喜欢的简笔画形式，让其自主记录爱好和特长，建立自信心，勇敢表现、评价自己的优点。最后，在整体师幼互动中，我真诚地对待每一个孩子，耐心倾听，用口语和肢体语言表明在我眼里每个孩子都是很优秀的。特别在“我的本领大”这一环节中，幼儿已经深刻体会到自己的与众不同，体会到“自己是最棒的”，在我和同伴们的积极肯定和鼓励中，触发了幼儿为自己感到骄傲的情绪认知。

三是活动内容多维渗透且有序融合。我始终将幼儿良好的生活和学习习惯养成贯穿于整个活动中，不仅重视活动设计和目标达成，也关注幼儿社会情感和行为教育的养成意识。如互动问答时，鼓励并引导幼儿要说完整句子；要吐字清晰且声音洪亮；在与他人交流中，要做到尊重对方，与其有眼神的交流等。

（长春市人民政府机关第一幼儿园　李响）

案例18
我好难过（大班）

设计意图

《3—6 岁儿童学习与发展指南》中明确指出：“幼儿艺术领域学习的关键在于充分创造条件和机会，在大自然和社会文化生活中萌发幼儿对美的感受和体验，丰富其想象力和创造力，引导幼儿学会心灵感受和发现美，用自己的方式去表现和创造美。”大班幼儿有着丰富的情绪经历，情绪调节能力明显提升，所以本次活动选择以图画书《我好难过》为载体，引导幼儿利用四格漫画这一艺术形式来呈现情绪的变化过程。本次活动运用讨论法、观察法、问答法，鼓励幼儿大胆利用四格漫画形式创作绘画，把调节难过情绪的方法表现到画面上，引导幼儿保持积极愉快的情绪情感。

活动目标

1. 喜欢进行漫画创作，乐于用漫画的方式记录难过情绪的变化过程。

2. 大胆用四格漫画表现自己难过情绪转化为愉悦情绪的过程。

3. 体验与同伴分享四格漫画的乐趣，愿意保持愉悦的心情。

活动准备

1. 经验准备：有绘画四格漫画的经历。

2. 物质准备：四格漫画纸、水彩笔、蜡笔、PPT 故事、音乐。

活动重难点

1. 活动重点：大胆创作四格漫画情绪作品，并与同伴分享。

2. 活动难点：利用艺术形式表达情绪的变化。

活动过程

一、谈话导入，回忆故事

教师：幼儿们，还记得《我好难过》图画书中一只可爱的小天竺鼠对难过心情的表述吗？它做了哪些事情使心情变得更好些？

二、分组讨论及绘画内容

教师：你们遇到什么事情会感到难过？又是通过做什么事情把情绪调整好了？

1. 分组讨论，想想当自己遇到难过的事情还能用什么方法缓解情绪。

教师：请幼儿说出讨论的结果，与幼儿分享。

引导幼儿通过分组讨论的方式，讨论出更多调整难过情绪的方法，鼓励幼儿勇敢表达难过情绪前后的变化感受。

2. 请幼儿把讨论的故事通过四格漫画的形式绘画出来。

3. 教师为幼儿准备了绘画材料（四格漫画纸、水彩笔、蜡笔），画面可以用色彩和线条的创作方式来表示情绪舒缓的变化。

4. 绘画规则：把故事情节按照顺序分别画到四个格子里面，绘画时要保持画面整洁干净，用完画具放回原处。

幼儿通过四格漫画的绘画形式，把从难过到愉悦的情绪变化展现出来，激发幼儿绘画兴趣，提高幼儿调整情绪的能力，感受四格漫画的趣味性。

三、幼儿作画及作品赏析

1. 幼儿按照讨论出的绘画内容大胆创作丰富画面，尽量使画面内容饱满，最终创作出富有情绪变化的四格漫画故事。

2. 教师巡回指导，给予帮助。

3. 作品展示：幼儿与大家分享作品并讲述四格漫画的故事内容。

通过分享作品内容，让幼儿深层次理解“难过”情绪，并引导幼儿遇到难过情绪时通过做一些事情来舒缓情绪，使心情变得愉悦，让幼儿充分理解情绪的变化，学会调整情绪的方法。

活动反思

本次活动过程中幼儿绘画创作兴趣高涨，总体完成了活动目标。

在绘画过程中上，有一位幼儿拿着水彩笔在画纸上面犹豫再三也没有进行上色，观察之后我发现他畏惧涂色，于是及时介入，通过语言鼓励、引导他可以大胆涂出想用的颜色。有的幼儿能够将自己的情绪变化连贯地展现在四格漫画中，有的幼儿不能合理地分配四格漫画内容，发现后者这种情况后，我引导他再次讲述难过事件发生的经过，整理思路，重新安排漫画内容。

活动环节上存在一些不足：一是在幼儿充分讨论完之后，我没有进行问题的补充和总结；二是应缩短前期讨论的时间，给予幼儿更充足的时间进行绘画创作。

（长春市人民政府机关第一幼儿园　常乐）

案例19 我们的星期六（大班）

设计意图

现在的孩子大多数是独生子女，是在顺境和大人的呵护中成长起来的，很少感受到失望和挫败，因此他们在学习和生活中一旦遇到困难往往很容易产生低落情绪。我所在班级的幼儿会自主设计每周活动计划表，但计划表在执行的过程中有时会因为天气原因被耽搁而错过原有计划，一旦没能完成计划幼儿便会很失望，有的幼儿还会通过哭闹来表达不满。结合班级幼儿的发展特点，我以图画书《星期六》为载体设计了本次活动。通过观察画面、情景表演、制作愿望清单等方式与幼儿共同探讨失望和期望，学会失望与期望共处，体验失望不抱怨的态度，培养幼儿正确调节失望情绪的能力。

活动目标

1. 愿意体验失望情绪，与同伴进行交流让自己感到失望的事情。

2. 感受自己和同伴的失望情绪变化，愿意用语言、动作等不同方法给予安慰。

活动准备

1. 经验准备：幼儿有过失望的经历；有阅读故事书《星期六》的经验。

2. 物质准备：图画故事《星期六》PPT、手偶、彩笔、画纸、音乐。

活动重难点

1. 活动重点：正确识别自己和同伴的失望情绪。

2. 活动难点：积极寻找表达和缓解失望的不同方法。

活动过程

一、故事导入，识别期望和失望情绪

1. 观察图片，感受主人公阿瓦的心情。

幼儿观察图片，倾听故事内容，感受情绪变化过程：主人公从期待星期六的愿望清单转折到期望破灭，到再次信心满满，最后失望跌宕起伏的心情。

2. 分享图画书内容，感受主人公情绪变化。

教师：阿瓦和妈妈在家里计划愿望清单时是什么样的心情？

幼儿根据自己对画面的观察，大胆表达自己发现的情绪。

教师：当阿瓦到了图书馆发现星期六讲故事活动取消了，这时他的心情怎么样？

幼儿大胆表达，感受主人公的失望情绪。

教师：妈妈是怎么安慰阿瓦的？阿瓦内心是什么感受？妈妈和阿瓦去完成接下来的计划的时候，阿瓦是怎么样的心情？

二、情景表演，分享交流，畅谈失望的感受

1. 故事梳理，角色扮演，体验不同角色情绪变化。

2. 分组讨论，幼儿大胆表达期望与失望的感受。

三、寻找缓解失望的不同方法

教师：你经历过什么事情让你感到失望？当你感到失望，你是怎么让自己的心情变得更好起来的？

教师：如果你是阿瓦，你会怎么做？

引导幼儿连贯说出平时生活中经历过的希望、失望的事，让孩子做自我经验迁移。帮助孩子表达情绪，鼓励幼儿通过交谈克服、处理不良情绪。

四、制订愿望清单

教师：让我们一起制作愿望清单与阿瓦共同期待下一个星期六的美好时光！

幼儿制作表格，自由讨论。

活动反思

本次活动整体完成了活动目标，具体反思如下：

一是选择适宜的图画书激发幼儿情感共鸣。图画书《星期六》中阿瓦的经历就是发生在你我身边的故事，读《星期六》的过程，也就是窥见幼儿内心的过程。故事的每一页就像一面镜子，照出了班级某些时刻孩子心中难以言说的低落情绪。

二是运用恰当的教学方法引发幼儿关注情绪调节。在感受画面主人公人物情绪之后，幼儿对于失望与期望的情绪状态有了清晰的认知，通过分组讨论、角色扮演，幼儿对于情绪的感知与调节有了进一步认识。

本次活动也存在一些不足之处。第一次阅读图画书之后，直接进行了情景表演，这对于部分幼儿来说有些难度。有些幼儿只能进行简单的人物对话，无法完成一些连贯情节。在以后的活动中应该注意。另外，也可以考虑在活动中加入班级幼儿的失望情绪事件，使活动更具趣味性。

（长春市人民政府机关第一幼儿园　林青）

案例20
好担心（大班）

设计意图

《幼儿园入学准备教育指导要点》中明确提出，要帮助幼儿建立积极的入学期待，加强每个幼儿对小学学习生活的兴趣点，多从正面引导，减少幼儿对小学学习生活的压力和负面感受。大班下学期的幼儿即将从幼儿园毕业进入小学，面临这一变化，心中不免有些担心。本次活动结合图画书《小阿力的大学校》，选取了其中的主要几幅画面，通过感受小阿力在上学前的种种担心，引导幼儿理解并大胆表达自己对上小学的担心。同时鼓励幼儿根据生活经验，寻找缓解担心的办法，激发幼儿对上小学的积极期待。

活动目标

1. 理解小阿力担心的事情，学会以积极的情绪正确面对幼升小的变化。
2. 敢于分享和交流有关上小学担心的问题，共同寻找解决问题的方法。
3. 积极寻找能消除担心的方法，减少担心情绪的影响，萌发对上小学的期待。

活动准备

1. 经验准备：有阅读《小阿力的大学校》图画书的经验；有基本的统计经验。

2. 物质准备：图画书《小阿力的大学校》PPT、担心事情统计表、记号笔、视频及录音。

活动重难点

1. 活动重点：感受上学前后的情绪变化，理解其中的原因。

2. 活动难点：交流有关上小学担心的问题，能积极寻找解决问题的方法。

活动过程

一、游戏引出活动，了解幼儿面临上小学时的心情变化

1. 介绍游戏“快快站”玩法。

教师：马上要上小学了，你的心情怎样？有没有担心的事情？如果你感到有些担心，请站在我的左手边；如果你感到很开心，请站在我的右手边。

2. 请幼儿分别说说自己选择的理由，分享对即将上小学的感受。

二、回忆故事内容，梳理上小学担心的问题

1. 分别出示 PPT 交流小阿力上学担心的事情。

提问：小阿力在担心什么事情？从哪里看出来的？

将幼儿所说的担心的问题进行归类，如生活方面（环境变化）、人际交往方面、学习方面等。

（1）生活方面：找厕所、找教室、不会系鞋带（陌生环境、自理能力）。

（2）人际交往方面：交朋友（和以前的好朋友分开了，到了新环境，老师、同学都是陌生的）。

（3）学习方面：做作业（作业难、多，没有时间玩）。

2. 回忆故事，完成“我的担心”统计表：教师与幼儿一起根据故事中的“担心”完成分类统计表。

3. 幼儿分组讨论，并分享解决担心的方法。

规则：每张桌子上放着一张小阿力担心的图片，幼儿根据小阿力的担心，想出解决担心的方法，并将想到的方法用绘画的方式记录下来，然后粘贴在黑板上。

三、利用有关小学的视频及音频，消除担心。

1. 教师：我们听一听进入小学后的大哥哥、大姐姐是怎么说的？

播放视频，听听已经毕业成为小学生的大哥哥、大姐姐讲一讲自己的小学生活和心理感受。

2. 再次游戏“快快站”鼓励幼儿重新做出选择。

小结：我们和小阿力都成功地消除了担心，相信进入小学后，你们一定会交到很多的好朋友，你们的小学生活也一定会丰富多彩的！老师期待你们的好消息。

活动反思

一是教育活动的趣味性。本节活动课在开始和结束部分采用了游戏的形式，教师通过游戏清晰地了解到幼儿入小学前的情绪状态，同时幼儿也在游戏中锻炼了表达情绪的积极行为。

二是教育活动的生活性。本活动选材贴近幼儿生活，从大班幼儿实际情况出发，结合图画书故事，让主人公“小阿力”进入小学后担心的心理活动与幼儿自身产生情感共鸣，不仅激发了幼儿参与活动的积极性，也有助于幼儿消除入学前的担心、不安等多种复杂情绪。

三是教育活动的主动性。在分组讨论环节中，幼儿都能参与其中，齐心协力帮助自己和小阿力解决担心的事情。另外，分享如何交到新朋友的方法后，幼儿自由结对主动尝试进行情景模拟，解决交往方面的担心。在这个过程中，幼儿能微笑地主动打招呼并介绍自己，称赞别人，说彼此的爱好，学会了交到朋友的好办法。

四是教育活动的生成性。在最后环节分享解决担心生活方面的方法时，我将引导幼儿根据标志找到目的地的方法及主动询问他人的方法加以扩展，帮助幼儿解决进入小学后出现的问题。例如，播放小学老师录音，通过梳理录音中的关键词“每一层楼、标志、下课十分钟”等，帮助幼儿梳理在陌生环境找厕所的方法，引起幼儿对新环境的关注，积累生活经验。

本次活动需要改进之处是，在第二组交流解决交朋友的方法环节中，我发现在解读记录卡时，幼儿出现了解读错误，因时间问题，我直接说出了记录的内容。其实可以引导班级幼儿共同解读解决第二组幼儿问题的方法记录卡，可以这样提出疑问“谁读懂了他的记录方法？”然后请记录者解答，教师再做出简单回应。如：这个方法你是怎么知道的？你觉得这样可以交到新朋友吗？

（长春市人民政府机关第一幼儿园　田静）

案例21
我也会嫉妒（大班）

设计意图

《3—6岁儿童学习与发展指南》中指出：“5—6岁幼儿要知道引起自己某种情绪的原因并努力缓解，且能随着活动的需要转换情绪和注意。”每个人都有过嫉妒情绪的体验，嫉妒是一种正常的情绪，然而却很少有幼儿在有嫉妒情绪体验时识别并表达出自己的真实感受，为使幼儿更好地理解嫉妒情绪，我选择以图画书《我也会嫉妒》为载体，引导幼儿通过观察画面，大胆表达嫉妒的感觉和让自己感到嫉妒的事情，通过交流讨论调节嫉妒情绪的方法。

活动目标

1. 知道嫉妒是正常的情绪，尝试找到积极调整嫉妒情绪的办法。

2. 初步理解故事大意，能用恰当的语言描述主人公的情绪表现。

3. 乐于参与游戏“对对碰”，感受肯定自己与他人优点的情感体验。

活动准备

1. 经验准备：能正确识别难过、伤心等常见情绪；个别幼儿有“二孩”生活经验或情绪体验的经验。

2. 物质准备：图画书的PPT。

活动重难点

1. 活动重点：能正确理解嫉妒的情绪。

2. 活动难点：找到调节嫉妒情绪的恰当方法。

活动过程

一、介绍主人公，引出主题

教师：幼儿们今天我给大家介绍个好朋友——东东，他最近有些烦心的事情，让我们听听吧。

二、观察人物表情，理解人物出现的情绪是嫉妒

1. 出示图画书扉页 PPT，观察画面人物表情：东东的表情是什么样子的？你觉得他怎么了？

2. 分享交流，认识嫉妒情绪并理解。

教师：东东看到爸爸妈妈喜欢哥哥妹妹，却没有关注自己，他心里是什么样的感觉呢？

引导幼儿观察图片中东东的表情，大胆地表达心里的感受，并告诉幼儿当别人拥有的东西自己没有，但是又特别想得到时，心里就会产生伤心、难过、羡慕的情绪，这种情绪叫作嫉妒。

三、在谈话中，知道每个人都有妒忌的时候

1. 观看图画书 PPT，了解大人也有嫉妒的时候。

教师：你们看，谁嫉妒了？（观看图片）爸爸因为什么事情会嫉妒呢？妈妈因为什么事情会嫉妒呢？

引导幼儿知道嫉妒不只是幼儿才会有，告诉幼儿大人也有嫉妒别人的时候；嫉妒是每个人都会有的情绪，有时会表现为生气、愤怒，有时会表现为心里热热的、刺刺的不舒服；虽然我们不喜欢这种感觉，但它会经常出现。

2. 说一说，自己嫉妒的时刻。

引导幼儿回忆生活中自己产生的和主人公一样的嫉妒情绪，并请幼儿说一说自己嫉妒过谁，因为什么事情。

教师：你嫉妒的时候是什么感觉？你心里是怎么想的？又是怎么做的呢？

引导幼儿勇敢、大胆地用语言或者动作将嫉妒的情绪描述表达出来。

四、讨论疏导嫉妒情绪的正确方法

1. 回忆故事，找寻正确疏导情绪的方法。

教师：故事的主人公经常会出现嫉妒的情绪，我们来看一看都有哪些？当老师表扬幼儿，东东觉得自己没有很棒的地方，很难过，东东开始故意使坏，在背后说幼儿尿床的坏话，不让幼儿和他玩，你们觉得东东这样做，会快乐吗？有了嫉妒的情绪，你们觉得东东应该怎么正确地表达出来呢？

引导幼儿知道错误的发泄方式自己并不能得到快乐，找寻发泄情绪的正确方法。

2. 小组讨论，如何在嫉妒别人时获得快乐。

教师：我们有什么好办法帮助一下幼儿，让他在嫉妒别人的时候不难过，也能开心起来呢？

引导幼儿说一说当心里有点嫉妒时，可以通过运动、唱歌、游戏等方式调节情绪。

3. 肯定自己的优点，认识别人的优点。

引导幼儿找寻东东身上的优点，知道有嫉妒的情绪，也不影响东东身上有优点。

教师：你们有什么优点是你有而别人没有的吗？

引导幼儿想一想自己有什么本领是别人没有的。把自己的想法和别人说一说，这样心里就好受多了。

五、游戏“优点对对碰”

教师：请幼儿们伴随音乐一起来找朋友，当音乐声停止时，找到自己的好朋友，并请幼儿来说一说，好朋友的优点和自己的优点都是什么？

引导幼儿在游戏中找寻每个人身上的闪光点，不要太过在意别人的优点而让自己长时间陷入嫉妒情绪，在游戏中肯定自己的优点也发现同伴的优点，知道嫉妒的情绪慢慢消失会让自己变得更加快乐的道理。

活动反思

本次活动以《我也会嫉妒》图画书为主题，从“给嫉妒情绪命名”“知道嫉妒情绪是每个人都会有的”“讨论调节嫉妒情绪的好方法”“肯定自己和他人优点”四个方面引导幼儿，总体完成了活动目标。

一是选择适宜的教学方法。对于嫉妒这个词语，家里有二胎的幼儿更容易理解，能更容易地说出发生嫉妒的事情；其他幼儿对于嫉妒不是很理解，容易与悲伤的情绪混淆。我利用直观法、提问法和观察法等方法进行讲解，更直接地将幼儿带入情境，体会嫉妒情绪。孩子们在描述自己嫉妒的经历时，需要老师引导才能将语言组织好且准确地表达出来，这需要老师在今后的教学中，丰富幼儿的词汇量。 整个活动氛围轻松，当遇见故事主人公因为嫉妒情绪而产生使坏的动作时，孩子们的表情会变得凝重，眉头紧皱，说明他们进入到故事的情景中，觉得主人公发泄情绪的方式不对，从而促进了他们积极寻找正确发泄情绪的方式。

二是及时关注个别幼儿的情绪状态。在“优点对对碰”的游戏中，有几位幼儿没有找到自己的优点和同伴的优点，我及时组织全体幼儿，让大家来说说这几位幼儿的优点，孩子们踊跃发言，最后这几位幼儿也露出了微笑。

在今后的日常活动中，我也会及时关注班级里出现的嫉妒情绪，与幼儿继续找寻疏解嫉妒情绪的好方法。

（长春市人民政府机关第一幼儿园　王彤）

案例22
我遇见了一只小灰狼（大班）

设计意图

在《彼得与狼》音乐欣赏活动结束后，我提出：“我们把狼抓住了，可是狼宝宝该怎么办呢？”一名幼儿回答：“狼吃人，我们不救狼宝宝。”听到这个答案，其他幼儿纷纷表达不同的想法。由此，我选择以图画书《我遇见了一只小灰狼》为载体，设计了本次活动。在活动中，我利用观察法，鼓励幼儿分析图画书中角色所处的场景、表情等要素，通过启发性谈话法、描述性提问法，引导幼儿感受角色情绪变化，并积极表达对无字图画书的画面理解。通过本节活动，引导幼儿在欣赏一个爱与守护的故事的同时，能够感受小女孩由害怕无助到坚强勇敢的情绪转变过程，同时树立帮扶弱小、爱护动植物、珍爱生命的观念。

活动目标

1. 体会小女孩从惊恐无助到勇敢坚强的情绪变化，分享帮助自己缓解害怕的方法。

2. 喜欢阅读图画书，能用连贯的语言讲述小女孩遇到小灰狼的情绪感受。

3. 知道人与自然万物是和谐共生的关系，愿意保护、关爱身边的人与物。

活动准备

1. 经验准备：对图画书画面有一定的观察；能正确识别害怕、开心的情绪。

2. 物质准备：暴风雪视频、图画书《我遇见了一只小灰狼》PPT、代表害怕、惊讶、开心等情绪脸谱若干张、1—10 数字若干张。

活动重难点

1. 活动重点：感受恐惧、担心等情绪变化，分享让自己变得勇敢的方法。

2. 活动难点：理解角色的情绪变化，并用连贯的语言表达自己的解读。

活动过程

一、回忆有关狼的儿歌，说一说对狼的印象

演唱有关狼的儿童歌曲，描述大灰狼的样子，并说一说人们面对狼时的心理状态。

教师：在歌曲中，大灰狼都是什么样子的？它们都想做什么？如果遇到狼，你们会有什么感受？会怎样做？

引导幼儿表述大灰狼的形象及内心感受，鼓励幼儿通过语言、动作模仿等形式进行展现。

二、观察图片，小组讨论并描述自己的发现，体会小女孩的情绪变化

1. 观看暴风雪视频，表达自己的感受。

以小组形式进行讨论，选取能够代表自己内心感受的情绪脸谱及数字等级，讲述情绪变化。

教师：如果你被困在暴风雪中，你会有哪些感受？

以视频创建故事情境，引导幼儿通过脸谱结合数字来表达自己在暴风雪中害怕、无助的感受。

2. 分析图片 1 中的情景，猜测小女孩与小狼之间的故事，体会“惊恐”“猜疑”等情绪。

教师：当小女孩遇到小狼时，她会是怎样的心情？小狼为什么逃走？小女孩在做什么动作，为什么这么做？

引导幼儿仔细观察小女孩、小狼的神态、动作，猜测她们的内心情绪。

3. 观察图片 2，讲述小女孩与小狼的经历，并分享能够帮助小女孩缓解“胆

怯”等情绪的办法。

教师：小女孩要去哪儿？她们都遇到了什么困难？面对这些困难，你会有什么感受？你会怎么鼓励自己呢？

引导幼儿感知消极情绪，找出面对困难时激励自己的方法，培养幼儿“坚持不懈”“不放弃同伴”的良好品质。

4. 小组讨论：感受“惊恐”“开心”的情绪，并尝试表达故事角色的想法。

教师：小女孩与狼妈妈相遇了，小女孩会有什么想法？狼妈妈看到狼宝宝被救助，会是怎样的心情？小狼是怎样的感受？

通过对图片分析，描述小女孩与狼妈妈的内心想法，运用情绪脸谱与数字卡片表示双方的情绪变化。

5. 体会“感恩”，并讲述自己看到图片的感受。

（1）故事中小女孩倒在了地上，狼群是怎么做的？为什么？

教师：看到图片，你有什么感受？

引导幼儿知道当别人帮助你时要心怀感恩，并尝试多多帮助他人。

（2）猜测故事结局，感受家人团聚的欣喜之情。

三、故事表演，理解故事中的情绪

小组讨论并选择扮演角色，用自己的理解表现故事内容。

活动反思

一是活动伊始，教师鼓励幼儿以演唱歌曲的方式，将“狼”这个角色引出，并请幼儿总结归纳“狼”的形象特征，建立了“狼吃（人、动物）肉”的矛盾点，既吸引了幼儿兴趣，同时也潜移默化地铺垫了害怕、讨厌狼的心理。这样的设计，方便了与后续故事形成转折点，有利于情绪展开。

二是在活动中，教师采用直观法，通过多媒体设备将视听讲三者结合，调动了幼儿听觉、视觉，将故事情景立体化，帮助幼儿沉浸式体验暴风雪的恐怖，以此放大幼儿的情绪感受（数字卡片）。其次，教师引导幼儿利用分享式学习法、合作式学习法，以小组为单位围绕问题进行讨论，并选出代表阐述观点，出示情绪脸谱与本组组员的情绪感受程度（数字卡片）。在此过程中，师幼互动频繁，且幼儿乐于分享自己对故事的不同解读与内心感受。个别幼儿能够使用“白雪茫茫”“心惊肉跳”等成语。因为考虑到大多数幼儿只能用“害怕”“紧张”“高兴”等简单词语进行表达，所以教师利用数字来帮助幼儿表达情绪等级，同时也方便了教师在教学中引入一些新词语，如“胆战心惊”“欣喜若狂”，扩展了幼儿的词汇量。在分享鼓励自己勇敢的方法时，幼儿提出了“大喊‘我能行’，抱抱自己、捏紧拳头，或者大声唱歌”等方法，不仅活跃了气氛，同时也是幼儿倾听、学习“如何缓解害怕”的过程。此外，因为有导入部分的伏笔，在故事结尾处狼群守护小女孩的画面，也打破了幼儿对“狼”的固有印象，情绪感受反转强烈。

本活动的不足之处是在分组表演时，幼儿虽然享受角色扮演的乐趣，但是表达故事时语言略显简单，且受限于时间，对于个别幼儿来说准备得不够充分，能力略显参差不齐。基于此，教师可以考虑在区角活动中投放图画书，再次进行分组表演。

（长春市人民政府机关第一幼儿园　刘曌笛）

案例 23
输不起的莎莉（大班）

设计意图

《3—6 岁儿童学习与发展指南》中指出：“克服自我中心思维，学会‘设身处地’地了解他人感受是幼儿形成良好社会行为的认知基础。”我班幼儿在玩分组游戏的过程中，当自己这一队输了的时候会表现出失望、懊恼等负面情绪。为了帮助幼儿正确看待输赢，缓解因输掉游戏而产生的失望、懊恼等不良情绪，我选择以图画书《输不起的莎莉》作为载体，设计了本次活动。活动运用了游戏、讨论、角色扮演等方法让幼儿认识到输并不可怕，过程才是最重要的道理，同时让幼儿学会调节失望、懊恼等不良情绪的方法，鼓励幼儿正确积极地与同伴交往，形成良好的社会行为。

活动目标

1. 知道比赛中会有输赢，正确认知“输”带来的失望、懊恼等负面情绪。

2. 学会调节失望、懊恼等不良情绪的方法，做输得起的人。

3. 喜欢参与图画书《输不起的莎莉》角色扮演，大胆说出自己的感受。

活动准备

1. 经验准备：幼儿有玩过计时游戏比赛输赢的情感体验。

2. 物质准备：图画书《输不起的莎莉》PPT、计时器、球、障碍物若干。

活动重难点

1. 活动重点：知道比赛中会有输赢，正确认知“输”带来的负面情绪。

2. 活动难点：通过图画书找到调节失望、懊恼等不良情绪的方法。

活动过程

一、游戏导入，幼儿知道是比赛就会有输赢

1. 玩夹球乐的游戏，体验输赢后带来的情绪。

教师讲解游戏规则：现在请幼儿们自由分组，每组两个人用身体任意部位夹着球，穿过障碍物将球运到对面终点，哪组用时最短哪组获胜。

2. 游戏结束并讨论，内心对输赢的感受。

师幼讨论：游戏输和赢后的心情是什么样的？（幼儿自由发言）

3. 理解游戏比赛输时会失望是正常的。

小结：是比赛就会有输赢，输和赢的心情也是不一样的。输了会感到失望、懊恼也是正常的。老师知道一个叫莎莉的女孩，她开始就是一个输不起的人，那后来怎样了呢？让我们一起去听听莎莉的故事吧！

二、分享图画书故事，找出失去朋友的原因

1. 教师播放 PPT 并提问。

故事里的莎莉是一个什么样的人呢？当比赛输了的时候她是什么样的心情？她是怎么和同伴说的呢？（请个别幼儿到前面进行角色扮演）

如果你是莎莉的队友，当莎莉很霸道，只想赢的时候，你会有什么想法？你会对她说什么呢？（请个别幼儿到前面进行角色扮演）

2. 观察图片并理解输不起的含义。

教师：为什么大家叫莎莉“输不起的莎莉”呢？你知道输不起的人会有什么样的表现吗？

小结：输不起的人输了会生气、沮丧或者伤心，他们对队友往往专横霸道，可能会作弊，也会和朋友和大人争吵。

三、寻求调节失败、懊恼情绪的方法

1. 讨论帮助莎莉重新获得好朋友喜欢的方法。

教师：听着大家叫自己“输不起的莎莉”，她很难过，你有什么好办法帮助莎莉重新获得好朋友的喜欢吗？（幼儿自由讨论并分享）

2. 故事角色对话演绎，体验调节失败情绪的方法。

教师继续播放 PPT 并提问：妈妈对莎莉说了什么？妈妈又对莎莉说如果要是在游戏中输了她要怎么做？

“深吸一口气，慢慢地对自己说玩得开心就是赢。”教师请幼儿们也试着这样做一做。

3. 教师播放 PPT 并提问，请幼儿根据故事情节进行情景演绎。

（1）根据视频情节请个别幼儿到前面进行角色扮演，让其他幼儿更直观地体验到莎莉是如何调节失望、懊恼的情绪的。

（2）讨论：如果你是莎莉，你的朋友说你不再是输不起的莎莉了，你会是什么样的心情？

幼儿自由发言，引导幼儿知道游戏输赢不重要，玩得开心就是赢，用学到的方法调整情绪，保持开心的情绪才健康。（请幼儿想象莎莉是怎么说的）

活动反思

本次活动的选材非常贴近幼儿现阶段的生活经验。在平时的游戏比赛中，幼儿总是想赢，获胜心理极强，有些幼儿输了还会表现出失望、懊恼、发脾气等不良情绪。通过本次活动，幼儿能够正确地看待比赛输赢了，并且寻找到了调节失望、懊恼、发脾气等不良情绪的方法。活动中幼儿能够积极参与互动进行角色扮演，更好地加深了情感体验。下面我将从以下几个方面进行反思：

一是能够贴近幼儿生活经验，用幼儿喜爱的游戏导入，让幼儿设身处地去感受、体验输赢。通过游戏的方式，让幼儿知道只要有比赛就会有输有赢，输赢的情绪是不同的，知道输了会出现失望、懊恼、发脾气等情绪也是正常的道理。由于幼儿兴趣浓厚，此环节中幼儿的情绪非常高涨。

二是能够有效设计提问，发散幼儿思维，层层递进寻找调节失望、懊恼等不良情绪的方法。幼儿一直是活动的主体，当我问：“你有什么好办法能帮助莎莉重新获得好朋友的喜欢吗？”幼儿积极思考，踊跃回答问题。有的回答说跟好朋友真诚的道歉，有的说给他送礼物，有的说不能跟好朋友大喊大叫，有的说请他们吃大餐，还有的说玩游戏的时候故意输给他们……这充分体现了发散性提问促进了幼儿想象力和创造力的发展。

三是能够抓住教育契机，充分尊重幼儿的想法。在进行角色扮演时，我想请一名幼儿扮演莎莉说一说好朋友夸赞她今天不再是输不起的莎莉了，莎莉是怎样回答的。这时萱萱却说：“丽丽老师，我想扮演莎莉的好朋友夸奖她，她真的变了！”我及时地回应她说：“你的想法真是太好了！这样一定会更精彩的！”她们为自己的想法被肯定而感到兴奋，表演得更加出色了。

本次活动存在的不足是，在角色扮演时，由于时间的问题我没有让幼儿充分尽兴地进行扮演，有许多幼儿都想试一试，可只有部分幼儿得到了这个机会。经过不断的反思，我寻找到了解决的办法——创设图画书《输不起的莎莉》的表演区，请幼儿在表演区进行充分的展示和表演。

（长春市人民政府机关第一幼儿园　吴丽）

案例24
混合情绪（大班）

设计意图

大班幼儿随着生活经验的丰富，内心世界也逐步丰富起来，不同的情绪情感直接影响着他们的生活和学习。有时候情绪并不只是单一出现的，会同时产生几种复杂的情绪。因此，我选择以图画书《双味情绪》为载体，设计了本次教育活动，通过摸盲盒游戏让幼儿在游戏中亲身感受并理解混合的情绪。通过观察图片与视频中主人公的不同心情，引导幼儿梳理并表达出混合情绪。活动通过亲身体验、交流探讨、绘画记录等形式，帮助幼儿了解恰当地处理复杂混合情绪的方法，引导幼儿经常保持积极乐观的情绪状态。

活动目标

1. 尝试分享出现混合情绪时的经历，知道每个人都有混合情绪。

2. 学会恰当地处理复杂的混合情绪，选择让自己感觉更好的情绪。

3. 愿意懂得理解他人并乐于保持积极乐观的情绪状态。

活动准备

1. 经验准备：幼儿有混合情绪的经历，理解基本情绪。

2. 物质准备：《双味情绪》图画书图片；人手一个画板、盲盒及软体小动物模型。

活动重难点

1. 活动重点：出现复杂的混合情绪时能妥善处理。

2. 活动难点：能在混合情绪中选择积极情绪，愿意保持乐观的生活态度。

活动过程

一、摸盲盒游戏，引出混合情绪

幼儿进行摸盲盒游戏。盲盒里面放置软体小动物模型小蛇、小兔子、小虫子，幼儿尝试并说出感受。

请部分幼儿进行尝试，过程中引导幼儿说一说自己的感觉。

鼓励幼儿用“摸盲盒的时候感觉既有点害怕不敢摸，又有点期待想知道是什么”的句式进行总结。

小结：每个人都会有不同的情绪，有时遇到一件事时我们会同时感受到两种情绪，这是复杂的混合情绪，每个人都会出现这种情绪。

二、利用图画书《双味情绪》交流探讨，理解混合情绪

1. 观察图片，说说混合情绪。

出示图片一，艾米有了一个小弟弟很开心。幼儿观察图片，描述艾米的感受和产生这种感受的原因，迁移经验自己是否遇到过。

出示图片二，艾米有了一个小弟弟很伤心。幼儿观察图片，描述艾米的感受。鼓励幼儿总结：她既开心，又伤心。

2. 出示视频，西西国旗下讲话的过程。观看录像视频，感受混合情绪。

教师：上台之前她会感觉怎么样？怎么看出来的？你有过这样的时候吗？最后她怎么做的？

鼓励幼儿用“她‘既……又……’”进行总结，说清心情。

3. 经验迁移，幼儿分享自己遇到混合情绪的事件。

鼓励幼儿表达生活中感受到的混合情绪，幼儿用“既……又……”表达自己的感觉和原因。

小结：每个人都有混合情绪出现的时候，这种感觉很奇妙，让自己不知道该怎样才好。

三、讨论总结，妥善处理混合情绪

1. 讨论交流，处理混合情绪的方法。

教师提出话题：“上小学会让你有什么样的感觉？”鼓励幼儿积极表达。

小结：刚上小学可能会觉得害怕，但这种感觉会随着时间慢慢消失，你会为自己感到骄傲的。

2. 经验迁移，混合情绪画一画。

请幼儿现场画一画混合情绪出现的情景，分组交流讨论自己遇到的事情、当时的感觉及最后是如何处理的。

教师巡回观察倾听，遇到好的办法及典型事例让幼儿集体交流学习。

小结：把自己的想法告诉爸爸妈妈并说出自己的感受，想想哪种情绪让自己感觉更好，积极乐观地对待每件事情。

四、每个人都有混合情绪，要积极、乐观、勇敢地面对

教师：老师今天和幼儿们一起进行活动，我的心情也有点复杂，猜猜我是什么感觉呢？

引导幼儿说出："老师既高兴能和我们做游戏，度过这样愉快的时光，又很紧张，面对这么多老师和妈妈。"

小结：伴随着成长，我们会出现很多复杂的情绪，遇到混合情绪的时候也能勇敢地说出来；想想哪种感觉让自己更舒服；要永远做积极乐观正能量的幼儿。

活动反思

活动环节设计以情绪识别、情绪理解、情绪调节三个大环节有序展开，总体完成了活动目标。

一是采用游戏让幼儿感受抽象的混合情绪。在摸盲盒游戏中，个别幼儿亲身体验到既害怕不敢摸又期待知道是什么的感觉，但不能明确地表达自己的情绪，过程中教师进行适当的追问，帮助幼儿理解并表达。有的幼儿表现出害怕但却高兴的笑脸，同时追问："为什么害怕却表现出高兴的表情呢？"

二是联系幼儿生活，引发幼儿情绪感知。通过观看幼儿生活中典型的生活片段，真正联系幼儿的生活实际。在这一环节中幼儿都能感同身受地体会到既紧张又骄傲的复杂混合情绪对自己的影响，幼儿也会想办法调节自己的情绪。活动环节设计思路清晰、层次分明，活动中的游戏能充分激发幼儿的兴趣，最后的总结表达了对即将升入小学的大班幼儿的祝愿。

本次活动的不足之处是，幼儿的生活经验较少，幼儿能够想到的自己生活中的实际情况并不是太多，导致在画情绪时需要的时间较长，若是在活动之前能铺垫一下前期经验或将此环节作为延伸活动，效果可能会好一些。

（长春市人民政府机关第一幼儿园　张美加）

话题拓展

《3—6 岁儿童学习与发展指南》在健康领域身心状况子领域中对不同年龄阶段幼儿情绪教育的目标以及教育建议进行了明确规定。

目标2 情绪安定愉快

3—4 岁	4—5 岁	5—6 岁
1. 情绪比较稳定，很少因一点小事哭闹不止。 2. 有比较强烈的情绪反应时，能在成人的安抚下逐渐平静下来。	1 . 经常保持愉快的情绪，不高兴时能较快缓解。 2. 有比较强烈的情绪反应时，能在成人提醒下逐渐平静下来。 3. 愿意把自己的情绪告诉亲近的人，一起分享快乐或求得安慰。	1. 经常保持愉快的情绪，知道引起自己某种情绪的原因并努力缓解。 2. 表达情绪的方式比较适度，不乱发脾气。 3. 能随着活动的需要转换情绪和注意。

同时对成人如何帮助幼儿学会恰当表达和调控情绪做出了如下建议：

1. 成人用恰当的方式表达情绪，为幼儿做出榜样。如生气时不乱发脾气，不迁怒于他人。

2. 成人和幼儿一起谈论自己高兴或生气的事，鼓励幼儿与人分享自己的情绪。

3. 允许幼儿表达自己的情绪，并给予适当的引导。如幼儿发脾气时不硬性压制，等其平静后告诉他什么行为是可以接受的。

4. 发现幼儿不高兴时，主动询问情况，帮助他们化解消极情绪。

2012 年我国台湾地区实施新版《幼儿园教保活动课程暂行大纲》，新出台的课程大纲将“情绪”作为单独的领域进行阐述，与身体运动与健康、认知、语文、社会、美感其他五个领域并列。情绪领域分为“领域目标”“课程目标”与“学习指标”三个层级，其中情绪领域目标包括四个方面。

1. 接纳自己的情绪。

无论正向情绪还是负向情绪，它们都生而有之，赋予生活以意义，有各自不同的适应环境功能（必要性）；情绪教育不能脱离具体的情境来判断情绪的好坏，幼儿表现的正向或负向情绪皆应得到教保人员的鼓励与接纳，幼儿学着体验、接受、感受和注意自己的情绪，接纳自己的情绪。

2. 以正向态度面对困境。

为免于陷入负向情绪的处境，幼儿在教保人员引导下培养自我觉察、调节以及表达负向情绪的能力，学会调适，以正向态度面对困境压力，达致个人情绪平衡。

3. 拥有安定的情绪并自在地表达感受。

幼儿能在变化的环境里短时间内熟悉并适应环境，拥有安定的情绪，借由口语和非口语方式（表情、肢体动作）自在地表达情绪，并慢慢学习符合社会文化的方式来表达情绪。

4. 关怀及理解他人的情绪。

面对他人的情绪反应，能注意到他人的情绪变化及其原因，关怀并理解他人的情绪表现。

新课程大纲的情绪领域课程目标包括两个学习维度，四种情绪能力。

	自己	他人与环境
情绪觉察与辨识能力	觉察与辨识	觉察与辨识生活环境中他人和拟人化物件的情绪。
情绪表达能力	合宜地表达自己的情绪	适当地表达生活环境中他人和拟人化物件的情绪。
情绪理解能力	理解自己情绪出现的原因	理解生活环境中他人和拟人化物件的情绪产生的原因。
情绪调节能力	运用策略调节自己的情绪	

美国学者 S.A.Denan 认为，从学步儿童到学前儿童这一时期内，情绪理解主要发生了如下几方面的转变：

1. 识别情绪的表现：语言的和非语言的。
2. 识别引发情绪的情境。
3. 推断情绪产生的原因及特定情绪产生的结果。
4. 用情绪语言来描述自己的经历，并和他人相区分。
5. 认识到他人的情绪体验可以和自己不一样。
6. 能意识到情绪调节策略。
7. 情绪表现规则知识开始发展。
8. 知道了多种情绪可以同时发生，即使是相互冲突的情绪。
9. 开始理解复杂的社会情绪和自我意识情绪。

话题二 幼儿情绪教育故事

话题导引

户外游戏的时候，小朋友们排成两队依次跳跃不同高度的障碍物，忽然林林跑到王老师身边说："老师，我想上厕所！"王老师抚摸了一下林林的头说："去吧。"过了一会儿，林林又来到王老师面前说："王老师，我想上厕所！"王老师犹豫了一下说："去吧。"可是，过了一会儿，林林又跑来说："王老师，我又想上厕所了！"王老师关切地问："肚子有没有不舒服？"林林连忙摇头。你觉得林林是真的想去厕所吗？如果你是王老师，你会继续让他去厕所吗？

其实，林林并不是真的想去厕所，而是每次快轮到林林跳跃障碍物时，他都感到紧张不安。王老师通过观察分析理解了林林去厕所行为背后的真实原因。美国心理学家埃利斯提出情绪 ABC 理论。其中 A（Activating event）指事件，B（Belief）指信念，C（Consequence）指结果。他认为产生 C 的直接原因不是 A 而是 B，也就是说与事情本身相比，对事件的看法和态度会对结果产生更直接的影响。3—6 岁阶段的幼儿年龄尚小，对事情缺乏客观全面的认识，而对于同一件事情的看法不同，引起的情绪与行为表现也不同。对此，需要成人在日常生活中进行细心观察，明确幼儿情绪发展，给予适时的引导与支持。

在幼儿一日生活实践中，幼儿园将情绪教育应用到幼儿一日生活的各个环节，引导教师细心观察并记录不同年龄阶段幼儿日常生活中的情绪事件，分析情绪背后产生的原因，同时从教育活动组织、同伴行为示范、家园共育等角度提出相应的教育支持策略，注重提高幼儿在实际情境中的情绪能力提升，形成系列情绪类教育故事。

实践案例

案例1 我的高兴我做主
——幼儿高兴情绪的观察与分析

故事背景

大班的赫赫是一个聪明伶俐、动手能力超强的幼儿。他喜欢动脑筋思考与独创，每次在建构区中搭建的作品，都深受其他幼儿的喜爱。所以在区域游戏时，大家都愿意跟他一组。最近，幼儿园要进行春节联欢会节目排练，大家提议在班级搭建一个属于自己的小舞台，于是赫赫担任起第二组的组长，和小朋友们一起参与到小舞台的搭建任务中。

故事呈现

建构区中，小朋友们继续为之前搭建演出用的小舞台而激烈地商讨着。第一组和第二组分别利用了不同的材料尝试进行搭建，第一组幼儿由于选择材料不当，最终以失败告终；第二组幼儿在赫赫的带领下利用奶粉罐和硬纸壳搭建的舞台没有坍塌，稳稳的，很结实。所有人都在为这一刻高兴而欢呼，脸上都洋溢着欣喜的表情。有的幼儿笑出了声音，还有几个幼儿鼓起了掌，大家还抱在一起跳起来。这时，我听见了一个惊呼声，文文随之跑到我身边，带着哭腔说：“老师，赫赫咬我。”我一惊，转身看向赫赫，他咧着嘴看着我们，一副什么事也没发生的样子。我把其他幼儿安顿好，让他们继续做手里的工作，同时察看了文文的伤势，发现并没有大碍，于是我让文文也继续参与到游戏中。随后我悄悄带着赫赫走到一边，询问他发生了什么事。赫赫很兴奋地对我说：“老师，舞台搭成功了，我简直太高兴了。”此时的赫赫完全没有因为咬人而感到自己犯了错误，相反还无比兴奋。我问他：“你咬文文了吗？”“咬啦，但是我没使劲。”赫赫带着点儿得意的神情，不以为然地告诉我。我发现了问题的重要性，于是决定要好好跟他谈一谈。

我：“你们俩刚才发生了什么事情？”

赫赫：“我们组的实验成功了，大家都跑过去抱在一起，我看文文自己站在一边，于是我抱着文文嘬了一口。”

我：“那你是怎样嘬她的？”

赫赫：“我实在太高兴了，把嘴巴张得很大，在她胳膊上嘬了一口。”

我：“可是，文文却说你咬了她。”

赫赫：“老师，我没有咬她，我妈在家就是这样嘬我爸的，我爸给我妈买了一个礼物，我妈高兴就嘬我爸，我爸很高兴，也没哭，也没喊疼。”

听了这段话，我真是又好气又好笑。原来，赫赫是把高兴的表达方式搞错了。

故事分析

幼儿情绪表达是其情感自然而然的流露。但是，有的时候幼儿会出现像赫赫一样高兴时不恰当的情绪表达方式，究竟是什么原因造成这样的状况呢？主要有以下几点：

第一，情绪表达的不恰当方式可能与周边人的影响有关。

幼儿随着年龄的增长、自我意识的增强，其社会性主要就是在日常生活中通过模仿和观察潜移默化地发展起来的。《3—6岁儿童学习与发展指南》中指出：成人用恰当的方式表达情绪，为幼儿做出榜样。允许幼儿表达自己的情绪，并给予适当的引导。众所周知，周围人的一些怪异行为最能让幼儿记住，并且随之模仿。赫赫在高兴的时候模仿了妈妈在家中对爸爸的一系列不恰当行为，显然是受到了家长的影响。

第二，情绪表达的不恰当方式与幼儿之间的互动不够明确有关。

活动中赫赫发现其他幼儿高兴时都拥抱在一起，他想与文文表达自己的情感，但是用了不恰当的表达方式，于是就产生了之前的一幕。朋友间互动更多的是交谈、一起玩游戏、相互陪伴等，赫赫之所以用了不恰当的表达方式，是因为自己没有更好的方式来表达内心的喜悦之情。

第三，情绪表达的不恰当方式与平时组织情绪管理活动不够有关。

平时我们更多的是注意到幼儿不良情绪的引导，当发现他们有消极情绪或者是乱发脾气时先给予接纳，同时帮助他们排解这样的情绪，引导他们学会管理自己的情绪。如利用唱歌、跳舞、游戏、运动等活动方式去发泄自己的情绪。但是，对高兴时不恰当的情绪表达往往关注不够，若不及时纠正与管理，也容易让幼儿忽视自己的这种错误行为。

教育支持

当发现幼儿有不恰当的情绪表达时，成人要及时给予干预，可以进行个别化的引导和关注，帮助幼儿建立适宜的表达方式。

第一，提醒家长注意自身行为，关注幼儿在家中的情绪表达方式。

家长作为幼儿的第一任教师，要注意自己的言行，切不可随意地表达抒发自己的情绪，以免幼儿模仿。教师要随时与家长保持沟通，建立家园共育机制，提示家长与幼儿共同阅读与情绪表达方式相关的图画书，学习恰当的情绪表达方式。还可以指导家长与幼儿进行家庭短剧表演，通过看图画书上的故事进行分角色演绎，再次引导幼儿学会恰当情绪的表达方式。另外，提醒家长管理幼儿看电视的内容及时间，避免从电子产品中学习模仿到一些不恰当的情绪表达方式。同时，要及时发现幼儿在家中出现的不恰当的情绪表达方式，帮助幼儿及时纠正。

第二，建立与同伴之间适宜的交往方式，懂得与他人友好相处。

大班幼儿在与同伴交往中，能用自己的语言表述发生在自己身边的事情和自己当时的情绪状况。《3—6 岁儿童学习与发展指南》中指出：有高兴的或有趣的事愿意与大家分享。但是怎样分享？分享的方式方法是什么？这是教师现在急需要帮助幼儿解决的问题。指导幼儿学习交往的基本技能，为幼儿营造相互合作、分享交流的环境。如进行音乐游戏“找朋友”，在找到自己的好朋友后，通过握手、拥抱、击掌等方式进行互动，使幼儿知道这是一种与同伴之间表达情感的方式。

第三，组织与情绪表达有关的游戏活动，帮助幼儿积累词语或表达自己情绪的方法。

例如：开展谈话活动“说说我的心情”，请幼儿讲述自己曾经有过的情绪状态，并说一说哪些情绪表达的方式是恰当的，哪些情绪表达的方式是不当的，为什么，自己想怎样改进。还可以建立“情绪角”，利用区域游戏活动，帮助幼儿积累表达情绪的词语或语句，比如高兴时可以说“请你和我一起唱歌吧！”“我们来击掌吧！”等。另外，还可以丰富词语，如“喜气洋洋、兴高采烈、心花怒放”等词语可用于高兴时的情绪表达。

总之，在每个幼儿成长的路上都会有关于情绪的困扰。作为教师、家长，我们一定要关注到幼儿的情绪问题，及时发现幼儿的“求救”信号，帮助他们建立正确的情感表达方式。让他们慢慢学会接受自己的情绪，表达自己的情感，在成长的路上学会处理自己各种不同的情绪问题，使其身心得到健康发展。

（长春市人民政府机关第一幼儿园　刘星）

案例2
胆小熊遇上开心果
——幼儿害怕情绪的观察与分析

故事背景

朱朱和元元是大一班里一对形影不离的好朋友，可是她们的性格却截然相反。朱朱胆小爱哭，总是害怕，可元元的脸上总是挂着甜甜的笑容，每当朱朱害怕哭泣时，元元总会热心地陪伴在她的左右，在元元的感染下，朱朱也感受到原来很多事情并不用害怕。

故事呈现

故事 1：

户外游戏中，小朋友们创设了“小兔子运萝卜”的情景，小朋友们扮演小兔子，他们需要钻山洞、走独木桥、跳“水坑”，将对面的萝卜运到“家里”。游戏开始了，小朋友们兴高采烈地跳着、走着，元元飞快地闯过“重重关卡”，她蹦蹦跳跳地将一个萝卜运到了终点“家里”，伸出手指比了一个“耶”的手势。在元元转过身想要继续取下一个萝卜时，发现朱朱神情紧张，正在小心翼翼地走独木桥，她慢慢地挪动着脚步，小手像两只翅膀一样张开，走到桥中间的时候，她突然大哭起来。

听见她的哭声，我正准备去看看，这时，我发现正在忙得不亦乐乎的元元飞快地跑到了朱朱旁边，轻轻摸着她的胳膊说：“朱朱，你怎么哭了？”朱朱边哭边说："我害怕。""没关系的，朱朱，这个桥一点儿也不高，掉下来也不会疼的，你可以牵着我的手，我拉着你一起走。"听了元元的话，朱朱擦了擦眼泪，小手搭到了元元伸过来的手上。在元元的陪伴与鼓励下，朱朱顺利地取到了萝卜，脸上露出了难得的笑容。看着朱朱开心的样子，元元牵着朱朱的手说："你看，是不是一点儿都不难，是不是不害怕了？"朱朱开心地、用力地点了点头，刚刚的不开心与害怕一下烟消云散了，两个人继续开心地玩了起来。

故事 2：

攀爬网游戏开始之前，在与小朋友进行谈话时，她们都表现得很兴奋，朱朱表现得也很开心。

活动开始，小朋友们一个接一个地进行尝试，在翻越攀爬网的时候，大部分小朋友虽然很紧张，但是依然能够成功地完成翻越。终于轮到朱朱了，她慢慢地爬到了最高点，当小朋友都期待她迈出腿翻越时，她却突然哭了起来，边哭边喊："我害怕。"与此同时，她的腿也开始抖了起来，我爬上了攀爬网的另一侧，抓住她的胳膊，尝试给她一些安全感："宝贝，老师陪着你，老师相信朱朱宝贝一定可以的。"这时，元元也在大声地喊："朱朱，别害怕，我在下边接着你。""朱朱，加油！"其中有一个小朋友喊道。接下来，小朋友们一齐喊了起来："朱朱加油，朱朱加油！"在大家的共同鼓励下，朱朱迈出了勇敢的一步。

故事分析

案例中的朱朱是一个胆小爱哭的孩子，元元是一个开朗、阳光、积极的快乐女孩，来自元元的关怀与爱让朱朱在每一次胆小哭泣时都能够很快地烟消云散。在"开心果"的感染下，"胆小熊"脸上的笑容也越来越多。那么，是什么原因导致朱朱在户外活动中出现害怕的情绪，不能够独立闯过关卡呢？

第一，父母的过度保护，导致朱朱缺少独立解决困难的机会。

朱朱是家里的二孩儿，由于之前父母处于两地，朱朱由爸爸带，所以她的父母把她当成家里的小公主，对于朱朱想要的，家里都会尽可能地满足她。在生活中，朱朱很少像其他孩子那样会下楼与同年龄小朋友玩耍，父母对他的保护，让她缺少独立面对困难的机会，导致她在遇到事情时就会有害怕、胆小爱哭的表现。

第二，缺乏自信心，不相信自己能够成功。

故事中，朱朱在翻越攀爬网前，对于能够去玩攀爬网还是很开心的，但是当爬上攀爬网后要翻越的时候，朱朱却出现了哭泣、腿抖的情况，由于缺乏自信心，她始终没有勇气迈出翻越的那一步，她不相信自己能够做到，更加不相信自己能够做好，所以出现了害怕的情绪。

第三，运动经验不足，导致不敢独立完成。

在过独木桥时，朱朱表现出的胆小害怕，与其运动经验不足有着密切的联系。日常生活中，朱朱的爸爸妈妈也很少带她参与户外游戏，由于缺乏运动经验，朱朱在进行闯关游戏时，她不知道自己是否能够完成，更加害怕独立完成，而元元的陪伴给了朱朱勇气，帮助她勇敢地完成了闯关游戏。

教育支持

当孩子表现出害怕情绪时，教师的正确引导、同伴的积极影响、父母的支持，都是疏导孩子不良情绪的“良药”。

第一，与家长积极沟通，给予家长建议。

首先，家长要学会说不，对于孩子的要求不要一味地同意，而是要懂得适时拒绝。其次，带领幼儿增加与外界的接触，消除幼儿对陌生人的恐惧感。最后，鼓励孩子勇敢地独立冒险，别让胆小成为孩子大步向前的绊脚石，增加孩子独自面对困难的勇气，让幼儿在一次次的锻炼中，增加胆量。

第二，运用榜样示范及鼓励法，增强其自信心。

元元是朱朱最好的伙伴，可以利用元元胆大、心细的榜样示范来不断激励朱朱，增强其自信心。伙伴及老师的鼓励与表扬永远是培养一株小苗最好的沃土，正确的表扬与鼓励能够让幼儿变得更加自信，而自信可以帮助幼儿战胜害怕。例如，在户外游戏中，朱朱因为自己害怕而在独木桥上大哭时，我们可以鼓励她“你一定可以的！”“还差一点点就成功了，加油！”，也可以让元元陪伴她一起参与各项活动，给朱朱加油，增加朱朱的自信心。

第三，增加运动经验，提供更多锻炼的机会。

在户外活动中，我会有目的地引导朱朱多参与体育游戏。例如，一样的情境，可以设计两组，这样就能够增加幼儿玩的次数，从而增加参与的机会。同时，利用晨间户外游戏时间，进行个别指导，增加朱朱的运动经验。也会与父母沟通，多带朱朱参与锻炼大肌肉的运动游戏，达成家园共育。

（长春市人民政府机关第一幼儿园　李颖）

案例3 完美主义的铭铭
——幼儿焦虑情绪的观察与分析

故事背景

铭铭今年 5 岁了，是中一班的插班生。他不仅自理能力很强，乐于帮助自理能力较弱的伙伴和年龄小的弟弟妹妹，还能协助老师做一些简单的劳动。对此，老师们常常夸铭铭是一个暖心、能干的孩子。可是，近期铭铭出现了较为明显的焦虑不安，这是怎么一回事呢？

故事呈现

故事 1：

通过一段时间的跳绳练习，班级大多数小朋友已经可以单次完成跳绳 10 个以上。在今日“两两对抗”接力赛中，游戏规则是前面的小朋友单次完成 10 个跳绳后，接力给本组下一名队员，并安排铭铭和另一名小朋友分别做裁判员，维持秩序。“停下，快停下。”喊叫声打断了如火如荼进行的比赛，老师连忙上前查看情况，只听铭铭说：“你跳完必须给下一个人，你怎么给后面的了？”小马指着铭铭说：“我跳完给后面的人就行了，没跳的再下一个跳就行了，你喊什么。”铭铭急得边跺脚边扯着嗓子大声喊：“你就得给后面那一个！不行！必须一个一个的！”此时，铭铭红着脸，手一个劲儿地擦拭额头和脖子上的汗水，着急地看向老师，喊道：“老师，我没说错，是小马不听！”喊着喊着，铭铭控制不住地哭了起来。

故事 2：

区域活动结束后，铭铭所在的建构区被小朋友们的创意搭建摆得到处都是，铭铭作为今日建构区活动的小组长，开始按照玩教具的形状和类别归盒。整理结束后，小朋友们跟随教师洗手准备就餐。这时建构区里只有铭铭还在检查玩教具摆放是否整齐，老师见状夸奖他："已经整理得很好了，快去洗手吧！"铭铭看了看老师，又回头看了看收纳盒，才放心去洗手。可是洗着洗着，他突然从洗手间往班级跑，不知道发生什么情况的老师赶紧跟随他回到班级，发现铭铭又来到收纳盒前翻动盒子，嘴里嘀咕着："再换个位置。"

故事分析

案例中，对待伙伴和处理事情一向温文尔雅的铭铭出现了遇到冲突喊叫哭泣、着急出汗的情况；对待整理物品和游戏规则，必须严格按照自己的意愿和要求，稍被改动，就会产生焦虑。相比较大多数幼儿被家庭溺爱导致自理能力差、习惯性求助他人的情况，铭铭在正常行为中已经优于这些被动的幼儿，那么近期他出现的焦虑是出于什么原因呢？

第一，焦虑现象和幼儿秩序敏感期发展相关。在幼儿 5 岁左右敏感期发展中会出现追求秩序完美的关键期。故事 1 中，铭铭要求小马必须按照游戏规则执行；故事 2 中他对物品的摆放反复确认，以及只信任自己的整理，这些行为都是其秩序敏感期的显著表现。

第二，焦虑现象和被动施压有关。为了更直接地了解铭铭的焦虑，我选择反思近期幼儿园是否有对铭铭要求过多的情况，通过自查和他查并没有发现此类现象，所以关注点聚焦到了家庭环境。通过与家长面对面交流，家长反映可能是由于考虑到"幼升小"的关系，近期对铭铭的要求开始升级，总是会告诉他一定要反复检查，也会因为他偶尔的疏忽而严格批评他。

第三，焦虑现象和主动施压有关。为了更直接地了解铭铭的主观动态，我和铭铭在班级情绪角开展"说说心事"的谈话。铭铭反映自己总想做得更好，尽量不让自己做错、做漏事情，这样爸爸妈妈和老师都会开心，自己心里也会觉得舒坦。据此，铭铭的焦虑是在主动施压跟外界环境的被动施压下产生的。

教育支持

根据铭铭的近期表现，为了促进其身心健康发展，我决定从以下几方面进行调节。

第一，创设适宜秩序氛围，弱化“幼小衔接”中的焦虑。

我建议家长要正视并有效利用铭铭的秩序敏感期，这样既能够保证孩子秩序感的养成，又能避免孩子在秩序敏感期引起的焦虑。家长以身作则，将家里的日常用品最好摆放有序，每次使用后一定要注意及时归位。特别对铭铭十分关注的东西更要摆放有序，家长做到不随便去更改它们的位置。

另外，尽量不要因为“幼小衔接”而对铭铭的卧室环境立刻做太大的改变，比如增添大量学科类的书籍、练习册、“小学化”倾向的作息时间表。除此之外，不要过度减少孩子户外活动、与同伴交流互动的时间，要给铭铭在秩序敏感期中一个正确适应幼小衔接的过渡期，并且从心理和行为层面，为铭铭可能产生的任何不适应幼小衔接出现的焦虑做好各方面的准备。

第二，树立幼儿自信心，削弱外界施压下的焦虑。

我尝试和铭铭的妈妈协商，在尊重和保护其秩序敏感的基础上，父母在家中减少对铭铭过度的秩序要求。如“你必须”“你一定怎么样”，换成“你可以再多看一下，爸爸妈妈陪你多看一次怎么样”。父母要给予积极且适当的精神鼓励。

在幼儿园，作为老师的我开始转移铭铭对自己秩序的过度满足感，不再执意让铭铭去做维持秩序、整理环境等的负责人，转为让他成为参与者和协作者，并将每次有关一日生活秩序的问题放在晨间谈话、区域活动结束总结中，让小朋友在认可铭铭秩序感的同时，削弱他的过度行为，逐渐缓解秩序敏感期中的焦虑不安。

第三，培养幼儿兴趣爱好，转移主观执念下的焦虑。

我关注到铭铭最近非常着迷绘画，借此契机，在美术区设置“远近不同的图形”等活动，有效利用他的秩序感，让他思考图形的大小和远近是否相关，怎样用图画来表现出图形远近的效果等问题，从创设新的兴趣中，建立他的大脑兴奋点，有效利用秩序敏感期中幼儿的发展特点，挖掘他的潜能，减轻焦虑不安。

与此同时，我还在日常生活中注意捕捉铭铭的焦虑不安，用相机或者画画的形式记录下来，在情绪角和铭铭单独分享。利用情绪角的小镜子，让他直观感知自己焦虑不安时的表情，通过《我好担心》等聚焦幼儿焦虑情绪的绘本，正面引导他认识到自己的过度焦虑给自身成长可能带来的负面影响，激发他在意识到自身焦虑问题的基础上，产生对情绪类绘本的自主阅读需求，一方面增强了他的自主阅读习惯和能力，另一方面让他在阅读中找到解决自己焦虑的好办法。

（长春市人民政府机关第一幼儿园　刘格言）

案例4

“含羞草”小溪

——幼儿害羞情绪的观察与分析

故事背景

新学期的大一班来了一名叫小溪的大男孩。由于父母工作很忙，小溪是由奶奶带大的。奶奶很是宠爱他，也是他“唯一”的好朋友。小溪在4岁时就开始学习弹钢琴，很有音乐天赋。每到有音乐活动时，他都积极参加，并有突出的表现。可最近，小溪对音乐的兴趣仿佛有了些变化。

故事呈现

故事1：

音乐活动开始前，小朋友们都早早地进入音乐教室，自由地选择自己的位置。活动就要开始了，小溪才进入音乐教室，只见他来到第一排位置坐下后，又搬起小椅子走到最后一排靠窗的位置坐下来。

音乐活动开始了，小朋友们都很认真地演唱新歌曲，小溪也不例外，很是感兴趣。经过几轮的练习，我发现只有小溪又快又准确地掌握了音高、音调。

我欣喜地说："老师刚刚听到有一名小朋友的音调最标准，歌声最动听，下面有请小溪来到前面为大家做演唱示范，小朋友们可要认真听。"只见小溪突然脸通红，支支吾吾地说："我，我……嗯嗯……"见到这种情况，我赶紧走到小溪身边，蹲下来摸了摸他的额头确定不是发烧："小溪，你怎么啦？是不舒服吗？"只见他摇了摇头，快速地左右看了一眼，小脸还是红红的。我恍然大悟，原来小溪是害羞了，我笑着说："宝贝，我听说你在原来的幼儿园经常为小朋友们唱歌，而且特别好听。但是新班级的小朋友们还没有听过呢，我们都很期待你的歌声。"这次小溪红着脸笑呵呵地和我说："我才不要唱歌。"我再次尝试给他加油鼓气："宝贝，快看，小朋友们都向你投来羡慕的目光，快来展示一下吧。"最后，他在老师和小朋友们期待的目光中拒绝了歌唱示范，我没有再强迫小溪。

故事 2：

午餐时间，琪琪举起手，我以为他要添餐，赶快走过去，琪琪赶紧摇头示意我："老师，我不添餐。是小溪想再添点儿鱼，他不好意思说。"我问道："小溪，是你想添鱼吗？"小溪红着脸笑了，腼腆地点点头。于是，我对小溪说："小溪，请你大声地、完整地说一遍你想添什么菜。"只见小溪轻轻地说了一句："老师，我想再添点儿鱼。""好的，小溪，你真勇敢，下次你说话的声音再大一些就更好了。"我和小溪相视一笑。

故事分析

案例中像含羞草一样的小溪，在集中活动时不爱表现自己，不敢在集体面前发言。在幼儿园中这样的孩子还有很多，那到底是什么原因导致孩子出现像"含羞草"般的害羞行为呢？

第一，害羞与幼儿的天生性格有关。

幼儿害羞情绪，在日常生活中广泛存在，在不同的孩子身上有不同的表现和心理机制，并会随着年龄和环境的变化而变化。害羞与幼儿的天生性格有关。每个孩子天生的性格、气质都不同。小溪就是一个性格内向、安静专注的孩子，凡事不争不抢，再加上小溪很少和小朋友一起游戏，奶奶是他唯一的"好朋友"，对于陌生的环境或者人多的情景有一定的恐惧、紧张的心理，难以大胆表现自己。

第二，害羞与进入新的班级有关。

故事1中，小溪在面对老师邀请他到前面唱歌时，小脸通红，说话支支吾吾，最后拒绝了演唱。小溪是插班生，在面对新的班级、新的环境时很难完全释放自我。对于大班的小溪来说，自我意识较强，很容易害羞。

第三，害羞与祖辈教育有关。

故事2中，小溪想要添餐却害羞，不好意思和老师说，最后在老师再三的鼓励下，终于勇敢地说出还想再添点儿鱼。据了解，小溪的父母平时工作很忙，小溪从小是由奶奶带大的。研究表明，早期亲子依恋的质量会对个体的人格和心理产生重要的影响。缺少父母的陪伴与交流，老人又无法及时关注幼儿的心理发展，导致小溪缺乏自信心，甚至缺乏安全感，总是害怕被别人关注，怕出错。

教育支持

当孩子面对挑战，表现出害羞的情绪时，老师和家长的正确引导十分关键，它决定了一个孩子面对问题时的态度。以下是可供参考的策略。

第一，增加社交机会，增强自信心。

教师要熟悉了解每一个幼儿的性格气质。小溪是一个容易害羞的孩子，通常会比较在意他人的关注，害怕自己的行为会出错惹笑话。儿童在交往中会获得更多的信息，增强对外界环境的适应能力和与人交往的能力，从而增强自信。教师可以向小溪传授一些相应的交流沟通技巧，帮助他增强能力，当小溪使用技巧并且品尝了成功的愉悦后，自信心也就增强了。

教师和家长应积极地鼓励孩子去和同龄小伙伴交朋友。如邀请亲戚朋友带孩子来家里做客、去游乐场与同伴玩耍、举办生日会，让小溪有更多的和他人相处的机会。班级的图书区投放图画书《我想和你交朋友》《做我朋友好吗》《两个好朋友》《交朋友其实也不难》等等，带领小溪在美工区画一画我的好朋友等。

第二，教师应给予积极的鼓励。

教师要给孩子们营造一个舒适、温馨的活动环境。故事1中，当小溪出现害羞的情绪时，教师及时地用积极的语言激励小溪，给予足够的鼓励和心理疏导，虽然小溪最后还是拒绝了老师的邀请，老师并没有强迫小溪，充分地尊重了他的想法；每天开展“我是值日生”活动，让小溪在三餐前为小朋友们介绍食谱、分发擦嘴巾等；定期开展“我是才艺小明星”活动，鼓励小溪在集体面前进行才艺表演。

第三，家园共育，促进成长。

幼儿教育离不开家庭，缺少父母陪伴、关注的幼儿更容易胆怯。家长可以每天适当增加亲子游戏，和孩子积极互动，充分发挥榜样作用，及时鼓励赞扬幼儿。可以开展亲子阅读打卡、家庭剧表演、亲子瑜伽等活动，这样不仅能促进儿童身体、智力、社会性、情感、创造性的发展，还能有效地增进亲子感情，提高幼儿的自信心。

老师与家长的密切沟通是家园共育必不可少的，及时沟通小溪在家、在园的情绪表现，做到家园紧密衔接。定期开展家长课堂，与家长共同制定亲子计划，调动小溪家长的主动性、积极性，让家长拥有参与幼儿教育的兴趣，有利于促进家长与教师之间的合作，密切家园关系。

害羞是一种常见的情绪反应，我们需要做的是了解孩子害羞的原因，帮助孩子解开让他害羞的枷锁。每一个幼儿都是自己情绪的主导者，莫要让情绪做孩子的主人。

（长春市人民政府机关第一幼儿园　王瑶）

案例5

“火山”爆发了

——幼儿愤怒情绪的观察与分析

故事背景

刚过完 4 岁生日的多多又开心地迎来了家里的新成员——每天都挂在嘴边的妹妹。一直由妈妈带着的多多，由于妈妈坐月子，最近都是姥姥在照顾他。每天晨间音乐响起来的时候，多多总是第一个来到教室，帮助小朋友们摆水杯、整理物品，他是个认真负责的小值日生。在和好朋友航航玩创意搭建游戏的时候，他也能主动交流自己的想法，认真地“工作”。但善于沟通交流、阳光自信、认真专注的多多最近却遇见了一些让他“不知所措”的事情……

故事呈现

玩水是夏季孩子们最喜欢的活动之一，在准备齐全的情况下孩子们开始了“水枪大作战”。他们你追我跑，竞相追逐，一边跑一边攻击“敌人”，玩得不亦乐乎。这时一场带有火药味的战争即将开始，只见多多与航航互相追逐跑，并相互用水枪进行攻击，当多多攻击失败的时候，只见他脸涨得红红的，使劲地把水枪扔到地上并且崩溃地大声哭喊起来。我走上前去蹲下抱了抱多多，轻声地问道：“发生了什么事会让你这么生气？”多多抽泣地说道：“他总追着我跑，还喷了我好几下，都把我衣服弄湿了。”我说：“没关系的，一会儿回教室换套干净的衣服就好了。”多多点点头，他的情绪像一座低沉的火山慢慢酝酿着……

当我们回到教室准备给小朋友换衣服时，多多的火山终于爆发了，他坐在椅子上放声大哭了起来：“我不要脱衣服，我不要脱衣服……”我说：“穿上干净的衣服会很舒服的。”多多说：“我不想自己脱衣服，我不会，我不会！”我又接着安慰他说：“你很能干，是小朋友的榜样，可以自己脱衣服啊！”他依旧大哭说：“我不要自己脱，就不要。”当我去帮助他时，他不但没有停止哭闹，反而用脚踢我，用手推我，让我走开，并且眼睛瞪得大大的，对我大吼道：“我不要和你们成为朋友啦！”

故事分析

善于沟通交流、阳光自信、认真专注的多多为什么会如此愤怒？是什么原因让他产生不恰当的行为呢？

第一，同伴之间的问题冲突是愤怒情绪的来源。

小班孩子的情绪具有冲动、外显、不稳定等特征，常常会因为一些同伴之间的矛盾而爆发。在游戏中航航把多多当成了“敌人”，所以就一直攻击多多，以至于把多多的衣服弄湿，多多认为他和航航是好朋友，不应该攻击他，而且衣服都湿了还要一直攻击他，他的内心非常委屈与不满，多多与航航之间的矛盾冲突是愤怒情绪的导火索；此外，当他的反击一再的不成功会让多多产生挫败感，这些内在的负面情绪就会导致愤怒情绪的发生。

第二，愤怒的情绪源于无法表达自己真实的渴望与需求。

当我仔细询问关注他内心的真实想法时，才发现多多一直隐藏着自己真实的情绪，因为航航把多多的衣服弄湿了，多多很生气很愤怒，情绪一点点的积累使得多多最后像火山一样爆发了自己真实的情绪。当他以不愿意自己脱衣服为理由大声哭闹时，是因为多多很渴望得到我的关注，关注他内心的不满与愤怒，同时他也很渴望得到我的帮助，多多那句“再也不要和你们成为朋友了”，也就证明了他对这个问题的在乎程度以及处理问题的无力感，多多情绪背后的需要是帮助他解决问题。

第三，“哭闹不止、踢打”是愤怒情绪的表达方式之一。

小班的孩子有时不能发现自己的情绪，更不能有效地调解、控制自己的情绪，以至于多多内心的情绪小怪兽出现时，他不能掌控自己的情绪。多多的情绪表达是用非语言的方式进行的，就是用哭闹、踢打等方式表达自己的情绪，这也是他表达自己愤怒情绪的方式之一。

第四，家庭中的情绪是产生愤怒情绪的传导器。

多多是家里的大宝，因为妹妹刚出生没多久，所以家里人把所有的目光和关注点都放在了妹妹的身上，多多也表现出大哥哥的样子，在幼儿园也总会说要把东西带回去和妹妹一起分享，多多这份懂事也让他情绪情感缺少了关注而变得脆弱、敏感，以至于当他的衣服湿了的时候最先想到妈妈很辛苦不能洗衣服啦，他为此感到愧疚。此外，妈妈在坐月子期间情绪状态也不稳定，总是焦虑和发脾气，也影响着多多的情绪。

教育支持

情绪是人性的直观表现，而表达情绪是每个孩子最真实的心理诉求，当孩子愤怒情绪出现的时候，我们如何去面对，去帮助他们解决呢？

第一，同理心接纳，与幼儿的愤怒情绪情感建立共情。

首先，要理解、认同、接纳多多的愤怒情绪，给予他更多的情感支持及情感上的共情。可以鼓励多多勇敢地表达自己的情绪感受，让其获得安全感、满足感和归属感。我轻轻地抱住多多并在他耳边说："我知道你很生气、很委屈、很想哭，你哭一会儿吧！哭过之后可以告诉我发生了什么吗？"之后多多告诉了我事情的经过。只有多多觉得他被理解、接纳之后才会敞开心扉，我们才能走进他的内心，才能懂得他最真实的想法，要在给予多多情感上的接纳之后再进行问题解决。

第二，运用图画书、情绪契约帮助幼儿舒缓愤怒情绪。

图画书蕴含着丰富的情绪情感教育价值，首先利用图画书帮助多多正确地认识自己的情绪，适当地表达情绪。"多多，我知道你很愤怒、很生气，我们可以表达自己心中的愤怒，但是我们应该用什么方式表达呢？我们一起看看图画书《发火》。"用这样的方式帮助多多转移注意力舒缓情绪，同时认识自己的情绪；之后通过总结经验，我们一起制作了班级情绪契约，旨在引导他用合适的方式发泄自己的情绪。

第三，增加同伴交往的机会，引导幼儿正确解决问题。

在面对多多的情绪问题时，不仅仅要关注他的情感和行为表现，也要抓住教育契机，告诉他要面对问题和解决问题。于是，我请他们自己解决问题，给予与同伴沟通交流解决问题的机会。只见航航走过来害羞地说："我不是故意喷到你的，对不起，多多。"多多擦了擦眼泪说："那我原谅你了。"两个好朋友又开心地抱在一起。

第四，家园携手，促进幼儿情绪健康发展。

针对多多家的特殊情况，我与多多家长建立良好的互动。首先，我和多多妈妈讲解了二孩儿对于幼儿情绪的影响变化，孩子会因为微妙的变化感到不安和焦虑，同时也会因为突然间关爱的缺失或者转移而缺少安全感，因此在家中要及时了解多多的情绪状态，给予多多更多的关爱；其次，当孩子有情绪的时候，要接纳孩子的情绪并及时处理他的情绪问题，以积极正向的心态去帮助多多解决问题，同时父母也会有消极的情绪，当情绪到来的时候要接纳并正确地处理，要树立积极情绪的榜样，帮助多多形成良好的心理，塑造健全的人格，促进孩子情绪健康发展。

（长春市人民政府机关第一幼儿园　谢一迪）

案例6 噘嘴的瑞瑞

——幼儿生气情绪的观察与分析

故事背景

中班的瑞瑞是一个活泼聪慧的女孩，自我服务能力较强，活动上也很有想法，日常生活中的每一项小任务都完成得很好，在小朋友心目中扮演着“小能手”的角色，但就是有时自控力较差，遇事爱生气发脾气，很少和人交往，比较喜欢独来独往。

故事呈现

故事1：

在建构区域自主搭建游戏活动中，小朋友们有搭建大桥的，有搭建房子的，还有搭建火车的，只见瑞瑞正在努力搭建她心目中的完美作品，她的作品快要完成时，旁边的林林放下手中搭建的火车，过来欣赏瑞瑞的作品，并问她：“瑞瑞，你这是什么呀？”瑞瑞回答道：“这是我建的游乐园，这个是旋转木马的地方。”林林说：“我也想跟你一起玩旋转木马？”林林一转身不小心就把瑞瑞的游乐园给撞坏了！瑞瑞一把推开林林，起身就离开了建构区，坐在自己的小椅子上，双手抱在一起，皱着眉头，嘟起小嘴，呼吸急促，非常生气。林林见状马上过来安抚瑞瑞说：“对不起，我不是故意的，我陪你重新搭建一个游乐园好不好？”瑞瑞再次推开林林。瑞瑞更生气了，起身跑进建构区把林林搭建的火车也推翻了，并摔门跑出了教室，其他的小朋友追上去劝说，瑞瑞也不理会。

故事2：

一天离园的时候，我发现瑞瑞是妈妈来接的，在所有小朋友都陆续离开幼儿园的时候，瑞瑞跟妈妈在说些什么，然后瑞瑞很不高兴地扭搭着身子甩着双臂，用力原地跺脚，最后还哭了起来。随后我与瑞瑞妈妈交谈沟通得知，她看见有的小朋友手里面的玩具她也想要买，妈妈不同意，说家里有类似的玩具，先别买了，瑞瑞就不高兴，要起小脾气，最后妈妈妥协了，给瑞瑞买了玩具。

故事分析

情绪是行为的动力，人们的活动能力直接受到情绪的影响。瑞瑞的情绪控制能力较弱，其行为受情绪的影响更为直接。现就故事中瑞瑞生气情绪的变化，从以下几方面进行分析。

第一，幼儿生气情绪与妈妈一味地迁就、妥协有关。

故事中林林不小心碰坏了瑞瑞搭建的作品，瑞瑞生气了，林林对此事向瑞瑞道歉求原谅，瑞瑞不但没有原谅，反而还破坏林林的作品，对同伴的劝说也不理会。事后我与瑞瑞妈妈进行沟通，了解她在家里是否有类似的情况发生，妈妈告知我瑞瑞一遇到不顺心的事情或者需求不被满足时经常会生气耍脾气。还有，瑞瑞向妈妈索要心爱的玩具，不给买就耍脾气，最后妈妈妥协了，满足了孩子的要求。出现此现象的原因是现在家庭中的孩子多为独生子女，长辈的溺爱、迁就、娇惯，使幼儿以自我为中心，比较自私，对孩子的要求有求必应，把他们娇惯成“小皇帝”“小公主”，什么事情都要顺着自己的意愿，不然就生气或者大发脾气，家长们为了省事儿，一味地迁就、妥协，造就了幼儿的“唯我独尊”思想。

第二，幼儿生气情绪与师幼互动因素影响有关。

幼儿之间发生矛盾产生生气情绪，是因为受语言发展水平的局限，幼儿往往不能清楚地表达自己的想法，容易使对方误解而引发冲突。教师是幼儿社会学习的重要影响源，模仿是社会学习的重要方式，教师的言行举止直接或间接地影响幼儿，构成他们学习的“榜样”。因此，成人要注意自己的言行，为幼儿提供良好的榜样。师幼互动因素对幼儿情绪有影响，教师要正视幼儿出现的这种生气情绪。

第三，幼儿生气情绪与同伴交往因素影响有关。

幼儿缺乏社会交往经验与技巧，在遇到和自己不同意见或不能满足自己要求时，往往会产生生气情绪。幼儿与同伴交往过程中是最容易产生生气情绪的，幼儿之间互动最为密切，一起游戏时容易发生冲突，此年龄段对情绪管理和处理还不成熟，所以导致瑞瑞出现生气情绪所产生的行为反应。

教育支持

我们要关注幼儿情绪的发展变化，正视幼儿会出现生气等情绪感受，家长与教师及时给予帮助，正确引导幼儿调整情绪，从而使幼儿身心健康发展。

第一，从家庭行为因素进行教育支持。

家长要树立良好的情绪示范，创设和睦的家庭氛围，创造良好的家庭亲密关系。家长要积极热情、乐于助人、关心爱护幼儿的良好情绪。家长正确的做法是自由表达自己的喜怒哀乐，又不迁怒于人，让孩子在潜移默化中明白每个人都有多面情绪情感，都可以表达情感，宣泄情绪，但要注意表达和宣泄不能伤及他人。家长可以与幼儿一起阅读图画书，学习与理解生活中的内容；可以进行棋盘游戏，增强亲子有效互动；可以进行获胜方的奖励机制活动，获胜方可以做一件有意义的活动；还可以在游戏中模仿会出现的矛盾，与幼儿学习怎样解决问题。家长在“学中玩，玩中学”的教育方式中潜移默化地影响幼儿，使幼儿知道遇到类似事情时会产生生气等情绪，并学会自主调节情绪与解决问题。

第二，从师幼互动因素进行教育支持。

当幼儿出现生气情绪时，教师首先要学会尊重并接纳幼儿的情绪，引导幼儿理解并说出自己的情绪，教会幼儿一些表达情绪的词汇和语句，例如：“林林把我搭建的游乐园弄坏了，我很生气！”作为教师，要学会倾听，及时共情，引导幼儿学习自我调节情绪。教师可以做出示范，或者用游戏、绘本等方法来帮助幼儿提高交往中的语言能力。可以教幼儿运用拍手、跺脚、呐喊等行为方式释放自己的情绪，从而使生气情绪得到调整。教师在教育教学活动中要有意识地教给幼儿一些人际交往的技能和技巧，帮助幼儿避免和解决冲突。例如，教幼儿如何倾听他人说话，如何向他人道谢和道歉，如何向他人提出要求，如何表达自己的愿望，以及如何展开话题进行交际等。

第三，从幼儿同伴交往因素进行教育支持。

《3—6 岁儿童学习与发展指南》中指出：“幼儿愿意与人交往，能与同伴友好相处。”教师要引导幼儿与同伴友好相处，鼓励幼儿多与同伴进行游戏。例如：通过娃娃家角色扮演游戏，自主选择角色与同伴之间进行互动，增进同伴之间情感沟通能力。利用益智区的区域游戏的互动性提高同伴社会交往能力，增强与同伴的合作意识，通过游戏活动感受同伴之间互相合作与分享的愉悦情绪。在幼儿园一日生活中，坚持生活即教育的教育原则，给幼儿自己解决矛盾的机会。教师要敢于放手并鼓励幼儿自己想办法解决冲突，以培养幼儿独立解决问题的能力和责任感。

总之，幼儿无论在什么环境下产生生气情绪，家长和教师都要正视该情绪情感，用科学的方法帮助幼儿提高情绪的调节能力，及时正确引导，适当宣泄不良情绪，提高幼儿各方面发展能力，从而促进幼儿身心健康成长。

（长春市人民政府机关第一幼儿园　常乐）

案例7 不想睡觉的蓁蓁

——幼儿焦虑情绪的观察与分析

故事背景

蓁蓁是小班的孩子，平时在幼儿园只跟妮妮和诺诺两个小朋友要好，遇到解决不了的问题，往往用哭来引起老师关注。老师经常引导她敞开心扉和同伴一起合作游戏，慢慢地，她独来独往的情况有所改善，并愿意和其他幼儿交往。但疫情打乱了我们的生活节奏，居家三个月，蓁蓁似乎忘记了如何和同伴相处。第一天来幼儿园，她没哭没闹，度过了快乐的一天。但是第二天，问题出现了……

故事呈现

故事 1：

今天早上的晨间户外活动，蓁蓁早早地来到了操场上，这是疫情后第二天来幼儿园，她的情绪显得很低落。她站在操场上环视一圈，没有看见班级其他的小朋友，便有些伤心。这时，我走到蓁蓁身旁，把她揽在怀里，并开心地和蓁蓁打招呼："早上好，蓁蓁，今天我们玩器械，快去和大家一起玩吧。"蓁蓁虽然不情愿，但是也跟着其他小朋友玩了起来。只见她慢慢地走上楼梯，小心地爬过网桥，从另一侧的台阶走了下来，她突然看见了栅栏门外的姥爷，情绪瞬间崩溃，哭喊着跑向门口，透过铁栅栏一下子抓住了姥爷的衣角，就像抓住救命稻草一样。姥爷也依依不舍地抓住蓁蓁的手，眼里泛起了泪花并试图安慰蓁蓁。我见状跑到栅栏处，一把抱住了蓁蓁，此时的蓁蓁情绪激动，听不进去任何话，我只是建议蓁蓁姥爷赶快离开，并抱着蓁蓁来到了器械玩具旁边，平静地说："老师知道你心里难过，没关系，如果心里不舒服，哭出来就会好很多，我陪着你。"蓁蓁趴在我的肩膀上抽泣着，从开始想挣脱去找姥爷，到情绪逐渐平稳。我又说道："咱们班的小朋友也都很关心你，喜欢你呀，昨天妮妮还说今天要和你一起盖高楼呢，一会儿妮妮就来了，我们回班一起搭高楼。"看到姥爷离开了，加上我的安慰，蓁蓁的情绪有些好转，但还是止不住地抽泣。

故事 2：

午睡时间，小朋友们都躺在床上酝酿着睡意。这时，我隐隐约约听到哭泣声，循声望去，看见蓁蓁躺在床上默默地流泪。我马上走到蓁蓁床边，边抚摸她的后背，边问道："蓁蓁为什么难过呢？可以跟我说一说吗？"蓁蓁没有回答我，还是委屈地抽泣着。"是不是想妈妈了？"我问道。蓁蓁说："我不想睡觉。""你在家里睡午觉吗？"我又问。蓁蓁摇摇头回答："不睡。"我又说道："老师知道了，你是中午睡不着。"蓁蓁默默地点头。我接着说："午睡的时候小朋友是偷偷地在长身体的，这样吧，如果实在睡不着，就在小床上躺着休息一会儿，让身体放松一下，这样下午才能有体力玩游戏。"蓁蓁点点头，平复了心情。

故事分析

"分别"对于大人来讲是一件很正常不过的事情，但是对于刚上小班的孩子来说却意味着自己的生活要发生质的改变，因此，孩子出现分离焦虑是很正常的心理现象。对于已经适应幼儿园生活的蓁蓁再次出现焦虑情绪是什么原因呢？

第一，蓁蓁的行为表现与分离焦虑有关。

由于长时间没有来幼儿园，蓁蓁表现出不愿意来幼儿园的情绪。刚开始，我用温暖的抱抱试图安抚她的焦虑，并用转移注意力的方式让蓁蓁加入游戏，来缓解她的情绪，但她看见姥爷的一瞬间，再也控制不住自己，并且哭得更加激烈。在姥爷走后，经过我的安抚，蓁蓁的情绪缓解很多。

第二，蓁蓁的焦虑情绪与个人性格有关。

蓁蓁是个安静的孩子，不太喜欢和其他小朋友交流，因此在幼儿园往往会感到孤独，所以不喜欢来幼儿园。我在安慰她时提起了她的好朋友妮妮，试图让她回忆和伙伴在一起的快乐，并且提起了她喜欢的游戏“盖高楼”，将她的注意力转移到感兴趣的事情上。

第三，蓁蓁的焦虑情绪与不适应幼儿园规则有关。

对于长时间没有来幼儿园的孩子来说，幼儿园对于他们来说就是全新的环境，不适应新环境往往会出现哭闹、打人、咬人、拒绝参加活动等行为，而哭闹是最常见的。蓁蓁在家中午不睡觉，第一天来幼儿园的时候很好奇，但随着好奇心的消失，暴露出了她不适应幼儿园的作息时间，加上她内心成熟，有想法，因此中午上床之后便感觉到压力，产生焦虑情绪。

教育支持

教师是幼儿适应幼儿园生活，尽早走出焦虑，乐意上幼儿园的最大动力源泉。良好的师幼互动是孩子走出焦虑的拐杖，更是孩子与幼儿园建立安全稳定的情感关系的重要纽带。

第一，找准幼儿兴趣点，引导幼儿尝试接受新事物。

谈话是转移幼儿注意力的基本方式，教师可以利用晨间谈话时间和幼儿聊一聊他们感兴趣的事情，比如家里的事情、好朋友的事情、幼儿园的事情等等。在发现蓁蓁存在入园焦虑之后，我组织班级幼儿进行了一次“我的朋友”的主题谈话活动，幼儿畅所欲言，开心地和大家介绍自己的朋友和朋友之间的趣事。妮妮分享了她和蓁蓁一起游戏的快乐，蓁蓁听后似乎也感受到了在幼儿园有朋友的快乐并害羞地笑了起来。我还在图书区提供了关于正确处理焦虑情绪的图画书《幼儿园的一天》《我爱幼儿园》《我不要上幼儿园》等，让焦虑的孩子尽快适应幼儿园的集体生活。

第二，采取接纳的态度，理解幼儿正常的分离焦虑。

蓁蓁的性格有些胆小，针对这一性格特征的幼儿，要有原则地满足幼儿的要求，而不是一味地要求幼儿应该怎么做，必须怎么做。《3—6 岁儿童学习与发展指南》中健康领域的目标之一是情绪安定愉快。对于胆小的幼儿来说，情绪往往更容易波动。因此，教师要接纳幼儿的焦虑情绪。在蓁蓁提出不想睡觉的要求后，我没有要求她必须睡午觉，而是给蓁蓁更多的时间适应，更多元的渠道表达，建立幼儿与教师之间的安全依赖关系，营造良好的精神氛围，使她能在生活和活动中体验轻松、快乐和满足。

第三，家园共育，帮助幼儿形成良好的习惯。

《幼儿园教育指导纲要（试行）》中指出：家园配合是教育幼儿最好的渠道。针对幼儿不适应幼儿园规范、规则要求时，教师和家长要正面引导和积极示范，帮助幼儿养成良好的行为习惯，可以通过家访、亲子活动等，让家长了解幼儿园一日生活安排，在家庭中规范幼儿行为习惯，提高其自理能力，从而减轻幼儿的焦虑。

同时，教师要及时和家长沟通，让家长知道幼儿在园的焦虑情形，针对不同的孩子提出策略，共同商讨出适合幼儿的调节策略，保持教育的一致性。

（长春市人民政府机关第一幼儿园　邹丹）

案例8 慢慢“绽放”的花朵

——幼儿惊喜情绪的观察与分析

故事背景

博博是一个爱说爱笑、大方开朗的 4 岁男孩。爱读书的他总是把自己喜欢的图画书拿到幼儿园来与小朋友们分享，但在体育运动方面却表现得比较排斥，尤其对于新的运动项目，总是害怕不敢玩儿。对于自己认定有“危险”的事情，他都不会去大胆尝试。

近期，幼儿园新安装了大型的户外体育器械，“钻爬网”是大多数小朋友们都非常期待的玩具，但对博博来说却不是一件那么开心的事情。

故事呈现

今天的户外活动，小朋友们呼声最高的就是玩新安装的“钻爬网”，兴奋的心情都洋溢在那满脸花一样的笑容里。在大家一起讨论了安全细则之后，我们就出发了。来到户外，小朋友们就迫不及待地奔向了“钻爬网”。他们自主排好队，飞快地钻进了网里，发现并没有想象的那么容易，前面的幼儿跌跌撞撞，一脚深一脚浅地失去了奔跑的速度，他们开始小心翼翼，摸索前行，有的小朋友停了下来，犹豫地看着前面的小朋友们怎样做，之后又随着“大部队”继续慢慢地向前出发了。

这时，我发现博博一直站在“钻爬网”的外面没有上去，而是兴奋地看着小朋友们玩儿。“博博，你怎么不上去玩儿啊？”我问道。他腼腆地笑了笑说：“我不想玩儿……”我摸摸他的头说：“那好吧，我们一起看小朋友们是怎么玩儿的。”过了一会儿，博博慢慢向“钻爬网”的入口靠近，只见他看看“钻爬网”，又看看我，犹豫着慢慢走了上去。我看到他踌躇不前的脚步和犹豫的眼神，走过去对他说：“博博，需要我的帮助吗？”他使劲点了点头。我在外面扶着他继续前行，但刚刚走了两步他就开始哽咽了起来，我鼓励他说：“没关系，老师扶着你，大网保护着你，不会掉下来的。”其他小朋友也在旁边给他加油，但他站在原地不动，哭着说：“我不行，我想下去。”我没有强迫他继续前进，扶着他退出了“钻爬网”。之后博博没有再次尝试，我也多次鼓励他，但他都不想玩，我就尊重了他的想法。其他小朋友在尝试了第一次成功后都欢呼雀跃起来。

三个半月的“疫情”后，终于迎来了开学的第一天。博博还是像以前一样早早地就来到了幼儿园。几个月的分别让我们彼此都非常想念，当然户外活动时小朋友们更是想念他们最喜欢玩的“钻爬网”。这一次我发现他们在“钻爬网”上可以健步如飞地放开脚步，即使脚踩空了，也很快能自己进行调整。

更让我意外的是博博不知道什么时候也加入了玩儿“钻爬网”的队伍。我默默地观察着，他虽然走得比较慢，但些许胆怯的眼神里却透露出坚定的自信，我一直注视着他，直到走到了一块平坦的木台上，他笑着大声对我说：“燕燕老师，你看到了吗？我敢玩了！”他欢呼着，跳了起来，那既兴奋又惊喜的心情溢于言表，我也使劲地点点头对他竖起了大拇指，说：“你是怎么做到的？”他很兴奋地说：“我也不知道，突然就会了！”我鼓励他：“博博长大了，继续加油向前走。”最终，博博成功且具有挑战性地走出了“钻爬网”。博博脸上洋溢着喜悦和惊讶，就这样，“钻爬网”也成了他特别喜欢的活动之一。

故事分析

故事中的博博一直都对看似有点“危险”的游戏很排斥，对于之前不敢玩的“钻爬网”，经过一段时间后竟然尝试一次就成功了。对于博博是那么的自然而然，又是那么的惊喜与兴奋。分析原因如下：

第一，与博博自身的自然发展规律相关。

《3—6岁儿童学习与发展指南》指出：幼儿的发展是一个持续、渐进的过程，同时也表现出了一定的阶段性，每个幼儿在相似进程发展的过程中，各自到达某一发展水平的时间不完全相同。博博在运动方面的发展相对比较缓慢，在个性上也会比其他幼儿更加小心谨慎，所以在开始的时候没有完成挑战“钻爬网”，但在经过了三个多月之后，很自然地就挑战成功，在这一段时间，博博的运动发展速度是不断加快的。

第二，与教师对博博的尊重与支持相关。

面对博博在遇到新的挑战时表现出的胆怯，作为教师的我能尊重幼儿发展的个体差异，在博博没有挑战成功，害怕得要从“钻爬网”上下来时，我没有要求他一定要坚持前行，而是尊重他的选择，给予他充分的理解和肯定，告诉他没关系，没有让他因此而感到自卑。我也针对博博的情况做了提升运动能力的方案。

第三，与家长的支持有着重要的关系。

博博的家长对孩子的个性特征有着充分的了解，博博平时在面对新的挑战和体育游戏比较排斥时，能得到家人的理解和鼓励，在他表示不想再尝试时，家人也不会强硬地要求他必须去完成，而是用温柔的话语告诉他没关系。爸爸妈妈也会经常陪伴他一起参与户外运动，增强体质，给他提供面对挑战的机会，创造温馨的环境，鼓励他要有敢于挑战的勇气，尊重他的决定和“退缩”，博博在家里能得到充分的肯定，慢慢建立起了自信心。

教育支持

当幼儿在没有发展到自己的某个阶段时，作为教师和家长要尊重幼儿自己的成长规律，不要操之过急，使幼儿身心健康地成长，我采取了以下可供参考的策略。

第一，了解幼儿的身心发展规律，尊重幼儿的成长轨迹。

故事中虽然大多数幼儿都能敢于尝试并成功挑战了“钻爬网”，但博博对新鲜的体育运动有他自己的想法和担心，在他害怕哭泣时需要得到老师和伙伴的安慰，需要肯定他的勇气，尊重他的发展阶段，让他知道自己有很擅长的方面，现在没有成功只是暂时的，没有人会嘲笑他，他也一定会成功。著名的双生子实验也告诉我们应该懂得尊重幼儿的身心发展规律，尊重幼儿生长发育的规律，这才是幼儿教育的根本。

第二，教师要采取有针对性的策略，促进幼儿各方面机能的发展。

对于像博博这样有自己发展轨迹的幼儿，教师除了要给予幼儿极大的尊重和理解外，同时要有针对性地组织各种丰富的体育活动和制定发展计划。通过丰富有趣的游戏吸引幼儿参与，并考虑不同发展阶段幼儿挑战的难易程度。班级每个月可以针对本班幼儿的发展制定一个冒险游戏，让幼儿在安全适合的条件下挑战自我，做之前不敢做的事情，教师认真记录反思，总结每个幼儿的情况，了解每个幼儿的发展速度。

第三，家长的有效支持与配合，是幼儿成长的催化剂。

教师和家长要目标一致，及时了解和沟通幼儿的发展情况。针对博博的情况，我建议家长多带孩子进行户外体育运动，可以与幼儿一起做跑步、拍球等运动；可以在散步的时候，走一走马路边石、人行道上的花纹图案等，锻炼幼儿的平衡能力；还可以多带幼儿去大型游乐场，玩攀爬、钻网、跳床等发展综合性的运动能力的活动。要擅于发现幼儿的闪光点，及时给予表扬，增强幼儿的自信心。让幼儿在生活的各个环节和亲子时光中感受关爱，建立勇气，并从中得到发展。

尊重每个幼儿自己的成长节奏，“长长的路，慢慢地走”，静待花开是对教育的一种责任与担当，教师和家长要用爱和智慧去给予支持和锻炼，终会等到花儿美丽地绽放。

（长春市人民政府机关第一幼儿园　霍燕）

案例9
不开心的佳琪
——幼儿生气情绪的观察与分析

故事背景

早晨入园以后，小朋友基本上都是进行户外活动，但遇到特殊天气，如下雨、下雪或雾霾等，小朋友就会在班级进行区域游戏，自主地选择自己喜欢的区域进行活动。3 岁的佳琪每天来园时间不早，等她来园时，区域里已经有很多小朋友了。

故事呈现

这一天佳琪又来晚了，进到班级后直接走进建构区，这时建构区已经有很多小朋友了，小朋友们正玩得热火朝天，佳琪很想要身边小朋友的积木，似乎没有人愿意把自己手中搭好的积木拆下来给佳琪。佳琪看了一会儿，突然传来啪的一声，她把小朋友搭好的积木推倒了，然后拿了一部分到自己的身边。这时旁边的小朋友当然不高兴了，来找我告状。佳琪不甘心被告状，生气地说：“那我没有积木，谁让你们都不分我一点。”听了佳琪的话，我便对小朋友们说：“佳琪来得晚，没有积木玩了，我们该怎么办呀？”这时其他区域的小朋友说：“建构区没有积木了，你来我们美工区画画吧。”佳琪摇头说：“不，我就想在建构区里玩。”说完眼眶瞬间红了，抽了抽鼻子“哇”的一声哭了，边哭边说：“老师，我以后再也不想来幼儿园了，他们都不给我积木，都不喜欢我！”

我把佳琪抱到了怀里，安慰着她，等她情绪稳定后，我问她：“佳琪，你是怎么和小朋友说想要积木的呢？”“我和她们说了，她们都不给我，我就想自己拿过来。”佳琪小声嘟囔着。“那如果你正玩得很开心的时候，有一个小朋友突然过来把你的积木破坏掉，你是什么样的心情呢？”听到我的话，佳琪沉默了，过了一会儿，说：“我会不开心。”

看到佳琪开始理解同伴的告状行为，我启发道：“那下次去建构区你没有拿到积木的时候，有没有其他的办法可以玩到积木呢？”佳琪想了想说：“我可以先问一问，不愿意我再想其他办法。”“你现在再试着和建构区的小朋友说一下呢！”我尝试着鼓励佳琪，让她用新的方法与同伴沟通。

佳琪回到建构区和她旁边的多多说：“多多，能把你的积木分给我一点吗？”但多多并不是很愿意，没有说话。佳琪委屈地看了看我，我用一个鼓励的眼神看着她，佳琪又说：“多多，你在搭高楼吗？我们一起玩吧，我可以帮你搭得更高！”这时候多多很开心地说：“好呀好呀，我们一起搭一个最高的大楼吧！”于是佳琪便和多多一起开心地玩了起来。

故事分析

小班小朋友在园期间，随着同伴交往的增加，矛盾冲突也随之增加。故事中的佳琪在进入班级区域后和同伴之间发生了冲突事件，引发了消极情绪，那么，是什么原因导致佳琪出现生气情绪呢？

第一，不适应进区规则引发生气情绪。

班级每一个区角都有相应的进区规则。每个区域的进区人数也有一定要求。佳琪因为晨间入园时间相对较晚，在进入教室后，室内的建构区人数已达到上限。佳琪忽视了建构区的约定规则，直接进入建构区，导致没有找到自己搭建的积木，当身边又没有小朋友愿意分享时，产生生气情绪，进而出现推倒同伴积木的行为。

第二，不会表达需求引发生气情绪。

佳琪进入建构区发现没有积木可以建构时，想要身边小朋友的积木，却没有合适的沟通方式，不知道如何向同伴提出自己的需求。她选择站在同伴旁边，想要获得同伴的关注，等待其他小朋友主动分享。等待片刻后失去耐性，便选择推倒同伴积木、自己强行拿走的方式。

第三，移情能力弱引发生气情绪。

看到其他小朋友向老师告状，佳琪更加生气，大声喊出：“我没有积木，为什么不分给我？”说明对于3岁的佳琪来说，尚未脱离以自我为中心，仍难以站在他人立场思考问题，只能意识到自己没有积木，自己想要积木，不能理解同伴不愿意分享积木的原因，移情能力较弱。

教育支持

作为一名幼儿教师，应当充分了解每一名幼儿的实际情况，结合他们自身的心理需求，充分地给予他们心理上的抚慰以及鼓励，增强他们正确调控自己情绪的能力，为幼儿积极创造出一个轻松、有趣、和谐的学习和活动氛围。

第一，合理调整区域设置，减少消极情绪诱发。

自主区域活动是满足幼儿个性化学习的重要途径。晨间入园后，很多幼儿选择建构区，佳琪在建构区人数较多，达到进区要求的情况下，仍然选择进建构区，说明这一时期，幼儿对于建构区的兴趣浓厚。作为教师，我一方面应该适宜增加建构区的材料数量，另一方面，应该考虑和幼儿讨论是否扩大建构区的空间，满足更多他们想要加入建构区的愿望，从而为增加材料提供条件。当进区规则跟随幼儿的兴趣及时调整，进区空间跟随幼儿需要及时扩大，同伴发生冲突的机会自然相应减少，诱发幼儿消极情绪的事件也相应减少，积极的游戏体验便会增加。

第二，培养语言表达能力，支持合理调节情绪。

小班幼儿语言表达能力有限，在面临同伴冲突时，往往行动先于语言，情绪冲动外露。教师适时介入同伴争执，培养幼儿化解冲突的技巧，提高幼儿的社会适应能力在幼儿教育中具有极其重要的意义。在建构区没有充足材料、佳琪又想要加入时，我将问题抛给其他小朋友，给予佳琪语言示范，提示其他小朋友帮助佳琪解决问题。当同伴提出去美工区的解决方案没有达到佳琪的预期时，她选择用大哭来发泄自己的情绪。作为教师，我及时用拥抱和语言安抚她的情绪，等待她情绪稳定后，启发她用礼貌用语和同伴表达自己的想法。当佳琪鼓起勇气提出请求受挫时，再次给予她心理支持，最终使她想到了与同伴共同玩积木的好方法。

第三，获得家庭支持，多途径提升移情能力。

幼儿在与同伴冲突中，很难理解他人行为从而引发自己的不良情绪。在日常教育活动中，我可以运用一些游戏、绘本故事、儿歌、视频以及同伴影响等方式，让幼儿慢慢学习如何从他人的眼中看世界，理解同伴的观点和行为，提高幼儿观点采择能力。在家长方面，则与家长及时沟通幼儿在幼儿园的表现，建议家长向幼儿表达自己的真实想法，告诉幼儿自己的心情和感受，在家庭中通过角色游戏、亲子阅读等提升幼儿移情能力。

（长春市人民政府机关第一幼儿园　高艳）

案例10
“柠檬精”昊昊
——幼儿嫉妒情绪的观察与分析

故事背景

每天清晨，中班的昊昊都会早早地、蹦蹦跳跳地来到班级，和老师大声问好，主动帮小朋友摆放水杯，俨然是老师的小帮手！随着三三两两的幼儿陆续入园，他又像大哥哥一样，和其他小朋友商量：“我们今天去拼搭部落玩积木好吗？我们还可以搭一个幼儿园！”听完他的提议，大家都开心地认同，于是他变身大力士帮大家搬出几大筐积木！就这样，善良的昊昊每天都充满阳光。但就是这样阳光的他，近期却有些“乌云密布”……

故事呈现

故事1：

今天的户外活动是拍篮球，小朋友们玩得不亦乐乎。昊昊和文文不仅在幼儿园是好朋友，放学后也是形影不离的好兄弟。文文很快掌握了拍篮球的方法，一连拍了十多个。很多小朋友看到文文连续拍球，连声称赞说：“老师，老师，你快看文文拍了十多个，这也太棒了吧！”

就在大家为文文的表现激动地数着“11、12、13……”时，作为好兄弟的昊昊面部表情渐渐变得有些复杂。刚巧不巧，这时候昊昊的球莫名其妙地飞了过来，正好把文文正在拍的球打落了，文文一脸懵地看着昊昊，昊昊也赶快跑过去捡起自己的篮球，大声说道："你怎么这么不听话，自己跑到别处去了！"空气中开始弥漫着酸酸的味道，"你故意的！"文文大声说道。孩子们也都你看我，我看你，不知所措，僵持了一分钟后，"我们来场比赛吧！"我提议道。"你们选出几个代表，跟我比赛，看看是小朋友拍的多还是我拍的多！"于是，在大家商量派谁上场、谁当裁判的议论声中，冲淡了场面的尴尬。

回到教室后，我找到了昊昊，和昊昊进行了谈话，并模拟了他在拍球，我打乱他时的感受，他有些不好意思。等到喝水时，我看见他走向文文，说："对不起，我不应该打乱你拍球！"

故事 2：

经过三个月的疫情，返园后的小朋友们看到小伙伴们都显得格外兴奋。于是我们生成了一次谈话活动——我最想念的朋友。

活动中他们七嘴八舌地分享着自己的好朋友。"大悦悦、文文、小高……"好多人的名字相继出现在班级中，但昊昊的名字还没被人提起呢！有些失望的昊昊在听到文文的名字时，连忙举手说："文文他昨天跟我玩时把我推倒了，他今天早上来幼儿园还哭呢！"

讨论之后他们要用画笔画出自己的好朋友，文文很快画好了，把画拿给我看："老师，这是我画的果果。"昊昊见状，走到工具箱边，拿出一盒彩笔，自言自语地说道："我的画笔没有颜色了，所以我都画不出来了！"回到座位后，旁边的然然动了一下桌布，昊昊不高兴地大声说道："都怪你乱动桌布，把我的画都弄坏了！"然然连忙道歉说："对不起，我不是故意的。"昊昊也不理会。创作结束了，小朋友之间开始欣赏作品，看着大家的画，昊昊说："然然画的这个绿裙子丑死了，哪有我画得好。"久违的酸酸的味道又开始在空气中弥漫开来。

趁着大家洗手的工夫，我找到了昊昊，我对他说："我也有我最想念的朋友，他今天和别的小朋友都不一样！别的小朋友是甜甜的，他今天好像是酸酸的，像柠檬一样，你猜猜他是谁！"还没等我往下说，昊昊就笑了，有点脸红地说："我就是看他们都不说我，还都比我画得快，我就着急了！"我对他表示理解，嫉妒是每个小朋友都会产生的情绪，我也意识到是时候和他们讨论一下嫉妒情绪了！

故事分析

故事中的昊昊是老师的帮手，小朋友的大哥哥，但在听到别人的优点时就会表现出不一样的一面，这就是我们常说的嫉妒心在作祟。而嫉妒其实是我们每个人都会产生的一种正常情绪反应，并且适量的嫉妒情绪还可能成为我们奋发图强的动力，但过度的嫉妒就会让我们陷入沼泽，难以自拔，也会对幼儿的成长产生消极的影响。昊昊的嫉妒在幼儿中属于正常现象，但并不利于自身成长。

第一，昊昊一系列的情绪变化，都是对特定情境做出的反应。

当故事中行为的发生不符合昊昊的预期，违背昊昊意愿时，他嫉妒的情绪体验就随之而来。归根结底是因为他希望得到大家的关注，同时不能合理地评价自己和别人，也就是我们俗话说的“见不得别人好”。成人要尊重幼儿的性格特点，进行合理的干预。

第二，昊昊的破坏攻击性行为，是其嫉妒情绪的外显。

在故事 1 中，昊昊因为文文拍球技术得到大家的称赞和肯定后，主观意识觉得不平衡，随之就产生了打乱别人篮球的破坏行为。在故事 2 中，昊昊因为没听到自己的名字，反而听到朋友的名字而觉得烦恼，甚至怨恨，以至于在绘画的过程中用一系列的行为来外露自己的消极情绪。

第三，昊昊的嫉妒情绪产生与其年龄特点有关。

此年龄段的幼儿是以自我为中心的，自尊心也开始初步形成，会特别在意周围人的评价和看法，同时家庭偏颇的育儿观念也会滋生嫉妒行为。据了解，昊昊的家长经常把昊昊和小区其他幼儿相比较，以至于昊昊难以接受与自己意愿相违背的事情发生。

第四，他人的态度也对昊昊的嫉妒情绪有影响。

故事中的昊昊通过把矛头指向他人的做法来发泄自己的消极情绪，同时文文、然然也对昊昊的表现显得排斥和委屈，这种“恶性循环”不利于改善昊昊的嫉妒情绪，同时对于嫉妒的“受害者”——文文、然然，也应该得到关注。

教育支持

第一，理解幼儿，多用积极的方式评价幼儿。

我们作为教育者首先要欣赏接纳幼儿，利用晨间播报等环节，结合“我真的很不错”和“你真棒”主题进行活动，在区域游戏时，可以开设一日小剧场，情景模拟不同情况下，幼儿对突发事件的处理办法。同时在日常生活中多用积极的方式评价幼儿，如：“你今天能主动和小朋友大声问好，真的比以前棒多了。”

第二，培养幼儿，树立正确的竞争意识。

在《幼儿园教育指导纲要（试行）》中提出“在幼儿游戏时，要重过程，轻结果”，转变幼儿对竞技类游戏的消极看法。通过绘本讲述、共同制定游戏规则等方式引导幼儿树立正确的竞争意识，共同遵守班级约定。把幼儿的好胜心转化到积极方面，减少幼儿之间的矛盾，同时展开讨论“怎样做最好”，意在引导幼儿合理面对嫉妒情绪。

第三，家园协同，帮助幼儿获得成功的体验。

不排除故事中的昊昊可能没有掌握好拍球技巧，所以才会产生落差，立足于提升昊昊能力，了解昊昊全方位动态，当嫉妒情绪产生时，我与昊昊的家长进行了积极沟通，了解昊昊在家表现。同时达成共识，避免家长进行横向比较，同时建议家长不要用示弱的做法来满足昊昊的好胜心，要多带昊昊进行球类的游戏。

第四，面向全体，关注整体幼儿的情绪。

在故事 1 中，我先是加入了他们的拍球游戏，缓解当前局面的尴尬，让昊昊充当小裁判，看看是幼儿厉害还是老师厉害。当昊昊不用敌对的眼光看待同伴，情绪会稍转平和。尽管嫉妒的情绪已经产生并对他人造成影响，但也要考虑幼儿的自尊心，避免直接说教带来的情绪再次波动，同时引导文文对伙伴要宽容和理解，促进幼儿之间良好同伴关系的形成。

（长春市人民政府机关第一幼儿园　郭子瑞）

案例11 龙龙的眼泪

——幼儿焦虑情绪的观察与分析

故事背景

龙龙今年四岁了，之前因为父母工作的原因，爷爷奶奶带的多，近日因妈妈工作调动，便回到父母身边，也转到了我们中一班。龙龙懂事听话，适应能力很强，总是不争不抢地和小朋友们一起玩耍。但这一阵，我察觉到龙龙变得格外脆弱和敏感，一点“风吹草动”都可以成为他哭鼻子的理由，在他向我要抱抱的时刻，我也清晰地感受到了他的烦躁不安、莫名焦虑的状态，这让我心头一紧，更多地关注起龙龙。

故事呈现

故事1：

有一次老师带领小朋友们进行数学活动“数字找家”，小朋友们大多数都比较感兴趣，参与游戏活动的热情较高，即使做错了也能在教师的鼓励下继续尝试。这时我观察到龙龙一反乖巧常态，他把数字教具都藏在坐垫下面，整个人坐立不安，不看不碰不玩不参与。我走过去问他怎么了，他目光躲闪，只说想去卫生间。我等在门口，看他磨磨蹭蹭不想进教室的样子便牵着他在走廊漫步。原来，他是不认识数字，也不好意思跟老师说，一边急切地想要完成任务，一边又怕自己做错，就烦躁地将教具都藏了起来，仿佛什么都没有发生一样。

故事2：

由于疫情原因，接送小朋友时都要按学号站队。为了让小朋友们记住自己的学号，晨间点名期间，我会用点学号代替点名字。在进行了几天这样的活动后，小朋友们大多都能记住自己的学号和自己前后的小朋友，有的甚至能记住其他小朋友的学号，可是记学号对于龙龙来说仿佛有些吃力。每到这个环节，他小小的眼睛里就充满了大大的迷茫。今天点到他的时候，我眼睛看着他，鼓励他说出自己的名字，他看懂了我的暗示，不太自信地答了“到”，令人意外的是，他耷着小脑袋，自顾自地说：“我真笨。”

故事3：

今天在做数学活动“小熊过生日”时，我发现龙龙自己坐在椅子上，小脸蛋上竟有泪珠滚落，他用求助的眼神看向我。我问他怎么了，他瞬间哭得更凶了，小手还焦虑地搓着衣角。我连忙拍拍他进行安慰，他小小的身体瞬间蜷缩进我的怀里，待他平静了一会儿，我说：“龙龙也觉着这个游戏挺有趣，你也想试试对吗？”他点点头，这一点头，眼泪便像断了线的珠子，一泻而下。

故事分析

为什么龙龙这几日一反常态变得脆弱又敏感？对此，我主动找到龙龙妈妈了解情况。

第一，幼儿焦虑和父母不当的育儿观念相关。

在龙龙进入我们班级之后，他的妈妈对我们班“好习惯打卡”这一活动很感兴趣，在群里，家长们会根据老师布置的任务带领孩子完成任务打卡，这时龙龙妈妈就发现别人家的孩子能轻松打卡完成的任务对于龙龙却很费力，她觉得是自己之前疏于对孩子教育造成的。在她的言谈之中，也不由得将龙龙与其姐姐作比较，表示教育龙龙更费心但成效不大。在龙龙学习认识数字知识这一环节，龙龙妈妈从来都是严格对待，用龙龙妈妈的话说：“现在苦一点，以后他就容易一点。”龙龙妈妈误以为这样脆弱敏感的孩子一定要多磨炼，就自以为地在家给龙龙“上课”。由于父母对孩子的期望过高，超过了孩子的实际能力，孩子担心受到责备，便产生了焦虑不安的情绪。

当别的小朋友在有条不紊地进行着活动任务的时候，他怕做错而焦虑；当他总是记不住自己学号的时候，他更是既懊恼又焦虑；甚至当他一碰到和数字相关的活动，压力大到哭泣，焦虑得不能自已。

第二，幼儿焦虑和周边环境的变动相关。

离开陪伴自己很久的爷爷奶奶，和父母来到一个新的城市、新的幼儿园、新的环境，即使龙龙前期表现得再乖巧听话，心里也难免紧张焦虑，小小年纪的他在集体中表现得低调温顺，就像他和姐姐相处时一样，生活中更会主动让着姐姐、照顾姐姐。但面对自己和其他幼儿之间的差距时，难免心中委屈和丧气，他自嘲“我真笨”的时候，不是真的觉得自己比别人笨，这正是他需要被肯定和接纳的时刻，当他听到我真诚地说“龙龙不笨，只是因为龙龙的学号数字最大，代表的最多”时，他小脸儿上扬起的笑让我很是难忘。

第三，幼儿焦虑和自身性格相关。

龙龙自小和老人生活，父母有空就接到身边，这种带孩儿方式使得龙龙自身安全感少，性格敏感，有些胆怯。当他焦虑的时候，容易坐立不安，逃避，“想去卫生间”，也爱自己念叨。这种性格对于外界压力和期待的感应也同样敏感，做不好或者做不到时，只能用哭泣来发泄。

教育支持

成人过多地关注了对孩子未来的恐惧和担忧，这种焦虑情绪也会传递给幼儿。缓解龙龙的焦虑情绪，可以从以下三方面入手。

第一，认同孩子的感受，营造轻松氛围。

成人要学会与孩子建立一个好的信任关系，让孩子将自己的心事向成人吐露出来。在听龙龙述说时，我会对其正经历的苦楚做出反应，适当地表示共情，在他想做不敢做的时候，我会先认同他的反应并倾听和安慰，在他信任我的时候，再鼓励他尝试。这有助于孩子将心里的压力释放出来，消除顾虑和紧张情绪，控制不安全感的袭击，在这样轻松友爱的环境里，龙龙会主动克服内心的焦虑。

第二，关注孩子的最近发展区，选择适宜的游戏活动。

在孩子对特定的事物感到焦虑时，我会组织适宜的游戏活动，让孩子战胜焦虑。比如龙龙不敢尝试数学活动，觉着自己不行、不会，在数学活动的时候，我便会根据龙龙的发展水平给予他能做到的内容。游戏化活动，让他体验成功获得自信。同时我会挑选适宜的材料投放到区角活动中，比如周一到周五天气预报上的温度数字、书架位置与书本数字的一一对应等，用生活中的小细节引导龙龙对数字“脱敏”。

第三，家园共育，携手促发展。

我们再一次和龙龙妈妈沟通，作为教育工作者和父母，我们要做的是关切这个生命，而不是只关注对孩子未来的恐惧。同时，幼儿发展具有个体差异性，孩子的发展也不光是智力的发展，更是全方位的发展。针对龙龙对认识数字这一内容，我们建议家长，可以多带领孩子观察身边的数字，比如门牌号、电话号、价格、车牌号等，发现数学与日常生活中的联系，感知生活中数学的有用和有趣，让孩子能在轻松愉悦的氛围里习得知识。

最后，我们建议父母多进行鼓励式教育，培养孩子的自信心。不要孩子犯了一点错就给他挑出来，让他重新做，这样孩子就会感觉到自己不行，当他再次面对这种事情的时候，就会感动很焦虑有压力。在日常的学习、生活中，父母要多鼓励孩子，帮助孩子克服困难，学会解决问题的方法，从而培养孩子的自信心。

（长春市人民政府机关第一幼儿园　赵佳雯）

案例12 我想争第一

——幼儿嫉妒情绪的观察与分析

故事背景

依依今年5岁，是一个中班的小朋友。在班级里她的各方面能力都比较强，经常得到老师的表扬，这也使她有很强的竞争意识，无论什么事情都想争第一，和小朋友比个高下。但在这次拼图比赛中却没有让她如愿……

故事呈现

最近我们班级正在开展拼图比赛。在这次比赛中，用时最短的前五名小朋友将获得徽章奖励。依依对于这次比赛胸有成竹，打算大显身手。

比赛开始，所有小朋友都在认真地拼着，依依和小叶子刚好挨在一起，依依拼了一会儿，就向小叶子炫耀说："你看！你看！我拼出来这么多了。"小叶子也没有反驳，只是看了一眼就开始默默拼自己的。依依非常骄傲，开始放松下来。

随着时间的流逝，小叶子通过不断的努力，终于以第二名的成绩完成了拼图，而依依却没有完成。小叶子开心极了，拿着那枚得来不易的徽章，一个劲儿地在依依眼前晃悠，说："我是第二名呢！"但那枚闪闪发光的徽章对依依来说可不是开心的事。依依的眼前还摆着她没有完成的拼图，她猛地推开了小叶子的手，小手掐在腰上，气愤地说："你走开，我才不稀罕这个徽章呢，我家有100个！"说着愤怒地把小叶子的拼图推到地上，拼图"哗"的一下全散了。小叶子立刻哭了起来，大喊："你凭什么把我的拼图打翻在地！"依依也没有走出她的情绪，生气地说："谁让你拿徽章在我眼前晃，挡着我的拼图了！"我走上前先是安抚了小叶子，接着把依依叫到身边，蹲下来轻轻地说："依依也想得到徽章是吗？"依依使劲地点点头。我说："老师知道你很想赢。赢得胜利很重要，但这不是最重要的。我们参与了，努力了，就是一种进步。相信依依通过自己的努力肯定也会越来越好。但是，这也不是你推散小叶子拼图的理由，小叶子也是付出了辛苦才拼成的，如果你是小叶子你会有什么样的感觉呢？"依依说："我也会很难过。""那要怎么办呢？""我去给小叶子道歉，告诉她以后不会这样了。"

故事分析

中班幼儿识别情绪能力逐渐增强，随着认知的发展也萌发出了更多的情感体验。当幼儿自己感到无法拥有小伙伴的能力、物品、优势时，就会产生不安、不服、不悦、失落、烦恼、怨恨甚至仇视的心理，并企图破坏小伙伴的优越状况，这种消极情绪和行为就是嫉妒。为什么依依会对小叶子的成功产生嫉妒呢？

第一，自我中心思维产生嫉妒情绪。

幼儿期的孩子处于以自我为中心的时期，他们只会从自己的角度去思考问题，而依依在生活中得到大家过多的表扬和认可，她会产生一种每时每刻都能得到老师和周围人的宠爱和关注的想法，到哪里都想成为众人关注的焦点。因此，当她发现自己所期待的东西属于其他小伙伴时，马上就会心里不舒服，产生嫉妒心，从而设法通过各种手段夺回优位。

第二，家庭的严格教育影响助生嫉妒情绪。

依依的父母都有着非常要强的性格，在平时的生活中，他们对依依也非常严格，有着“望子成龙”的急切。因此，在家庭环境的潜移默化影响下，依依虽然各个方面都优秀，但遇到挫折时就容易产生争强好胜的嫉妒情绪。

第三，“胜负心”产生嫉妒情绪。

相比于各方面能力都比较“弱”的孩子，嫉妒的情绪一般会发生在能力较强的幼儿身上。因为能力“弱”的孩子在某种程度上已经习惯了无法超越那些“优秀”的孩子，对于得不到的表扬和重视，觉得无所谓。但能力较强的孩子，他们想要得到别人关注，有着一股不服输的劲儿。但当这种嫉妒的情绪不能得到正确的排解时，就会运用不正当的手段去达到目的，就像依依故意去破坏小叶子的拼图，从而达到释放自己愤怒情绪的目的。

教育支持

寻找提高能力的途径和方法、学会尊重与接受是嫉妒情绪疏解的重要方式。幼儿的情绪疏导不是一蹴而就的。因此，要将正确的预防和引导渗透到生活之中。

第一，给予幼儿正确的评价，预防拔高的表扬。

幼儿的自我意识刚刚萌芽，对自我的评价也会以成人的评价为基准。而对于依依这样优秀的孩子，成人总会有“偏心”的倾向，就会进行拔高的表扬，过分地赞赏。因此，在生活中要给予依依合理、客观的评价。例如：当依依出现错误时，及时地指正；当有做得好的地方，要有针对性的、合理的表扬。之后，我也去寻找有关嫉妒情绪的图画书，例如：《我好嫉妒》《嫉妒的猪老弟》等。并开展了图画书的情景表演，在表演中更深层次地了解嫉妒带来的危害。让依依知道别人的成功是别人努力的结果，心平气和地接受，虚心向别人学习，才是解决嫉妒的最好方法。

第二，创造和谐的家园环境。

幼儿的教育不仅仅在幼儿园，同时也离不开家庭教育。在之后与依依的家长的交流中，我们讲述了在幼儿园中有关依依嫉妒情绪发生以及嫉妒行为可能会产生影响依依人际交往、增加依依内心痛苦与负担等危害后，依依的家长也渐渐开始重视这一问题。我建议依依的家长，在生活中不为琐事斤斤计较，遇事开朗、豁达。成人是孩子的榜样，在和谐的家庭环境中也会让依依潜移默化地形成豁达的个性，减少嫉妒情绪的产生。

第三，利用嫉妒的“双刃剑”，将嫉妒转换为动力。

当我们把嫉妒这种情绪两面看时，会发现有嫉妒心的孩子有较强的自尊心和竞争的意识。依依的不服气，也证明了她渴望和想要胜利。因此当这种情况发生的时候，不应该再用语言刺激她的情绪。例如：“他比你厉害多了。”“你怎么不像他一样。”等。应该用积极向上的语言引导孩子之间的良性竞争，鼓励的是进取的精神而不是恶性的竞争行为。可以告诉她：“你的努力，大家都看在眼里，这次没成功没关系，下一次我们还有机会。”这样的语言可以将嫉妒转化为积极向上的动力。

（长春市人民政府机关第一幼儿园　杨洋）

案例13
待雕琢的宝石
——幼儿紧张情绪的观察与分析

故事背景

安，3岁，现在托班生活，还有三个月即将升入小班。大家都能感觉到他的特殊：上下楼梯时必须双手扶着扶手，不能双脚交替上下楼梯；小朋友不小心轻撞他一下，他就会用小碎步向前窜一小段，双手双脚紧张得无处安放；不敢打滑梯、不常和小朋友一起玩儿……班级几位老师对他进行了观察、分析和帮助，安有明显的进步和改变。

故事呈现

故事1：

“开飞机”游戏开始了，安，淡定得一动不动，看着小朋友高兴地飞着，他露出了笑容但却安静地坐在座位上。我尝试跟他打招呼：“来呀，跟小朋友当小飞机呀。”他听见我的呼喊声，马上收起了笑容，双手迅速握在一起，转起了手指，双脚也来回踩，回避我的眼神两秒钟又看向我。我飞了一圈后试探着说："来呀，老师领着你。"安"哇"的一声哭了，说要找妈妈。我连忙绕小圈又飞了几圈，想看看他的情绪变化，结果哭闹声不减，我回到他身边，哄着他说："不飞了，一会儿妈妈就来了。"似乎是受用了，他用不清晰的话语重复着："不飞，妈妈来。"我们一起看其他的"小飞机"。"小飞机多好玩啊！"我再一次试探。他说："飞机，好玩。"我看出了他的心思，试着拉起他的手，他张开了手臂，顺势起身，我把两根手指分别放在了他的手心里，他的小手在不停地握着一松开一握着一松开，双脚快速小步挪动，我能感觉到他很紧张。可是飞了一会儿后，力量放松了好多，小手也信任了我，不在反复地握紧，而是随着我的摇摆，飞得更自如了……

故事 2：

户外活动时，安站在那一动不动，看着小朋友们玩儿就是他的乐趣。我不敢直接靠近他，只能一边冲着其他小朋友喊："哇！你好厉害啊！"一边悄悄地靠近他。趁其不防，我拉住了他的手："玩滑梯喽！"他没来得及哭和紧张，用小碎步跑到了滑梯前，走上了台阶。他站在台阶上，双手死死地把着扶手，脸上出现了紧张的表情，但过了两秒钟，他笑了。我见他笑了，顿时也轻松了，稍稍离开了他的身边，在离他不远的距离，我继续喊着其他的小朋友："我来抓你了，你要滑下去吗？"小朋友也咯咯地笑："华华，快来追我啊！"我侧脸一看，安正在笑，手部放松了，脚也开始往前挪，我顺势跟小朋友追跑，跑到了他的身边。"安，我也来抓你喽！"他挪的步子大了些。"我来喽！"他又露出了点笑容。其他小朋友路过他的身边也喊着："快来抓我啊！快来抓我啊！"安这时终于也喊出了："快来抓我啊！"……

故事分析

案例中安的紧张表现，像一条河豚，当独自一人时，就如在平静的水里可以自由地游，一旦被老师或同伴关注，就像遭受到威胁，马上吞下水或空气使身体膨胀成多刺的圆球，很难让人靠近。是什么原因让他产生紧张情绪呢？

第一，幼儿紧张情绪受其自身动作发展水平的影响。

安的粗大动作发育缓慢，直接影响到其运动技能的水平，运动技能水平的高低，也影响其心理发展，所以他缺乏自信心，产生紧张情绪，才不愿意和其他小朋友一起参与游戏。

第二，不恰当的家庭教养方式，会引发幼儿紧张情绪的出现。

安的父母在外地工作，长期由爷爷奶奶照看，落后的“育儿观”，生硬、吓唬的教养方式，使幼儿怯懦、紧张、恐惧。

第三，幼儿入园分离焦虑，加剧了其紧张情绪的出现。

《3—6岁儿童学习与发展指南》中提到，幼儿较容易因为环境的变化、亲子的分离、心理冲突等而出现较大的情绪波动，甚至难以控制。刚入园时，安的情绪是大声地哭闹，不睡觉，不吃饭，并有明显的紧张表现，不能与人靠近。如今哭闹现象得到缓解，但紧张的表现依然存在，这与入园焦虑有极大关系。

教育支持

紧张是与幼儿神经系统密切相关的情绪状态，长期处于紧张状态可导致许多身心疾病，例如：自身抵御能力下降、影响生长发育、免疫力下降等。紧张状态对幼儿的身心健康有危害，需要有效的措施来消除。针对安的现状分析，我采取以下的支持策略：

第一，以游戏为基本活动，促进幼儿的体质水平及运动能力的发展。

以兴趣法则为主导，将游戏活动作为幼儿动作发展的主要形式，通过形式多样的体育游戏，使幼儿的体质健康与动作发展双提升。可以利用晨间游戏、户外活动、生活活动等多角度全方位对安进行关注，有针对性地制定其动作发展计划方案，全班教师共同配合，达成发展目标，从而避免其因动作发展迟缓导致紧张情绪的出现。

第二，主动与家长建立联系，提供更加具体、可操作的依据和指导。

定期与家长沟通，保证一周一到两次。根据安的家庭情况，建议父母应多抽出时间陪伴幼儿，避免让老人长时间陪伴孩子。多去亲近自然，认识周围的事物和现象，建立和谐的亲子关系；多与幼儿交流，能认真听并愿意讲话，多给幼儿讲故事，鼓励幼儿自己讲故事，发展幼儿的语言理解能力；多带幼儿参与运动，重视幼儿的体质、体能、动手能力，增加幼儿体内氧气的供应量，改善组织的新陈代谢状态，放松紧张情绪。《3—6岁儿童学习与发展指南》中明确指出了各年龄典型表现，老师与家长共同以此作为观察幼儿、理解幼儿的抓手，从专业的视角了解幼儿身心发展水平和特点，共同帮助幼儿在已有的水平上进一步得到发展。

第三，正确面对入园焦虑，愉快入园。

刚入园的幼儿，通常会因为与亲人的分离以及对环境的陌生感而产生焦虑、紧张、害怕等不良情绪，需要成人去帮助和引导他们缓解分离焦虑，使情绪能逐渐安定下来。家长耐心引导，在生活中多让幼儿体验到轻松、快乐和满足。

为了新一代的健康成长，我们都有义务为消除幼儿紧张因素做工作。每一个孩子都是一块有待雕琢的宝石。爱是什么？照顾好孩子吃喝拉撒睡是爱，帮助孩子成长，看到他们一点一滴的进步，这更是一种爱。这种爱需要有十足的耐心，百倍的坚持。最终定会雕琢出晶莹剔透的宝石。

（长春市人民政府机关第一幼儿园　付华）

案例14 淼淼是个“小太阳”

——幼儿愉快情绪的观察与分析

故事背景

常常迟到的淼淼今天早早地等在幼儿园的门口，见我从远处走来，她飞奔到我跟前，大声地告诉我：“娜娜老师，今天我过生日，看我的新裙子漂亮吗？”“生日快乐啊，淼淼！裙子漂亮，你灿烂的笑容更漂亮！”这是淼淼最愉快的一天，即使遇到了一些小状况，她依然……

故事呈现

故事 1：

户外活动是小朋友们最期盼的时光，可是天公不作美，下起了小雨，原本的计划泡汤了，我们只能在室内进行活动。其中一个男孩跑过来说：“老师，我想出去玩，我想玩滑梯。”我遗憾地回答：“现在下雨了，今天玩不了啦。”话音刚落，男孩气嘟嘟地甩头走开了。这时，我看到淼淼趴在窗边，一边比画着一边说着什么。我走过去问：“淼淼，你在干吗呢？”“我在看外面的小花小草呢，它们现在一定很开心！”我惊讶地看着她说：“为什么呀？”她笑呵呵地说：“因为爸爸告诉我，下雨的时候小草和小花能喝到很多的水，这样它们就会长得更高啦，而且这么热的天，下雨了它们就不会热啦！”听到她的话，我看向窗外，延绵的细雨似乎和小花小草在弹奏着欢快的乐曲。

故事 2：

下午区域活动开始啦，淼淼选择了建构区，很快她搭出了和她差不多一样高的柱子。“老师，你快看，我搭的高不高？”“哇，很高呢。你能不能想办法搭得比你还高呢？”“那当然可以啦！”她自豪地抬头说道。可是话音刚落，突然旁边一个小男孩起身去拿材料，不小心撞倒了淼淼搭好的积木，瞬间积木散落一地。男孩慌张地看看淼淼，又看看我，我站在一旁，静静地看着，我以为这会影响淼淼的情绪，但淼淼笑嘻嘻地抬头说：“倒啦！”男孩小声地说：“对、对不起。”淼淼大方地回答：“没关系。”说完淼淼蹲下开始捡地上的积木，这时小男孩也蹲下来和淼淼一起捡玩具，只听见他小声地问淼淼：“积木被我弄倒了，你伤不伤心呀？”淼淼回答：“不伤心呀，我再搭一个新的就可以啦！”说完她又开心地搭起积木。

故事分析

是什么原因让淼淼即使遇到了看似烦心的事情也能积极乐观地度过快乐的一天呢？

第一，愉快的晨间仪式感是淼淼愉快情绪的源头。

早晨的淼淼因为自己今天过生日，穿上了漂亮的裙子并早早地来到了幼儿园，这是她愉快情绪的良好开端。即使遇到了外面下雨不能出去玩和玩具被小朋友撞倒的状况，也没有影响到她愉快的情绪，反之因为她的情绪也感染了其他幼儿，让其他幼儿也能愉快起来。

第二，父母温暖的教养方式，影响着淼淼的情绪表达。

通过我与淼淼家长的沟通得知，淼淼家庭和睦，父母恩爱，淼淼从小是在温馨、互相尊重、充满安全感的环境中长大的。所以爸爸的话对森森有着积极的暗示作用，面对不如意时，会引导森森及时梳理不良情绪，换一个角度看问题。此外可以看出，森森父母的教育方式很恰当。

第三，适宜的游戏能安定幼儿愉快情绪。

游戏是幼儿最喜爱的活动。教育家福禄贝尔曾说："游戏是儿童认识世界的工具，是快乐的源泉，是培养儿童道德品质的手段。"这是因为幼儿需要游戏，而游戏又适应幼儿身心发展的特点，是一种符合幼儿身心发展要求的自主而快乐的活动。森森在进行建构游戏时，很享受搭建的过程，虽然中途发生小意外，但她能很快调节情绪，继续游戏，保持愉快的心情。

教育支持

积极的正向情绪体验可以满足幼儿的身心需要，对幼儿而言，最重要的也是基本的积极情绪就是愉快。我们因此采取积极的教育措施促进幼儿愉快情绪的发展。

第一，创造温馨、安全的精神环境是促进幼儿积极愉快情绪发展的有效保障。

《幼儿园教育指导纲要（试行）》中指出："教师的态度和管理方式应有助于形成安全、温馨的心理环境。"因此，教师要设身处地地体验孩子们的所作所为，以关怀、理解、接纳、尊重、支持、平等交流、共同分享的态度与幼儿交往，多用微笑、拥抱、语言鼓励等积极方式来表达情绪。还可以利用幼儿的生日、中国传统节日等契机，营造一个团结友爱的班级氛围，给幼儿充分的自由交往空间和一个温馨和谐、充满友爱的生活环境，让他们可以愉快地度过每一天。也可以用榜样示范的办法，让其感染其他小朋友，有助于幼儿形成积极主动、活泼开朗的性格。

第二，家园合作，共同关注幼儿的情感需求，并对情绪做出正确引导。

可以利用微信或幼儿公众号平台，推送亲子游戏，通过亲子游戏缓解幼儿情绪，加深亲子联结，帮助幼儿建立充足的安全感。指导家长放松心态，给予幼儿宽松、温馨的家庭环境，为幼儿提供一些良性的发泄渠道，如唱歌、画画、运动或做家务等。

第三，组织丰富多彩的游戏活动。

游戏是幼儿最喜爱的活动，教师要设计能够充分表达幼儿情绪的游戏活动，使幼儿在游戏活动中扮演各种角色，体验各种角色所经历的情绪状态，学会换位思考，理解他人的情绪。另外，幼儿情绪易受情境支配，在游戏活动中，自觉遵守游戏规则，能提高幼儿的情绪调控能力，使幼儿的积极情绪得到表达和体验，消极情绪得到宣泄和释放。

（长春市人民政府机关第一幼儿园　李卓娜）

案例15 成功走过独木桥的烊烊

——幼儿害怕情绪的观察与分析

故事背景

近期幼儿园添置了一些户外安吉游戏材料，我们小班的幼儿对这些新的户外游戏设施十分感兴趣。自从有了这些新游戏材料，孩子们早晨来到幼儿园的第一件事就是问：什么时候出去玩？而且从早晨到户外游戏之前都会有小朋友问："到出去玩的时间了吗？"然而烊烊则是问："那个攀爬梯有多高？""木板怎么那么窄？"相比之下烊烊对新游戏材料的关注点与其他小朋友是不同的，同时，烊烊表现出并不是很喜欢这些新添置的游戏材料，甚至有些排斥。她的这些举动引发了我对她的观察。

故事呈现

又到了孩子们户外自主游戏的时间了，每个孩子脸上都洋溢着开心的笑容，他们像小蚂蚁搬家似的把游戏材料从"玩具之家"搬出来。孩子们用万能工匠里的圆点、长管、万能轴摆出了长长的闯关跑道。孩子们给跑道里的每一个有挑战性的地方分别起了名字：跳木桩、钻城门、独木桥、大风车等。这时有几个男孩子认为用万能工匠搭出来的独木桥太矮了，于是他们把安吉游戏材料里的两个攀爬梯搬进跑道，并在中间用木板连接起来。这个独木桥的确高了很多，大约 50 cm 高，这个高度是他们第一次接触，而且要想走过独木桥，首先要先走攀爬梯一侧翻爬过去。对于小班幼儿来说是一次挑战。但是好奇心和新鲜感促使孩子们争先恐后的尝试。孩子们经过一次次尝试后甚至还要调整独木桥的高度。

这时烊烊一个人在独木桥旁边走来走去，眼睛不停地看着这个新的独木桥，嘴里还小声嘟囔着。她一次也没去走这个新的独木桥。这时，轩轩主动去邀请烊烊一起走上去。可是烊烊摇头拒绝了。接着仍然有几个小朋友准备拉着烊烊的手一起上去，都被她摇头拒绝了。于是我问她："为什么不上去玩呢？"烊烊回答："姥爷说过太高了，很危险的。"她的回答让我想到了以前也是这样，但凡有点高度的游戏，烊烊都是犹豫再三才参加的。"嗯，这个攀爬梯是有一定的高度，但是只要我们手握牢，脚踩住，就会避免危险的。我们一起爬上去，好吗？"烊烊用很小的声音回答："不去，我害怕。"烊烊摇着头一边说着害怕，一边望着爬上去的小朋友。我能感受到烊烊其实是很羡慕那些在上面玩的小朋友的。于是我拉起烊烊的手从攀爬梯的底端准备出发。"首先脚要踩在网上，手也要抓牢网。这样双脚双手交错前进就能爬上去了。"起初烊烊每挪动一步都是我在帮忙，接着她开始逐渐脱离我的帮忙，自己慢慢往上爬去。当到达攀爬梯较高处时听到烊烊大喊："太高了，我害怕！"我又一次鼓励她，告诉她我就在后面保护她呢。烊烊紧握着攀爬网的双手开始抖动，嘴里喊着："我害怕，我害怕！"声音越喊越大。我再次爬到烊烊的身边，同她并肩前进。烊烊终于第一次来到攀爬梯的上面，接着第一次走在较高的独木桥上，虽然她的双腿有些颤抖，但在小朋友的鼓励下终于完成了第一次走独木桥。

故事分析

故事中的烊烊一遇到有相对高度的游戏就会产生害怕的情绪。她经常因为害怕高处而拒绝参与任何有高度的游戏。同时在她身上也表现出胆小、害羞，不敢尝试新鲜事物。那么到底是什么原因导致孩子怕高呢？

第一，幼儿怕高是因为缺少安全感。

烊烊曾经在运动中有过受伤经历，受伤后孩子有一段时间不能参与运动类活动。而且孩子受伤后父母认为此次孩子受伤是自己的疏忽没有照顾好孩子，从而表现出非常自责的状态。成人的这种状态也在无形地影响着幼儿的心理，导致烊烊在痊愈后参加一些体育活动时表现为：参与时不积极，挑战时好躲避，内心动力不足，胆小怕高。

第二，长辈的过度保护或限制孩子的活动也会导致幼儿胆小怕高。

故事中烊烊在户外游戏玩滑梯、攀爬网等时，曾多次说道：姥爷说过太高了，很危险。经过和烊烊的谈话得知，在放假期间姥爷带着她在幼儿园的围栏外边告诉她一些所谓的安全知识，比如：不能站在滑梯的上面，不能在攀爬网里站起来，滑梯突出的地方会磕到头，跑太快会摔倒等。家长们的过度保护会不知不觉地限制了孩子探索世界的行动。当成人不断地把小事无限放大，不断地把负面情绪传递给孩子，过度地保护着孩子，会引发烊烊的害怕，导致她不敢通过亲身体验去感知事物。

第三，幼儿的动作协调性较弱会影响孩子的运动能力。

由于烊烊的父母工作比较繁忙，所以家里老人带孩子的时间比较长，孩子参与户外活动或体育锻炼比较少。另外据烊烊妈妈的回忆，孩子在1周岁内没有经过爬的过程，直接站立行走了。

教育支持

第一，要接纳烊烊“怕高”的情绪，给予足够的安全感。

首先，与幼儿换位思考。故事中烊烊在用攀爬梯搭成的独木桥旁边走来走去，当有小朋友邀请她参与时，她直接说出了自己的害怕，作为老师的我采取的是先进行语言上的鼓励，然后带着烊烊进行一次陪伴式的实际体验，一起去参与“过独木桥”游戏。除了采用以上方式外，也可以帮助幼儿慢慢认识害怕的事物，此时烊烊的害怕是针对这两个新增设的攀爬梯，其高度是她从未接触过的。可以给烊烊讲一讲攀爬梯的构造、牢固程度以及攀爬要点，让她明白即使攀爬梯很高，只要掌握攀爬要点，就会避免危险。

第二，家园携手共育，解决烊烊怕高的问题。

与家长增强日常沟通和交流，帮助烊烊勇敢地面对“怕高”这个问题。引导家长运用正确的教育理念培养幼儿，不做过度保护型家长。切忌过度保护，剥夺幼儿亲身尝试的机会。鼓励烊烊的父母多与家里老人沟通交流一些育儿的新观念新思想，达成家庭教育的统一性。也可以向家长如实地反馈烊烊在幼儿园期间参与有一定高度游戏时的状态以及老师的教育策略，以便家园合作，形成良好的教育合力。

第三，要充分理解和尊重幼儿发展进程中的个体差异。

《3—6 岁儿童学习与发展指南》的“说明部分”指出，幼儿的发展是一个持续渐进的过程，每个幼儿沿着相似进程发展的过程中，各自发展的程度和达到某一水平的时间不完全相同。所以要关注烊烊的最近发展区，选择适合烊烊能力的高度游戏，一步步进行挑战，逐步发展。例如：针对烊烊动作协调性较弱的情况，可为她制定一个专属训练计划。第一步鼓励她站在能够接受的高度上行走，然后尝试往下跳，进而逐步增加高度和难度。通过一次次尝试不仅锻炼了她的运动协调性，还能让她逐渐变得胆大一些、自信一些。在训练内容上，可以多加一些弥补烊烊婴儿时期爬行比较少的活动内容，如走平衡木、骑脚踏车等。

（长春市人民政府机关第一幼儿园　刘秀明）

案例16 失宠的宝贝
——幼儿焦虑情绪的观察与分析

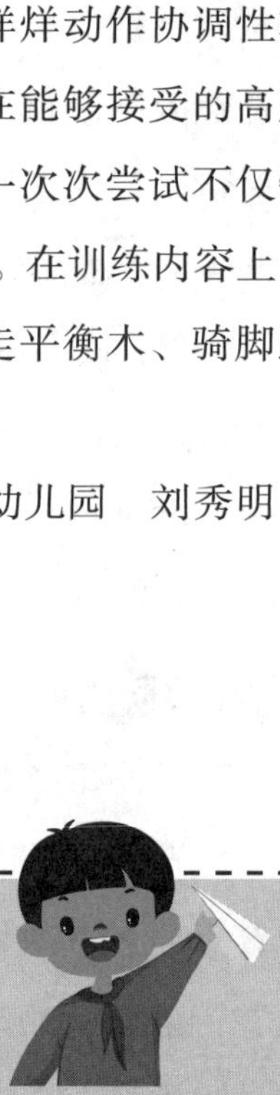

故事背景

多多是一位比较胆小、容易害羞的小朋友。多多每天都是中一班最早来园的那个孩子。她能礼貌、主动地与老师打招呼，还会帮助老师做一些力所能及的事情。但是这次假期归来后，一向喜欢来幼儿园的多多居然出现了焦虑情绪，抗拒来园，在集体活动中总是闷闷不乐，时不时还会哭起来。面对多多出现的焦虑行为，在我与多多妈妈沟通交流后得知，原来多多妈妈刚生完二胎，多多在暑假有了小妹妹。

故事呈现

在来园时，多多脸上就布满了阴云，奶奶把她推到了我的面前刚要离去，只见多多大哭不止，一个劲儿地喊：“我要回家，我要妈妈。”奶奶安慰了几句，见状无效后，对多多“恐吓”道：“你再哭，再不听话，我就不要你了啊。奶奶喜欢听话的大姐姐，不喜欢哭闹的小孩儿。”多多听到后，哭得更大声了，拽着奶奶的手不肯松开。我抱过多多轻拍着她的后背安抚她的情绪，回到班里后，我让多多坐在我的怀里，一边给她擦满是泪水的小脸，一边询问她原因。多多一直抽泣着，不肯说话。

午睡时间到了，我给多多盖好被子，准备离开时，她拉住我，“老师，你别走。”说着又带起了哭腔。“多多是想老师陪着你睡觉，是吗？”多多点了点头。我轻轻拍着她，见她睡着了，正准备把手抽出来，她立刻就醒了。“老师，我不要你走。”多多再次强调。“老师不走，在这里陪着你。”我感受到多多现在极其缺乏安全感，内心渴望得到大人的陪伴。

午睡醒来，我一边给多多梳头发，一边和她聊天。“多多是不是有点不开心呢？老师好久没见到主动与我打招呼的多多了。你可以和老师说说你的心里话吗？”

“老师，我不想来幼儿园。我也想天天和妈妈待在家里面。”多多马上又要哭出来了。我联想到多多妈妈刚生完二胎，应该是每天忙于照顾小宝宝，所以忽视了多多作为大宝的感受。我又问多多：“你在家时，妈妈会和你玩儿吗？”“妈妈每天只看小妹妹，我想让她陪我。”多多的回答印证了我的猜想。“多多是不是担心妈妈只喜欢小妹妹，而不喜欢多多了？”“嗯！”多多很认真地点头。

“多多要相信，你永远是妈妈的小宝贝，妈妈是很爱多多的，而且老师和小朋友们都非常非常喜欢你，老师特别喜欢你灿烂的笑容，它像小太阳一样融化了老师的心。你能不能答应老师，每天都快快乐乐地来幼儿园，好吗？”多多认真地点点头，和我达成了约定。

故事分析

多多在早上入园与家人分别时情绪上产生的焦虑，与小班时的分离性焦虑不同，这是一种过度焦虑反应。主要表现在对家人对自己的关爱程度的过分焦虑。

第一，焦虑情绪与幼儿的家庭环境相关。

幼儿能够直接接触到并且受到环境的影响。幼儿在与环境要素的相互影响中形成不同的状态。与多多妈妈沟通后得知，最近多多有了一个小妹妹。家庭中出现新的成员，家庭环境发生了变化。多多还没有适应这种新的家庭结构。如果将家庭理解为一个系统，那么不同家庭成员之间的互动都会对另外的家庭成员产生影响。在多多妹妹出生之前，爸爸妈妈以及爷爷奶奶主要与多多进行互动，但随着妹妹的出生，这种互动模式发生了改变。因此她产生了焦虑情绪。

第二，焦虑情绪与幼儿对于手足竞争的担忧有关。

在多多潜意识里，她会认为随着妹妹的到来而威胁到自己的家庭地位。妹妹会与自己分享来自爸爸妈妈以及爷爷奶奶的爱。妹妹的诞生给多多带来了苦恼与担心，多多表现出了明显的不良焦虑情绪。例如，不愿意来幼儿园，不愿意离开妈妈，在睡觉时缺乏安全感，需要妈妈或者老师的陪伴等。这些由焦虑情绪带来的哭闹、情绪反常、“争宠”妈妈等行为都是手足竞争的表现与特点。

第三，焦虑情绪与家人的教养方式有关。

随着二宝的到来，多多产生焦虑情绪，一部分原因与家人的教养方式有关。例如，在多多入园时，奶奶本意是想让多多乖乖听话，去幼儿园上学，但她由于说话方式不当，以恐吓的方式不仅没有起到良好的效果，反而更加重了多多焦虑的情绪。在与多多妈妈沟通交流中，多多妈妈表示由于二宝的到来，她自身也会产生带娃焦虑情绪，难免会迁移到多多身上。家人没有关注到大宝情绪的变化，将较多注意力放在二宝身上，也没有采用合理科学的教养方式去帮助多多顺利过渡到新的家庭环境中来。

教育支持

面对正在经历心理创伤的多多，老师和家长应当怎样做才能以爱的羽翼为其消除焦虑的情绪，帮助她适应新的角色？

第一，家园合作，共同给予多多需要的关注与爱。

当父母有了要二胎的计划时，可以积极主动和幼儿园沟通，共同商量对策，尽早减少二胎对老大的影响。幼儿教师可以根据本班实际情况开展相关的教育活动，让多多来介绍一下自己的家庭成员，讲一讲家庭结构发生了哪些变化。父母也可以根据实际情况及时与教师进行沟通，请教师在一日生活中密切关注孩子的情绪，双方互通有无，从不同环境及角度出发，了解多多的内心真实感受以及需要，给予多多更多的关注和爱。

第二，科学育儿，为家长提供正确的“家有二宝”教养策略。

教师可以为多多家长提供恰当的教养策略，让多多主动接受妹妹的到来。首先，应当给予多多以及妹妹平等的爱。在多多缺乏安全感、担心妹妹分享自己的爱情况下，家长不能说“你是姐姐，要让着妹妹”或者说“我们不要你了，我们只喜欢妹妹”这样的话，否则会让多多觉得妹妹是与自己争宠的。而是应该让多多感受到即使拥有了妹妹，但是爸爸妈妈以及爷爷奶奶对她的爱永远不会少。其次，家人尤其是妈妈，也应当意识到不能减少与多多的亲子陪伴时间。每天应当尽量做到对多多有单独的陪伴时间，比如在睡前为多多讲故事，延续以前的生活习惯或者规律，帮助多多循序渐进地适应新的家庭结构。此外，其他家庭成员也要配合多多妈妈，帮助她分担照顾二宝的工作。一方面缓解多多妈妈的焦虑，另一方面也能为妈妈陪伴多多创造条件。

第三，关注多多自身情感表达，引导多多敞开心扉。

幼儿园也是幼儿成长过程中一大主要的环境。在多多来园时，教师也需要更多关注到多多自身的情感表达，引导情绪较为敏感的多多，愿意与老师主动敞开心扉，向老师诉说自己最近的情绪变化或者表达诉求。老师可以带领多多阅读一些图画故事书，例如，《你们都是我的最爱》《大宝小宝向前冲》《龙来了》等，帮助多多明白每个孩子都是父母的最爱，爱不会因为分享而变少，多多变成大姐姐了，小妹妹还能陪伴多多一起玩耍。从儿童的视角出发，帮助多多意识到爱的真正内涵，渐渐地学会接纳与付出，消除焦虑的情绪，自觉承担起姐姐的责任与义务。

（长春市人民政府机关第一幼儿园　李慕铭）

案例17
“肇事者”宸宸
——幼儿生气情绪的观察与分析

故事背景

四岁半的宸宸是单亲家庭中的二孩，在家中他是老人宠溺的外孙，也是哥哥玩具的抢夺者，逐渐养成了他活泼且好斗的性格。

故事呈现

故事 1：

晨间入园，宸宸提着袋子高高兴兴地走进教室，但因步伐大、速度快，撞到了刚入园不久的润润，润润顿时大哭起来，边抽泣边断断续续地说道：“老师，他……推我！呜呜……”听了润润的控诉，宸宸生气地指着润润，说道：“我没推你！”说罢走上前，狠狠地推了润润，没站稳的润润一屁股坐在地上，哭得更凶了。老师见状，急忙扶起地上的润润，检查是否受伤，却忽视了宸宸。

“我……没……推他，他骗人。”突然，受“冤枉”的宸宸崩溃地哭喊着说道。

“宸宸觉得委屈生气可以大声哭出来，然后再和老师讲讲是怎么回事儿。”另一位带班老师走过来试图安抚委屈的宸宸。

过了一会儿，宸宸心情平复了许多，并讲述了事情经过。

“你不小心撞了润润，但是他却说你推了他，所以你很生气，对吗？”宸宸点点头。“因为生气才推了润润一下，是吧？”

“嗯！”宸宸应道。

故事 2：

自主游戏是小朋友很喜欢的活动，因为孩子们可以自由选择喜欢的玩具。下午，又到了区域游戏时间，小朋友们陆续拿到了自己喜欢的玩具。轮到宸宸取玩具时，他走到心爱的玩具筐前，看了半天，喃喃自语道：“我的玩具都被拿走了！”老师听到后并没有急着回应，想让孩子们尝试自己解决问题。一会儿工夫，依依、萌萌投诉道："老师，宸宸抢我玩具……""别抢我的……"此起彼伏的"投诉"让宸宸手足无措，他大声地喊道："我的玩具太少了，我就是想玩一会儿。"说着，他生气地把玩具扔到了地上，鼓起腮帮，愤愤地坐在椅子上……

故事分析

在生活中，经常发生因自己过错采取消极处置方式而导致不良后果的情绪事件。案例中作为"撞倒人""抢玩具"的"肇事者"宸宸，因被误解而生气，发生了推人和扔玩具的行为，这是为什么呢？

第一，宸宸出现的行为与缺乏表达生气情绪能力相关。

3—6 岁儿童正处于社会情感发展的敏感期，其情绪情感易呈现不稳定、极易冲动的特点。四岁半的宸宸常常是受挫时采取打人、咬人、扔东西、抢夺别人东西等方式来发泄自己生气愤怒的情绪。宸宸在不小心撞到同伴，被同伴"诬陷"时，采取了推人的"极端"方式。同时，当宸宸玩玩具的需求没有被满足，在被小朋友"举报"后，做出扔东西的行为，都是宸宸需求被阻隔隔断后产生生气和愤怒的负面情绪使然，这是一种正常的身心反应，也反映出幼儿缺乏正确交往技能和表达愤怒情绪能力。

第二，宸宸生气情绪出现受幼儿园生活微系统影响。

根据社会情绪理论，个体在成长过程中，个体自身、环境以及他人的方方面面都会影响个体情绪表达方式。也就是说，在宸宸生气情绪表达和攻击性行为出现时，并不是某一方面因素导致的。物理环境、同伴、教师等构成了微型成长系统，其区域游戏材料的投放数量不足，宸宸和同伴润润、萌萌和依依间的互动，教师对宸宸行为引导方式，都会影响宸宸生气情绪表达能力。

第三，宸宸处理生气情绪的方式与家庭因素息息相关。

研究表明，家长消极情绪的表达与幼儿情绪调节能力存在显著负相关。宸宸妈妈长期忙于工作，平时与其缺少沟通交流的机会。每当宸宸出现生气愤怒的情绪时，妈妈就会采用打骂的方式，试图威慑和镇压，或者采取哄劝的方式进行妥协，再加上哥哥对弟弟的不忍让，兄弟二人经常争斗的相处模式，都使宸宸在愤怒情绪表达时会伴有攻击性行为，也习得了错误的生气情绪表达方式。

教育支持

第一，学会识别生气情绪，引导宸宸合理表达情绪。

小班的宸宸语言能力较强，已经能很好地表达自身的愿望和需要。案例中宸宸无法得到自己满意的玩具，在需求被阻隔隔断后，出现生气和愤怒的负面情绪，这是一种正常的身心反应。无论教师还是家长都要接纳宸宸生气的情绪，了解他情绪背后的委屈和无助，生活中注意引导宸宸学会识别生气、愤怒等情绪，意识到自己的生气情绪状态，然后习得正确的处理方法，例如用语言表达出来、请求帮助等。宸宸想玩小朋友的玩具时，可以用语言询问“你的玩具可以借我几个吗？”或者语言求助“老师，我的玩具太少了”代替扔、抢玩具。

第二，关注宸宸在园情绪，重视物理环境，幼幼、师幼关系。

幼儿园游戏材料的投放通常需要遵循丰富性、多样性、层次性等原则。如果游戏材料投放不适宜，则不利于幼儿游戏水平的提高，也会诱发幼儿的负面情绪。不难发现，区域活动中，教师可以根据幼儿兴趣适时地增加材料的数量和种类，满足宸宸及同伴对材料的探究欲望。作为教师要充分理解宸宸生气时的情绪特点，结合宸宸生气时的具体情境，引导其换位思考，学会理解别人。例如当宸宸再因不友好行为而出现负面情绪时，引导他想想“当有人抢你的玩具，你会有什么感受？”引起宸宸共情。同时，利用图画书、故事中的虚构形象，引导宸宸及同伴学会正确恰当地处理愤怒情绪，帮助他建立良好的同伴关系。

第三，父母避免简单说教，树立良好情绪处理的榜样。

父母作为孩子的第一任教师，其对情绪的管理和处理方式对幼儿有很大影响。作为妈妈，在自身出现生气等情绪时，应该学会正确表达出来，好好说话，不要因为自己生气愤怒而迁怒宸宸，在兄弟两人因争执而产生生气愤怒的情绪时，妈妈应该根据事实客观处理，做好正向的榜样。同时，在当孩子产生消极情绪时，不要单纯打骂和摆道理，要鼓励宸宸说出自己的想法和内心感受，把语言作为情绪的出口，让宸宸感受到问题解决之后的轻松愉快。

总之，生气情绪作为生活中的常见情绪，学会正确管理情绪，需要幼儿园、家庭的共同努力。

（长春市人民政府机关第一幼儿园　王桂娟）

案例18
“不打”不相识
——幼儿伤心情绪的观察与分析

故事背景

亮亮，5岁，聪明，思维活跃，感情丰富，性格内向，不知道如何表达自己的情绪，遇到困难就会用哭的方式来“解决问题”。经过和家长的多次沟通后，发觉亮亮的爸爸妈妈望子成龙，平时对他很严格，但爷爷奶奶心疼孙子，怕孙子受苦，平时孙子一哭就赶来护驾，久而久之，就形成了爱哭的特点。

故事呈现

故事1：

新学期开始，为丰富班级自然角，孩子们带来了小鱼和小乌龟，每天都有小值日生们负责喂鱼、换水。孩子们每天都会趴在窗台上和小鱼们“交流感情”。

早上区域活动时，亮亮来到自然角，看到小乌龟一动也不动，他用手戳了戳，说：“小乌龟死了？”孩子们突然安静了下来，一个个都围了过来，争着问着：“小乌龟怎么了？”“小乌龟怎么不动了啊？”这时孩子们一个个睁着大眼睛仔细地瞧着，突然洋洋说：“小乌龟在晒太阳吧？”乐乐说：“肯定是死掉了。”“那我们把小乌龟拿出来，看看它是在睡觉还是死了，好不好呀？”征得大家的同意，我把小乌龟拿了出来，不停地拨动它，小乌龟一动也不动，于是我说：“小乌龟是死了。”亮亮听我这么一说，揉揉眼睛，伤心地哭了起来。

亮亮面露伤心，难过地说：“小乌龟死了，就永远离开了我们，前几天我们还和小乌龟一起玩呢，玩得多开心啊，可是小乌龟死了，就不能陪我们玩了。”洋洋说：“老师，我奶奶死了，到山上去了。”“是吗，那你想她吗？”“想。”亮亮抽泣着说：“老师，我太太刚刚死掉了，我奶奶哭了。”“奶奶哭是因为她很伤心啊，太太死了我们就永远见不到她了啊。”“是的，我也很伤心的。”这时我看到大多数的孩子脸上没有了笑容，更多的是难过的表情，于是我说：“那现在小乌龟死了，我们该怎么办呢？”“把它埋起来吧！”大家东看看西瞧瞧。

亮亮说："埋在草地里！""那我们就到外面去帮小乌龟找个最舒服的地方吧！"我说。于是我们一起带着小乌龟到外面寻找最适合它的"家"，最终，我们大家一起决定将小乌龟埋在一棵树下，大家还捡来了许多的树叶、花瓣盖在小乌龟身上。我说："这样我们以后想小乌龟的时候就可以过来看它了！"有些小朋友一边在小乌龟身上盖树叶还一边说："我们会来看你的，小乌龟。"回教室的路上，我看见亮亮还在哭，就紧紧地抱着他，他看着我说，因为小乌龟死了，他很伤心。

故事 2：

区域活动开始了，亮亮选择了科学区。此时洋洋在生活区里正玩得"热火朝天"，他正忙着给"宝宝们"做蛋糕。"今天是我家宝贝的生日，我要做个草莓味的蛋糕送给她，她一定会喜欢的。"这时，亮亮和琪琪被草莓味蛋糕所吸引，从科学区走过来，亮亮没有征求洋洋的同意，直接把洋洋准备好的"食物"抢过来，倒进锅里，用手搅拌着……洋洋说："亮亮，今天是我扮演妈妈，孩子们的饭菜应该由我来做。"亮亮噘着小嘴，眼含泪水委屈地说："可是我也想当妈妈。"洋洋说："你都没选择我们区，你应该回到你自己的区域去玩。"亮亮听后更着急了，这时他把所有的"厨具"都抢到自己的身边，伤心地哭了起来。洋洋也着急了，对亮亮说："亮亮，我妈妈说哭是解决不了问题的。"亮亮抽泣着，哭得更厉害了……洋洋叹了口气，把自己手里仅剩的一个大勺子递给亮亮并说："你先当妈妈吧，我们换着玩。"看到这一幕，亮亮的情绪缓和了些。"谢谢洋洋！我们一起来做饭吧？"洋洋失落地说："可是妈妈只有一个呀。"亮亮眼睛睁得圆圆的兴奋地对洋洋说："你来当妈妈，我来当爸爸，我家就是我爸爸做饭呀。"洋洋高兴地说："亮亮，你真是想到个好主意！"

时间一点点过去，小朋友走后，只剩下洋洋和亮亮两个人在忙着。洋洋和亮亮成为"形影不离的好朋友"，他们不但快速地整理好自己的物品，并主动帮助其他的小朋友，看看周围的物品都归放整齐了，才放心地离开。

故事分析

第一，当小动物死去时，首先不要低估这件事情给孩子带来的震撼，对于孩子来说，小动物的"离开"往往是他第一次亲历与他朝夕相伴的生命突然离去的"死亡"事件，亮亮会非常强烈地感受到"死亡"给他带来的不安全感、恐惧感以及不知所措、无能为力的感觉，由小动物的死去又想起了亲人的离世，所以亮亮会表现得非常伤心。

第二，亮亮在家是被众星捧月般呵护和照顾的，家里的大人都围着他转，但是到了幼儿园，他不再唯我独尊，在幼儿园里也缺乏一定的规则意识，当要和其他小朋友共同使用玩具，当小朋友和老师对他没有“特殊照顾”时，亮亮能敏感地察觉到“待遇”上的差异，从而产生挫败感，并通过情绪表现出来。

第三，亮亮性格内向、敏感，遇到问题和挫折的承受能力比较差，对周围人对他的态度比较敏感。当他感到孤独的时候，便会有一些反常的行为，并用“哭”的方式发泄。幼儿知道，自己一哭别人就会妥协，他就能达到自己的目的。所以亮亮也很依赖他人，这个性格特点也很容易使他在遇到问题时用哭泣的方法达到吸引别人注意、寻求父母及教师帮助的目的。所以一有困难或没有达到自己的期望时就容易哭泣。

教育支持

第一，允许和接纳孩子表达他的伤心情绪。

作为老师，不要立即强迫孩子故作坚强和勇敢，要给孩子一定的调整情绪的时间，允许孩子以哭泣等方式适当排解自己的悲伤。告诉孩子当我们失去某个心爱的小动物时，伤心是正常的。老师和爸爸妈妈也会有同样的感受。耐心地安抚孩子，给他足够的安全感，同时，可以开导孩子小动物也不希望我们不开心。也可以告诉孩子死亡是生命的一部分，我们已经尽力去照顾小动物了，这不是任何人的过错。最后，尊重孩子的感受，可以和孩子一起埋葬动物的尸体，把小动物的尸体平整地放在纸盒内或是埋在树下，并给孩子和小动物告别的机会。

第二，帮助幼儿学会自主处理问题的能力。

教师绝不是简单的管理者、指挥者，更不是机械的灌输者和传授者，而是幼儿的支持者、引导者和促进者。教师只有对自己有这样的定位，才可能在实际中更多地关注孩子，更多地关注他们的情感需要。当亮亮在幼儿园遇到困难就哭，希望马上得到老师和小朋友的帮助时我采取的是“冷静处理”，装作听不到，使亮亮明白哭是解决不了困难的，只有想办法才能解决问题。当亮亮停止哭泣的时候我才走过去，告诉亮亮遇到了困难要先自己想办法解决，如果解决不了，再请老师和小朋友帮忙。

除了运用“冷静处理”的方法让幼儿想办法解决困难，我还采用多“鼓励、表扬”的方式。每当幼儿哭泣时，因看没人过去而自己想办法解决问题后，我都会及时表扬他动脑筋解决了困难。当他遇到困难没哭时，我也会及时表扬他真勇敢，这次或今天没有哭。

（长春市人民政府机关第一幼儿园　郭晓丹）

案例19 你好，老师
——幼儿快乐情绪的观察与分析

故事背景

时间好像调皮的小孩儿，骑着马儿，跑得飞快，不会回头。很快就进入九月份了，正是迎来开学季的时候，入园的孩子陷入哭闹的情绪当中，有些孩子会抓着父母的衣服哇哇大哭，不想来幼儿园。对于孩子来说，从熟悉的家庭进入陌生的幼儿园，很多孩子都免不了一番哭闹，幼儿园门口，几乎成了眼泪的海洋。可是我班新生小石头，第一天入园就是兴高采烈的，一副非常期待上幼儿园的样子。小石头很礼貌地跟我打招呼：“你好，老师！”妈妈把孩子从怀里放下来，小石头一滴眼泪也没掉，很快乐地和老师进了班级。

故事呈现

幼儿园门口，石头妈妈和老师说：“今天早上石头早早就起了床，穿戴整齐，自己穿好了鞋子，站在家门口准备去幼儿园。”妈妈还不禁低声问老师：“第一次离开家，去面对全新的环境，石头能适应吗？”我蹲下来张开双手，做出拥抱的姿势，说：“你好，小石头，欢迎你来到幼儿园。”石头睁着明亮的双眸，一脸灿烂地冲着我乐，拥入我的怀抱。石头拉着我的手往操场走：“老师，你带我去玩幼儿园的滑梯好吗？”“可以啊，不过我们要先吃早餐，有了力气，才能去玩更好玩的游戏。”石头好奇地睁大眼睛问：“今天的早餐有三色蘑菇包吗？我看过照片，蘑菇包可好看了，我好想吃啊！”

班级里两个小朋友哭闹起来，小石头拿着手中的玩具快步跑过去，一边安慰哭的小朋友，一边拉住另一个小朋友的手说：“幼儿园有很多很多玩具，还有好吃的糕点，还可以认识更多的好朋友，大家在一起玩多开心啊！”

放学了，石头妈妈张开双臂向石头走了过来。石头拿着图画书站了起来，跑到妈妈的怀里，喊道：“妈妈！老师给我讲了这个故事，可好听了。”妈妈抱起石头，石头拥抱着妈妈。这时，石头转过身用他的小手捧住我的脸说：“老师，明天见！”并给了我一个灿烂的微笑。

故事分析

多数孩子在初入幼儿园都会有不同程度的焦虑情绪，同时对分离焦虑有不同的行为表现。小石头能较好适应幼儿园，没有表现出分离焦虑，原因分析如下：

第一，家庭教育。石头的妈妈提前半年就为石头进入幼儿园做了准备。刚开始她也一次又一次地想象着孩子在园可能出现的一些情况，怕他大哭大闹情绪低落，怕他吃不好睡不好，担心他和其他孩子们相处不好，更担心他的哭声会让家人放弃送他去幼儿园的计划。为了能让孩子快乐地进入幼儿园，半年来，石头妈妈抓住每一个机会向儿子灌输幼儿园的美好。当石头在玩耍中遇到邻居的孩子们从幼儿园回来时，石头妈妈还不忘赞美他们：“多好的孩子，他们都上幼儿园呢。”为了引起石头的兴趣，家长一次又一次地带孩子去幼儿园体验生活。当他在幼儿园对玩耍感兴趣时，家长便提出带他回家，并答应下次再来玩儿。

第二，幼儿园环境创设。根据幼儿的年龄特点以及他们的好奇心，把他们生活的“家”装扮成对他们更有吸引力的样子，如活动室里摆放球、汽车、娃娃、飞机等孩子们喜爱的各类玩具。用此吸引孩子们的注意力，让幼儿爱上幼儿园。在准备餐食方面可以提供些营养、口感、形状、色彩都适宜的食品，便于幼儿的成长，同时让他们更喜欢幼儿园。

教育支持

第一，用正确的方法激发幼儿对幼儿园生活的积极期待。

幼儿对幼儿园的生活要有心理上的准备，为了让孩子更快地适应幼儿园的生活，幼儿园也可以开展些活动，如可以在前期让家长陪伴他们的孩子一起参观幼儿园。老师也可以通过这些活动更好地了解幼儿的习惯、爱好以及性格。让幼儿亲自接触一下幼儿园这个新环境，带幼儿去拜访幼儿园老师，与老师交谈、沟通，了解幼儿园老师，在家讲解一些幼儿园的事情给幼儿听听，选些反映幼儿园生活与活动的图书、电视和视频等给他们讲解一下幼儿园。与此同时，也适当地教他们一些生活常识。让孩子在上幼儿园之前就对幼儿园有一定的了解，打消他们一些上幼儿园的顾虑，让他们对上幼儿园充满期待，激发他们上幼儿园的积极情绪。

第二，用身体语言表达自己的爱，引发幼儿愉快情绪。

幼儿行为的动机以需要为基础，年龄越小，与基本的需要之间的联系越紧密。幼儿的基本需要是爱和被爱的需要。老师应该在孩子们刚刚走进幼儿园的时候，抱抱他们、亲亲他们，让他们产生一种被爱护的感觉。教师应以和蔼的态度、亲切的语言、温柔的爱抚，来引起幼儿愉快的情绪反应，抱抱情绪不安的幼儿，让他们感觉到被爱，感觉到老师就像妈妈，可亲可敬，值得信赖。有了这种心理，幼儿虽然刚接触幼儿园的生活，还不习惯，但只要看到老师的笑脸，听到老师的声音，幼儿的心里就会感到踏实。

第三，合理开展有趣的活动，让幼儿感受温暖放松。

陈鹤琴先生曾说过“小孩子是喜欢野外生活的”，幼儿园的孩子更是如此。这个时期的孩子，探知欲特别强，所以他们更希望经历些好玩儿的、不曾经历的事情，幼儿园可以开展些具有吸引力的活动来激发孩子们的兴趣，让他们真切地感受到幼儿园的乐趣，从此愉快地爱上集体生活。而在这个过程中老师应该做的就是多组织、多参与、多体贴、多满足。例如，可以带孩子们到操场去玩滑梯、小木马以及跳蹦蹦床等，这样，孩子们会完全放松地去活动，感受到极大的满足和乐趣。同时教师可以在孩子们游戏的时候或者午睡的时候，给他们讲些好听的故事等。游戏是孩子进行交流的纽带，通过游戏可以增进感情。现在多数孩子都是独生子，平时他们生活的圈子较小，所以老师应该有意识地去培养孩子们的集体感，争取通过各种好玩的游戏让他们彼此交流，深入了解。

（长春市人民政府机关第一幼儿园　林青）

话题拓展

一般来说，幼儿情绪发展的影响因素主要包括如下几个方面：

1. 年龄

研究者普遍认为，在婴儿出生的第一年中可以体验到各种不同的情绪，但是却受限于语言，无法表达他们体验到的情绪。与婴儿期相比，学前阶段幼儿的情绪复杂程度和社会化程度显著提升。随着年龄的增长，幼儿的语言、认知、交往水平不断提升，对于情绪的体验和表达行为会逐渐趋于成熟。

2. 性别

一般的观点认为，性别的差异在情绪表达方面体现较为明显。由于语言发展水平的差异，女孩相对于男孩表现出更强的情绪表达能力。在日常生活中，成人一般不鼓励男孩表现较多的消极情绪，而对于同样的消极情绪的表达，在女孩身上却是被允许的，例如伤心哭泣。另外，随着年龄的增长，男孩在对情绪的控制能力方面强于女孩。

3. 家庭

在家庭中，幼儿通过感受家庭的情绪氛围、模仿父母情绪沟通与反应的方式、与父母进行直接情绪交流等途径，不断塑造和发展自身情绪能力。家庭中父母的情绪对话与情绪行为、父母对幼儿情绪的反应程度、父母对情绪话题的讨论深度和时间、父母对积极情绪的表达以及父母受教育程度和职业地位等，都会对幼儿的情绪能力产生影响。除此之外，幼儿情绪理解与父母的养育方式密切相关。温暖理解、支持包容型的教养方式能够提升幼儿的情绪能力，相反，惩罚严厉、拒绝否认型的教养方式会降低幼儿的情绪能力。

4. 同伴关系

研究表明，幼儿情绪能力水平与同伴接纳程度显著相关。在同伴交往中，如果幼儿能够理解交往对象的情绪，具有同理心，善于换位思考，就有机会收获喜悦。在与同伴产生矛盾的时候，如果幼儿能够采取适宜的策略对自身负面情绪进行调节，那么同伴关系就能得到较好的维持与发展。因此，情绪能力水平较高的幼儿在同伴交往中更受欢迎，从而维持良好的同伴关系。同样的，良好的同伴的关系对于幼儿情绪水平的提升也有重要意义。

5. 社会文化

文化人类学研究认为，情绪不只是先天的产物，同样受社会文化的影响。社会文化在幼儿对情绪的认知、情绪的表达，以及情绪的理解发展过程中发挥重要作用。不同文化下的幼儿受语言、生活环境、社会习俗等影响，对情绪状态的理解、情绪表达方式的选择都会有所不同。中国文化强调情感的联结，注重人际关系中的和谐，在情绪表达方面提倡内敛、含蓄。例如，同样受到赞美，西方文化下直接表达高兴，中国文化下一般是要求掩饰内心的高兴，表示出谦逊。中国文化认为愤怒可能会破坏人际和谐，西方文化下表达愤怒是正常行为。因此，在生活中，成人常常鼓励幼儿表现出积极的情绪，而消极情绪表露于外被视为不合时宜。

在教育实践活动中，明晰幼儿情绪发展的影响因素对于理解幼儿情绪、为幼儿情绪发展提供适宜支持具有重要意义。

话题三 幼儿情绪环境创设

话题导引

情绪表达的方式有很多种，用语言表达是大多数人最常用的方式。我们常常认为符合社会规范的情绪表达，更有利于沟通交流，避免人际冲突。然而现实生活中，有些幼儿的语言发展有限，无法清晰表达自己的感受；有些幼儿会被教育不能有不乖的表现、不好的情绪；有些幼儿因为遭遇了一些事情产生了这样那样的情绪反应，但是并不明白这些情绪是如何影响着自己；还有一些幼儿可能会把自己的情绪隐藏起来；等等。

在上海交通大学医学院附属新华医院临床心理科，有一门针对学前儿童和家长的情绪管理课，课程中有一个活动叫“绘画情绪”，帮助学前儿童通过绘画来体验自我情绪、表达内在感受。幼儿不需要画多么整齐、多么漂亮，只要表达自我就可以。对于学前阶段的幼儿来说，成人提供丰富的材料引导幼儿对情绪进行识别与表征，创设宽松的、可以自由表达的情绪空间，对于幼儿情绪能力提升具有重要意义。

在教育实践中，幼儿园充分发挥环境潜移默化的育人功能，在公共环境中融入情绪教育资源，设置表情墙。同时在各个班级依据本班幼儿年龄特点设置情绪角，形成独具特色的园本情绪课程环境资源。

实践案例

案例1
情绪之家（托班）

设计思路

2—3 岁幼儿情绪能力目标范围是，能初步识别基本情绪，愿意表达自己的情绪，在成人的帮助下逐步做到情绪稳定。因此，我基于托班幼儿的学习和情绪发展特点，注重情绪环境教育的生活性、情境性、易操作性，将情绪教育内容渗透在幼儿的一日生活中，以游戏化、多元化的操作与体验来开展，提出有效的情绪环境教育实施途径，以促进托班幼儿情绪能力的发展。

幼儿的情绪情感主要来源于生活体验，我充分利用幼儿的生活经验，激发幼儿对情绪的关注，增强幼儿对情绪的识别。运用“情绪娃娃盒”“情绪镜子”“情绪垃圾桶”和“情绪帐篷”等一系列环境创设来促进幼儿恰当地表达自己的情绪，将情绪教育融入日常生活，帮助幼儿获得情绪认知，提升情绪能力。

发展目标

1. 喜欢观察自己的情绪，能识别高兴和难过两种基本情绪。
2. 尝试用揉团和撕碎纸的方式调节、宣泄消极情绪。
3. 体验在情绪之家的空间里整理情绪的安全感。

制作材料

废旧纸盒、橡皮泥、透明塑封纸、折纸若干、幼儿照片、压舌板、小帐篷、垃圾桶、镜子。

制作方法

1. 用彩泥制作出开心和难过两种表情并分别贴在白色纸盒里侧。

2. 用透明塑封膜将橘色纸盒下半部分包围粘贴，并将白色纸盒和橘色纸盒粘贴。

3. 将 20 cm 压舌板分为两个 10 cm 的小木条，把幼儿照片粘在小木条上。

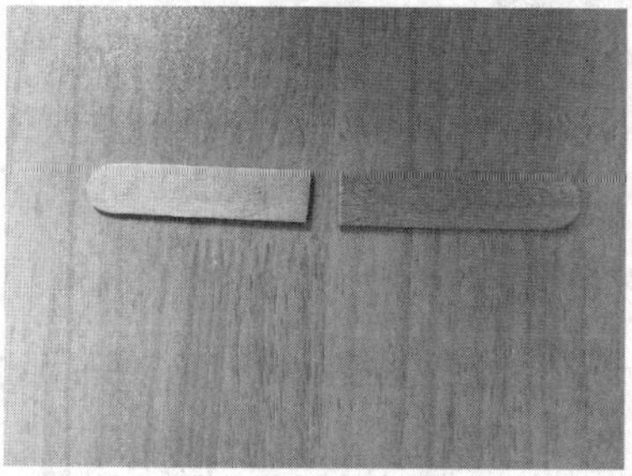

4. 用彩泥制作出若干花朵，并用胶枪粘在镜子周围做安全性装饰。

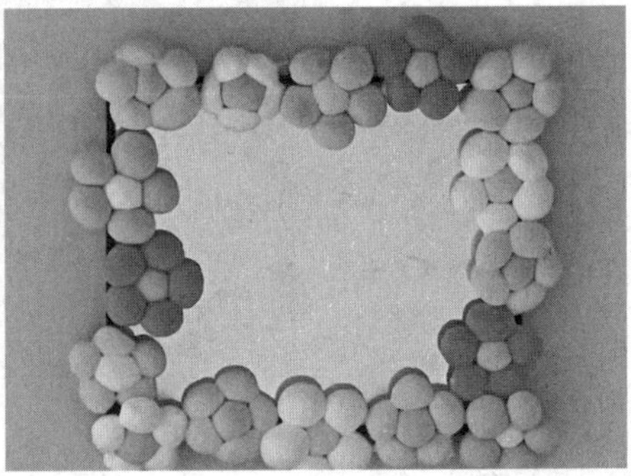

5. 小帐篷内铺软垫。选择幼儿喜欢的物品营造安全氛围。

使用建议

游戏一：情绪镜子

1. 晨间入园后，幼儿自由来到情绪角，使用镜子观察自己来园时的情绪状态。

2. 活动后，组织幼儿讨论情绪感受，鼓励个别幼儿使用镜子观察情绪并大胆分享即时心情。

3. 进行区域游戏时，幼儿可以在情绪角随意地观察自己的情绪表情。

4. 进阶玩法。“好心情”交流会：鼓励幼儿在集体讨论中大胆分享“我遇到了哪些开心的事情？是谁给我带来了开心的情绪？我也想做哪些事让别人感到开心？”

（提示：教师在情绪角中应该把幼儿的感受放在首位，共同制定情绪角的使用规则，并根据实际情况及时调整。幼儿用“情绪镜子”识别情绪，教师对幼儿的积极情绪进行不断强化，其他幼儿通过观察该幼儿照镜子时的积极情绪不断模仿，最终在“好心情”交流会中营造良性循环的积极情绪氛围。）

游戏二：情绪娃娃盒

1. 用废旧纸盒和橡皮泥制作出“积极情绪”和“消极情绪” 两种基本情绪识别盒，通过幼儿相片制作的专属插卡进行识别情绪。当幼儿出现积极情绪或消极情绪时，引导幼儿将自己的标识插入娃娃盒中，以便教师及时发现。

2. 当幼儿标出自己的情绪状态后，利用情绪娃娃盒创设语言表达环境，鼓励幼儿进行情绪表达。例如：每天特定时间内组织集中谈话，鼓励幼儿在讨论中进行表达。托班幼儿回忆和书面表达的能力比较弱，可以先引导幼儿说一说自己经历的事件和感觉，再进行表达和发泄。

当幼儿出现消极情绪时，教师引导幼儿选择合理的、自己喜欢的方式舒缓、释放情绪。例如：幼儿可以通过撕碎纸或者揉纸团的方式把自己的消极情绪扔进垃圾桶。

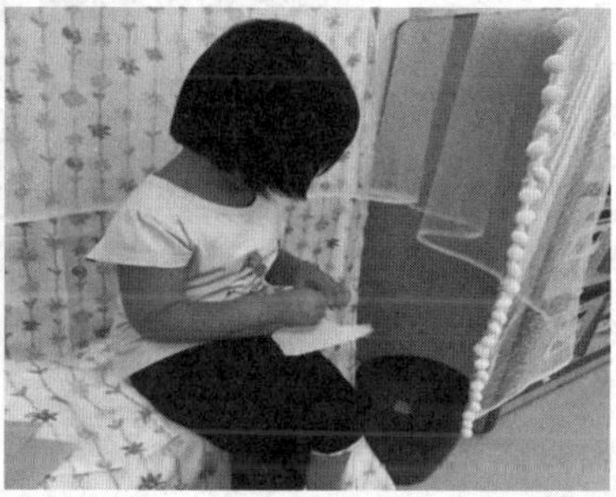

（提示：此部分需要教师对幼儿真诚地关爱，用同理心、共情力及时感知幼儿的情绪变化。当幼儿出现积极情绪时，教师适当引导幼儿放大情绪并与同伴分享，营造积极愉快的情绪氛围；当幼儿出现消极情绪时，教师需要鼓励并支持幼儿用自己喜欢的方式表达。）

游戏三：情绪帐篷

1. 在情绪角投放帐篷和柔软的材料，创设安静的私密空间——“暂停角”，引导幼儿平静情绪。

2. 当幼儿出现消极情绪时，教师陪伴幼儿或引导幼儿在安全的空间里舒缓、平静自我。

3. 进阶玩法：呼吸法是幼儿最常用、最喜欢的舒缓情绪的方法，例如用吹纸片和吹蜡烛等方法感受肚子的起伏来呼吸。此部分可以鼓励幼儿自主设计不同姿势、不同手部位置的呼吸放松法。

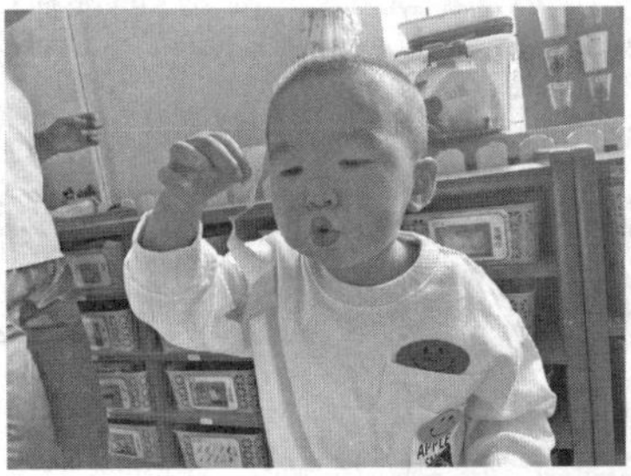

（提示：此部分教师的重点是完全接纳幼儿，可以用幼儿熟悉的语言将自己对幼儿情绪的认识和理解反馈给他，澄清其情绪产生的原因，再基于原因和幼儿的实际需求为其提供相应的支持。针对托班幼儿，除了平缓情绪的呼吸法，还可以根据不同幼儿的兴趣点提供多种材料支持，例如：情绪话筒、情绪解压球等。）

（长春市人民政府机关第一幼儿园　封雪）

案例 2
情绪小屋（小班）

设计思路

情绪是人对客观世界的态度体验，不管情绪是消极的还是积极的，对一个人的身心都具有多方面影响。《幼儿园教育指导纲要（试行）》中指出：环境是重要的教育资源，应通过环境的创设与利用，有效地促进幼儿的发展。幼儿在成长过程中，总会产生不同的情绪体验，不可避免地呈现出各种各样的情绪表现。

3 岁幼儿进入第一个叛逆期，经常说“不”、爱发脾气、爱“造反”。初入幼儿园可能因为环境陌生感到紧张、焦虑；社交活动中，幼儿之间难免发生冲突，引发哭喊、争闹等不稳定的情绪表达。为此，我在班级创设了“情绪小屋”，通过真人表情脸谱、情绪图卡、情绪转变盘、小镜子等，帮助幼儿识别和表达情绪。为幼儿提供探索情绪表达和情绪调节的合理方法，从而促进幼儿心理健康发展。

发展目标

1. 了解生活中常见的几种情绪，能识别自己和他人的基本情绪。

2. 尝试正确表达自己的情绪并愿意与他人分享自己的情绪。

3. 体验用正确的方法调节情绪后获得的轻松与快乐。

制作材料

废旧纸盒、马克笔、小镜子、情绪脸谱、解压玩具若干、KT 板、各种彩色卡纸、彩色压舌板、坐垫、毛绒玩具、纸杯若干、帐篷、幼儿照片若干。

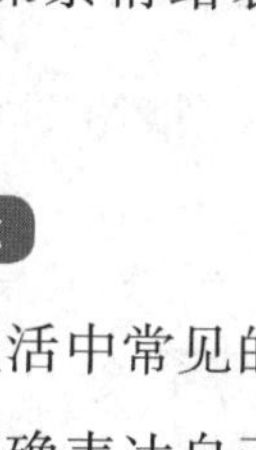
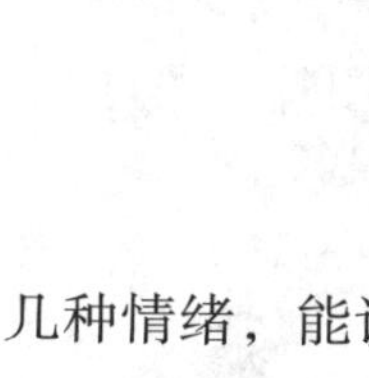
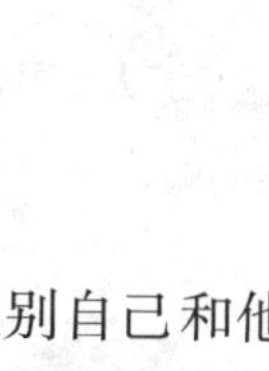
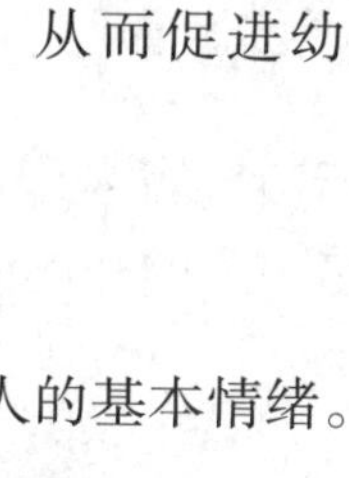

制作方法

1. 在教室比较固定的一个角落里用帐篷布置一个小屋。小屋内铺上地垫，颜色搭配选择一些暖色系物品进行装扮。小屋内投放幼儿选择的玩具，例如：

毛绒玩具、安抚毯、抱枕等。

2. 搜集生活中常见的多种真人情绪图片，彩印出来。情绪图片按轮廓剪裁并粘贴在情绪小屋的一侧墙面上。

3. 纸板剪出圆形，画出等分的圆弧，涂上颜色，粘上不同表情图片。在圆盘中心位置粘上陀螺，然后把指针粘在陀螺上，最后将圆盘粘在一个废旧纸盒上并标注文字“情绪转转”。

4. 废旧纸盒板剪裁成房子的轮廓。粉色红色 A4 纸，裁成宽 7 厘米的长条装饰房子。KT 板剪裁成房子形状，并涂上颜色，画上伤心、难过、开心、生气四种表情，幼儿照片按轮廓剪下来，粘在压舌板上，并配上“心情驿站”文字。

5. 搜集废旧纸盒一个。纸盒一侧抠出一个圆形洞洞，标注文字“我的悄悄话”。

6. 收集解压球、减压玩具若干。放置在一个小盒子里，并附上文字“解压盒”投放在情绪角。

7. 情绪调节图片若干彩印出来，按轮廓剪裁。图片用塑封机塑封。

情绪调节卡

使用建议

游戏一：情绪小屋

1. 每日晨间活动后，教师和幼儿一起来到情绪小屋，对照真人表情图，做出相应表情动作。

2. 进行区域游戏时，幼儿可选择情绪屋，对着镜子，观看自己的各种情绪表情。

3. 两名幼儿结为一组，一名幼儿做出不同表情，另一名幼儿模仿做出对方的表情。

4. 幼儿按照顺序轮流转动情绪转盘，幼儿需要做出和自己转到的特定表情一致的表情。

（提示：教师引导幼儿从基础表情开始识别：开心、难过、生气和害怕。当幼儿情绪发生变化时，教师帮助幼儿找到自己情绪对应的表情图，可以帮助幼儿命名不同情绪名称，同时鼓励幼儿模仿“开心、难过、生气、害怕”时的不同表情，并邀请幼儿谈一谈情绪体验。）

游戏二：心情驿站

1. 幼儿利用每日来园及户外游戏结束后的自由活动或者午餐后的时间，选择与自己心情相符的心情照片棒插到纸杯里，通过这样的方式记录心情。

2. 在早上入园后及离园前的两个固定时间，幼儿可自愿讲述每天的心情。

3. 一日生活中，当幼儿出现低落或者负面情绪而不愿意向老师或者同伴表露情绪时，可选择去“我的悄悄话”表达自己的情绪。

4. 当出现生气、愤怒等负面情绪时，幼儿选择解压球，任意按压发泄情绪。

（提示：教师观察幼儿情绪表达时的表现，适时介入，通过有效提问、师幼互动、谈话等方式，进一步帮助幼儿学会如何表达情绪。）

游戏三：情绪转转

1. 幼儿可抽选情绪调节卡，任选自己想做的事情。如：画画、大声喊出来、找好朋友、做手工、和老师抱一抱、听音乐等。

2. 发生幼儿不能完全自主调节情绪的情况时，教师或同伴陪伴幼儿选择情绪小屋，尝试用“深呼吸”的方法，让自己安静下来。

（提示：教师关注到每一名幼儿的情绪行为，一日生活中，幼儿出现情绪波动比较大，情绪不能正确调节时，教师提供更多的情绪调节方法供幼儿选择，也可以适当提问：“你觉得做点什么，会感觉好一些？”增强幼儿处理情绪问题的灵活性。）

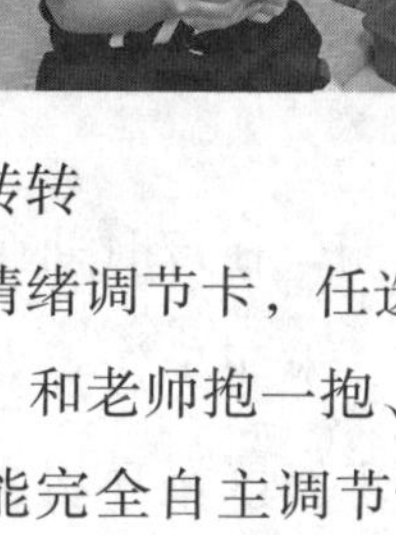
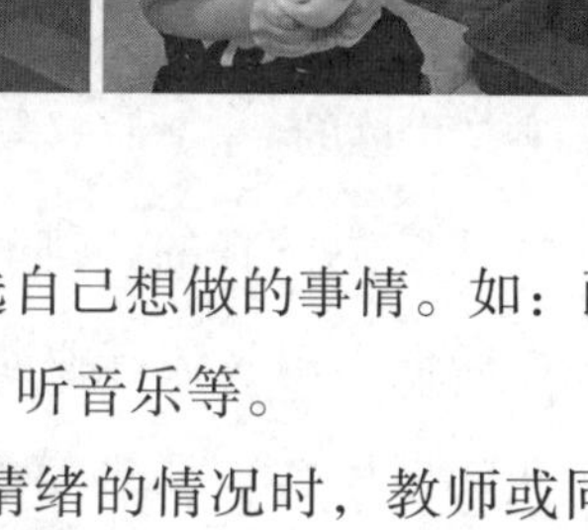

（长春市人民政府机关第一幼儿园　田静）

案例3
情绪管理站（小班）

设计思路

3 岁是幼儿情绪调节能力发展的里程碑，该时期幼儿认知能力的快速发展促进了情绪调节能力的极大进步。这个阶段的幼儿自我意识也更强烈，已开始认识到情绪体验的前因后果以及情绪对社会交往的影响，并尝试运用各种策略。“老师，小肖又哭了！”“我不想上幼儿园。”“你抢我玩具，我再也不跟你好了。”“我想看你的这本书，我们两个交换行吗？”……每天的幼儿园生活，都是在孩子们各种各样的情绪表现中度过的。

0—6 岁是幼儿“情绪脑”发育的关键时期，在该时期接受过良好的情绪管理能力训练的幼儿，在后期学习、人际交往、求职工作等方面都会有比较出色的表现。结合小班幼儿的发展特点，我在本班级区域环境中设置了情绪角，以帮助幼儿及时识别日常生活中的情绪。采用夹子作为操作材料，让幼儿在捏住、松开的动作中，锻炼精细动作，从而使手的动作更加灵活协调。同时，把区域游戏与情绪调节有效结合，更有针对性地鼓励幼儿去选择游戏的同伴和玩法，支持幼儿习得合理的情绪表达与调节策略，促进幼儿社会性认知的发展。

发展目标

1. 愿意辨别和分享自己的情绪感受，乐意自主选择调节情绪的游戏方式。
2. 能辨认不同情绪的卡片，会使用夹子，把自己的情绪感受做好标记。
3. 探索自我调节和帮助别人调节情绪的方法，体验愉快情绪的美好感受。

制作材料

各种情绪的卡片、幼儿照片、纸板、彩带、夹子若干、班级设置的区角。

制作方法

1. 准备多种情绪卡片，与幼儿一同讨论在日常生活中容易出现的情绪，选出相应的情绪卡，观察、分辨卡片上的人物表情，理解、体会卡片上情绪的感受，并说一说。

2. 把选出的情绪卡沿边缘剪下，把文字剪掉，只保留人物所表现的情绪。再把剪好的卡片装饰在纸板上，装饰上文字标题。

3. 把彩带剪成适当长度，两端用胶水固定（彩带中间的部分不要粘胶，用来夹夹子），分别粘在对应的情绪卡片后。在纸板的最下方或适当的位置，同样选择适当长度的彩带，将其两端固定在纸板上。

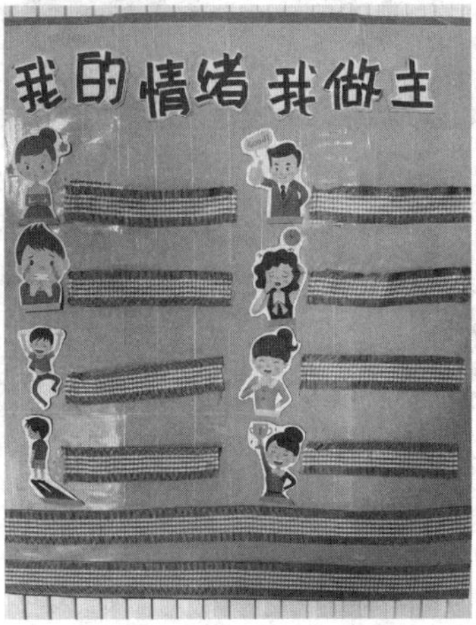

4. 把幼儿照片粘在夹子上，粘好的夹子可夹在最下方的彩带上。

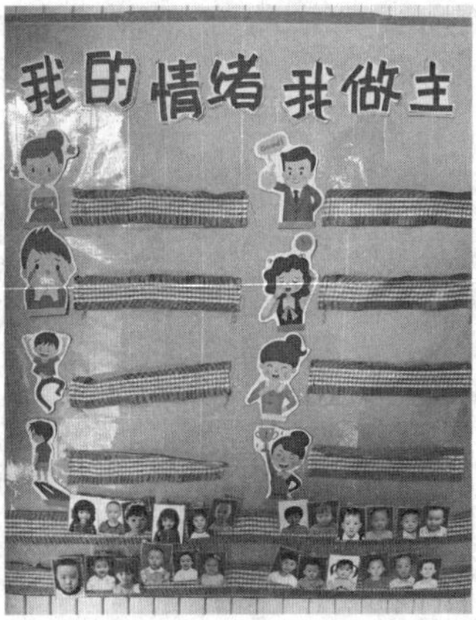

5. 通过讨论，情绪角游戏规则约定如下：

（1）每天在晨间入园进入班级后自主到情绪角。

（2）正确使用夹子，不破坏情绪角的物品，如发现破损及时告诉老师进行修补。

（3）操作时有序，如果人多，能主动排队。

（4）讨论时请离开情绪角，给其他幼儿留出操作的空间。

（5）每天放学前，值日生小朋友整理情绪角。

使用建议

游戏一：找一找

1. 幼儿晨间入园后依次来到情绪角，在情绪角的集体区找到自己的照片，正确使用夹子取下照片。

2. 幼儿根据入园时的情绪感受，把自己的照片夹在对应的情绪后面。

（提示：教师观察幼儿的情绪表现。遇到特殊情绪表现的幼儿，通过简单的谈话、倾听，鼓励、引导幼儿愿意操作情绪角。教师更要细致观察幼儿的行为表现，适当干预。鼓励幼儿自主操作，或与同伴共情，互相帮助，建立良好的社会关系。）

游戏二：说一说

1. 幼儿做好情绪角的标记后，要主动找同伴或老师说一说此时的情绪感受。

2. 选择班级内合适的位置与同伴进行交流和分享。例如：角落、沙发等安静、适合交流的地方。

（提示：教师时刻关注幼儿的表现，不随意干扰或打断幼儿间的交流，适时介入。通过师幼互动、幼幼互动等多种形式，使幼儿大胆表达自己的感受，并用积极、愉快的情绪影响同伴。）

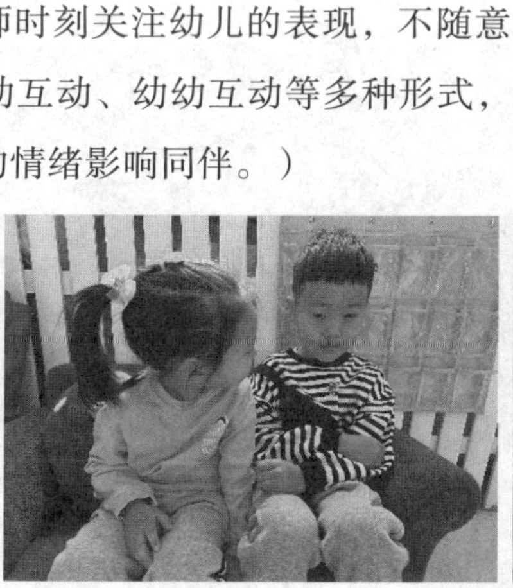

游戏三：玩一玩

1. 同伴间进行交流以后，幼儿根据需求选择喜欢的区域进行游戏。

2. 幼儿在区域游戏中，能使自己的情绪保持愉快。

（提示：针对有特殊情绪的幼儿，教师要跟踪并观察，了解幼儿选择情绪调节的办法。并通过观察法、谈话法、记录法引导幼儿确认自己的情绪感受，分析幼儿出现特殊情绪的原因，适时引导幼儿运用恰当的方法和策略梳理自己的情绪。）

（长春市人民政府机关第一幼儿园　付华）

案例4 心情相约（小班）

设计思路

《幼儿园教育指导纲要（试行）》在健康领域中明确提出："身体健康，在集体生活中情绪安定、愉快""建立良好的师生、同伴关系，让幼儿在集体生活中感到温暖，心情愉快，形成安全感、信赖感。"在幼儿园这个小集体里，幼儿开始初步接触社会，在认识新朋友、新环境的过程中发展自己的人际关系。

3岁幼儿的情绪变化既快又充满着戏剧性。他们在兴奋或开心的时候会说个不停，伤心的时候则可能会变得沉默寡言；发脾气的时候会大声喊叫，还可能会拳打脚踢、将玩具摔得砰砰响；等等。因此，引导幼儿识别情绪并将自己的感受准确表达出来是非常必要的。结合本班幼儿的情绪特点和发展需要，我们在班级设置了“情绪变变变”“心情相约”等多处情绪角。幼儿可以利用情绪角里的各种工具和材料来识别、释放、舒缓自己的情绪，以此获得快乐、平静的体验。

发展目标

1. 了解开心、伤心、生气三种基本情绪，并能准确识别自己的情绪。

2. 愿意与身边的人分享自己的情绪，体会情绪释放后的快乐。

3. 尝试探索自己情绪变化的原因，学习用适当的方法调节情绪。

制作材料

幼儿照片、卡通衣服图片、红黄蓝色彩纸、情绪小怪兽图片、纸杯3个、麻绳、调节情绪方法的图片、硬纸板、泡泡纸、泡沫垫、不织布。

制作方法

1. 将幼儿照片贴在卡通衣服上做成卡通人物形象粘贴在墙上，并在人物下方粘贴一条麻绳。

2. 将情绪小怪兽图片分别粘贴在三个纸杯上并粘贴在墙上。

3. 把红黄蓝三色彩纸分别裁剪成若干个一元硬币大小的心形（塑封打孔）并放进相应颜色的情绪小怪兽纸杯中。

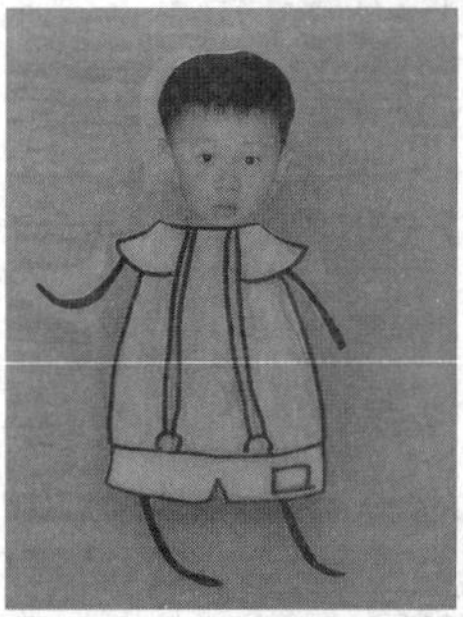

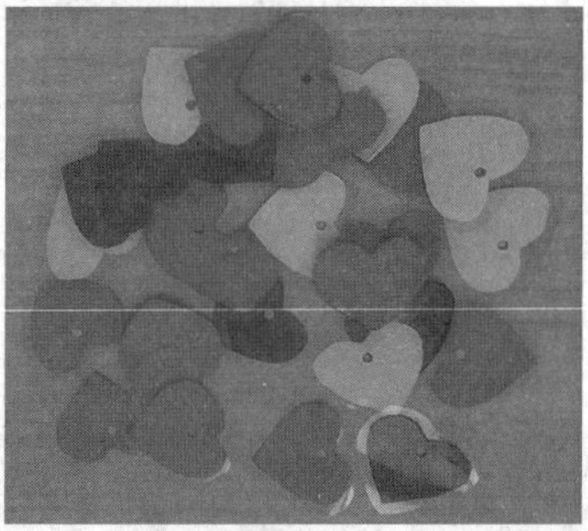

4. 打印调节情绪方法的图示并粘贴在硬纸板上，加以装饰。

5. 将泡泡纸、不织布裁剪成不同形状附着于泡沫垫上，然后粘贴在墙上。

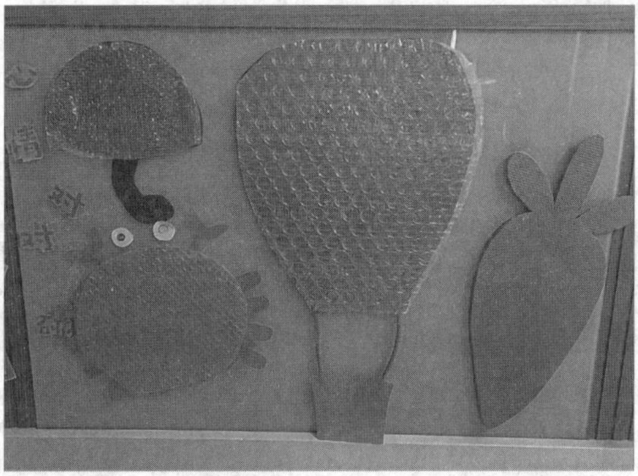

使用建议

游戏一：心情相约

1. 在阅读完《我的情绪小怪兽》后，与幼儿一同制定代表不同情绪的小怪兽。如：蓝色代表伤心，红色代表生气，黄色代表开心。

2. 晨间谈话时，幼儿可以分享自己今天的情绪，然后选择相应情绪小怪兽纸杯中的心形卡片串在自己照片的麻绳上。

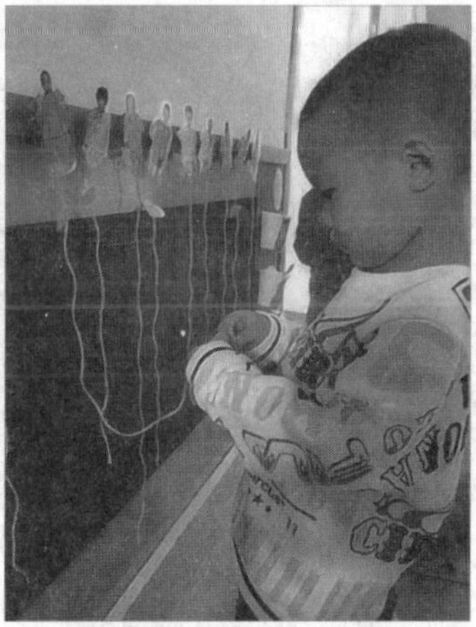

3. 在一日活动中，幼儿可以随时根据自己的情绪选择心形卡片串到麻绳上。

（提示：由于小班幼儿情绪易变，所以他们会随时出现不同情绪，但是很难用语言表述清楚。教师在一日生活活动中可以利用观察、谈话等方式关注幼儿，并以心情相约这种方式引导幼儿识别自己的情绪。）

游戏二：发泄墙

1. 幼儿出现不良情绪时，可以随意按破泡泡纸进行宣泄。

2. 也可以选择不同方式将负面情绪发泄在泡沫垫上，如：用手指抠破、用剪子剪、用记号笔随意涂鸦等。

（提示：教师要尊重幼儿有不良情绪表现的权利，适当介入，及时引导幼儿学会选择对自己和他人无伤害的方式宣泄不良情绪，减轻幼儿的心理负担。）

游戏三：情绪变变变

1. 一日生活中幼儿可以随时调节情绪。

2. 幼儿可以选择墙上提示调节情绪的方法或者选择自己想做的事情进行调节情绪。

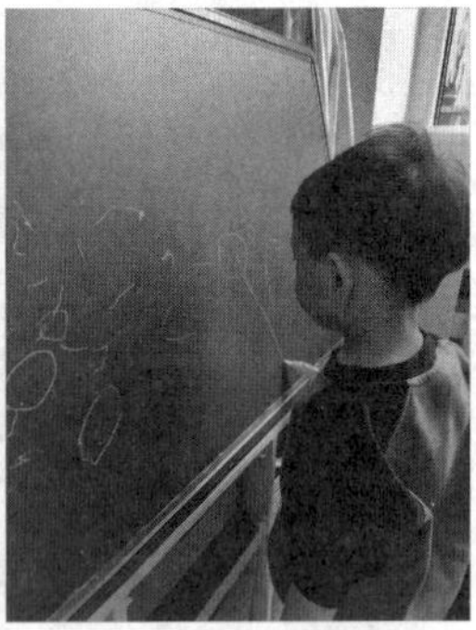

（提示：出示调节情绪的方法是以教师引导幼儿找到适合自己调节情绪的方法为目的的。如：与小朋友们一起玩玩具或者独自安静一会儿等，如果提示中没有幼儿喜欢的方式，教师可以引导幼儿选择自己喜欢的方式，充分尊重幼儿的自主性。）

（长春市人民政府机关第一幼儿园　窦默）

案例5 我的情绪小怪兽（中班）

设计思路

《3—6 岁儿童学习与发展指南》中提出：“创设温馨的人际环境，让幼儿充分感受到亲情和关爱，形成积极稳定的情绪情感。”可以说，情绪是反应幼儿心理的一面镜子，消极的情绪是幼儿成长路上的一颗定时炸弹，不仅会给幼儿的身心健康造成不利的影响，还会使幼儿人格的发展受到极大的影响。小班幼儿更容易因为一些人或事情而产生很大的情绪波动，对于自我情绪控制能力较差，会有攻击性行为。

《我的情绪小怪兽》这本图画书以不同的颜色来说明不同的情绪特征：红色代表生气，黄色代表高兴，蓝色代表难过或悲伤，绿色代表平静，黑色代表害怕。让幼儿认识颜色的同时也知道了最基本的情绪有生气、高兴、悲伤、平静、害怕。我们以图画书中的主人公来创设班级情绪角“我的情绪小怪兽”，在帮助幼儿在认识情绪的基础上，了解自己的情绪变化，主动寻找应对消极情绪的多种方法。知道可以适当地宣泄不良的情绪，并在探索的过程中逐渐学习调节情绪。

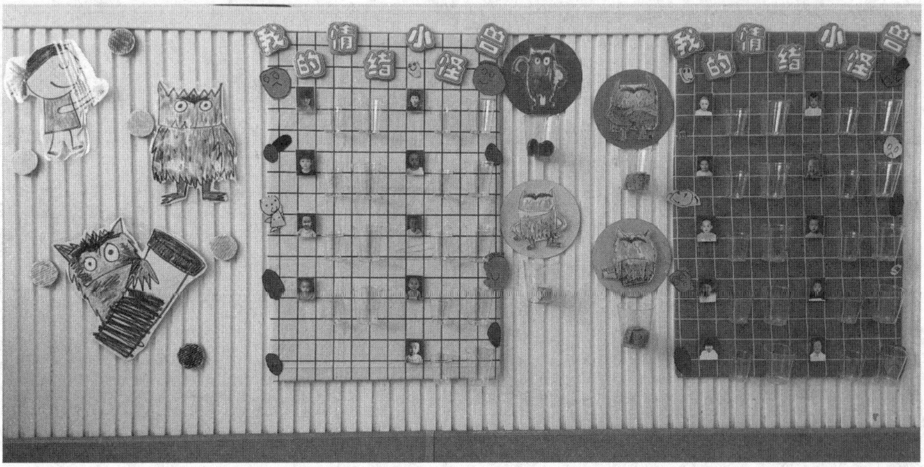

发展目标

1. 愿意选择适合的方式表达自己的感受，能识别自己的情绪。

2. 尝试在情绪不好时寻求适当的排解方法，体验情绪调节后的愉悦。

制作材料

格子布、航空杯、雪花片、大块硬纸板、水彩笔、纸、压花器、彩色卡纸、纸杯、绳、彩色毛球、泡沫板、爱心抱枕、充气棒、磁力黑板。

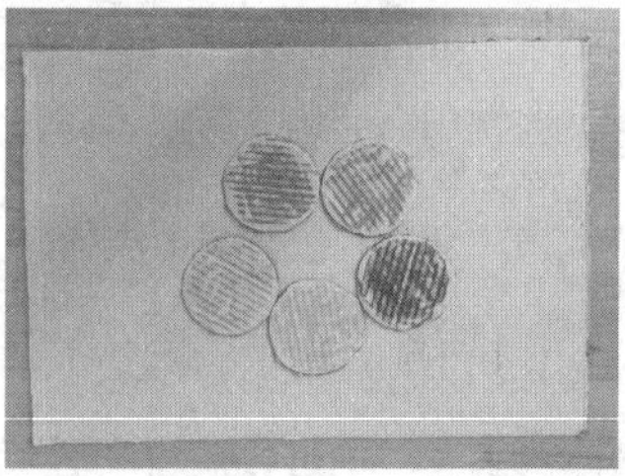
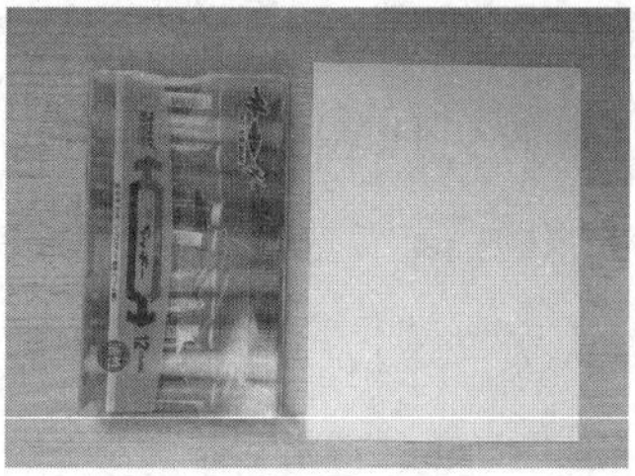
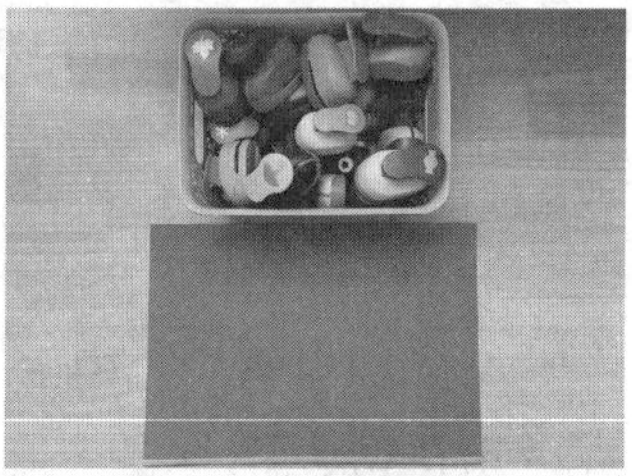

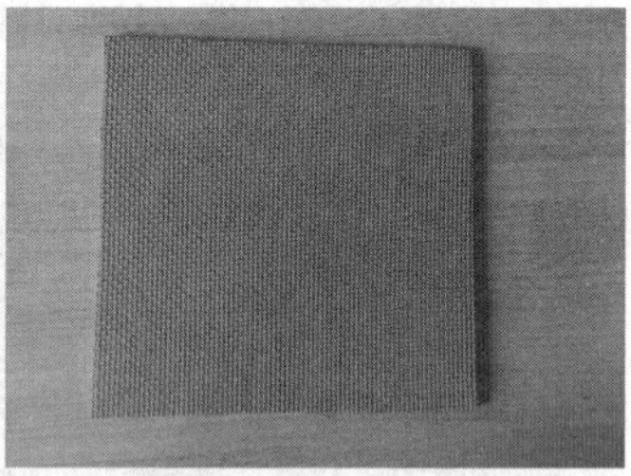

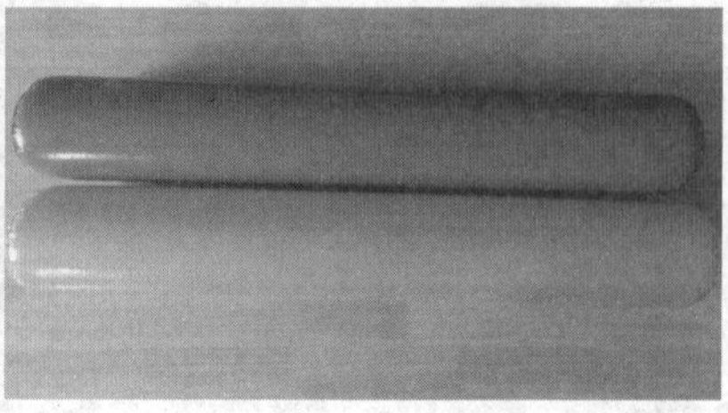

制作方法

1. 教师将情绪主人公彩印出来。

2. 将两张大硬纸板分别用格子布全部包裹住，变成格子板。将塑封好的“我的情绪小怪兽”这七个字分别粘贴到格子板上。

3. 将幼儿的照片粘贴到格子板上，同时把一大一小的航空杯分别粘到幼儿照片的旁边。

4. 幼儿自画自剪不同的表情，粘贴到格子板上。

5. 将红、黄、蓝、绿雪花片分别放入最大的航空杯中，与情绪主人公及相对应的粘贴在一起。

6. 将画好的悲伤和愤怒的眼睛及嘴巴剪下来粘贴在抱枕上。

7. 幼儿用压花器压出的图案给纸杯进行装饰。

8. 将线分别穿过装饰好的两个纸杯底部，并固定好。

9. 幼儿给两只大耳朵涂色并粘贴在泡沫板上，并用毛球装饰泡沫板。

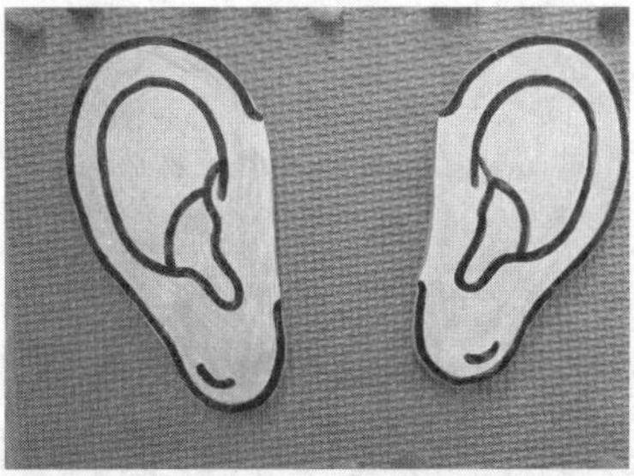

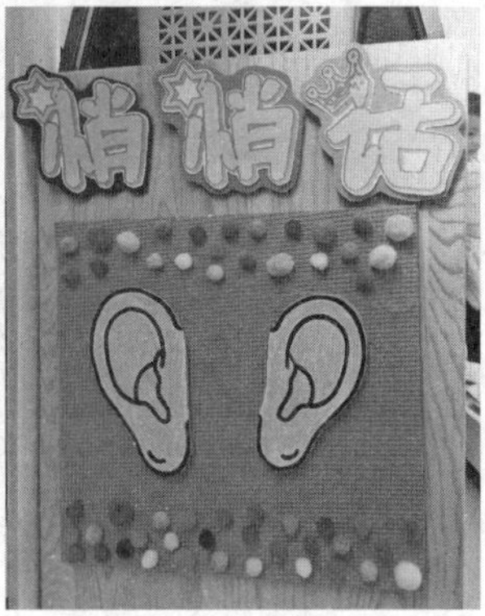

10. 教师将一张大的磁力黑板粘贴在墙面适当的位置上。给黑板进行简单装饰，将粉笔盒放在幼儿可以随意拿取的位置上。

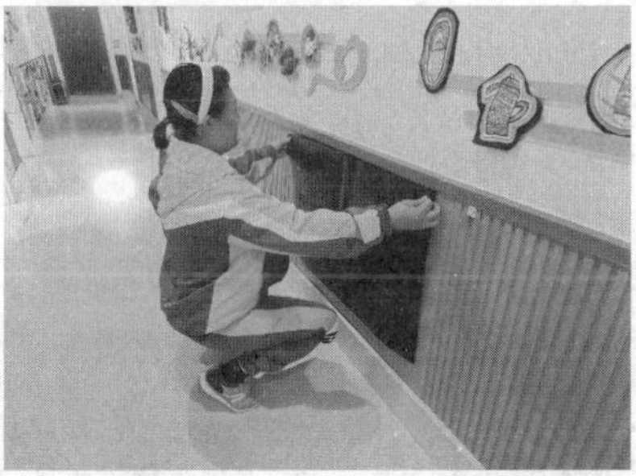

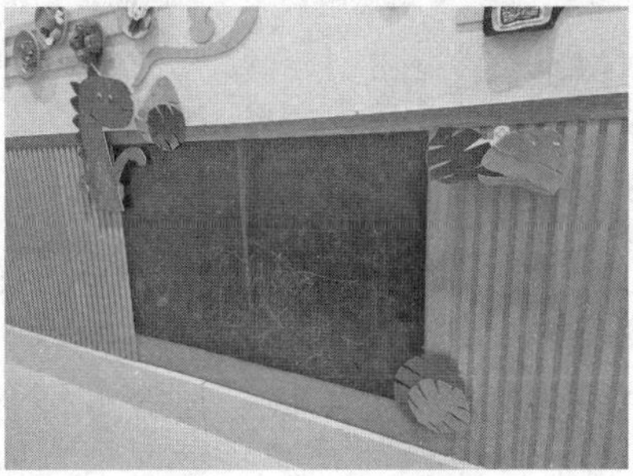

使用建议

游戏一：我的情绪小怪兽

1. 每天早上幼儿进入班级后，根据自己入园时的心情在自己的小杯子放入相应颜色的情绪卡片。

2. 通过情绪卡片可以观察到其他幼儿是什么情绪。

（提示：教师可以适当引导幼儿去观察其他幼儿的情绪卡片，通过自己与他人的情绪卡片能够正确识别出五个基本情绪。）

游戏二：赶走小怪兽

1. 晨间谈话

在晨间谈话环节中，请幼儿大胆地表达出今天早上的心情是什么样的？因为什么事情导致这样的心情？

（提示：教师在谈话的过程引导幼儿表述自己的心情，让幼儿了解和判断出这五个基本情绪产生的不同原因，在感受与分享同伴间的积极情绪的同时发展幼儿的语言表达能力与倾听能力。）

2. 赶走坏情绪

当幼儿的情绪不稳定或是心情烦躁时，可以手拿充气棒用力敲打情绪抱枕，让自己的不良情绪得以宣泄。

游戏三：我的情绪好朋友

1. 毛绒玩具

毛绒玩具是有温度的，它的质感会让人有安全感，可以作为情感陪伴。好心情时可以作为玩伴，情绪不好时可以帮助减缓和平复不良的情绪。

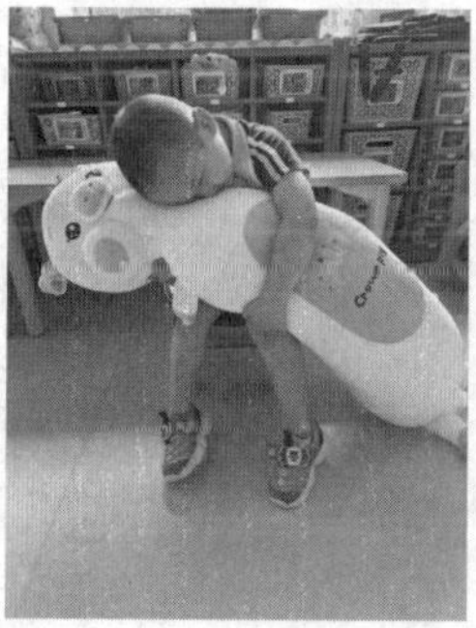
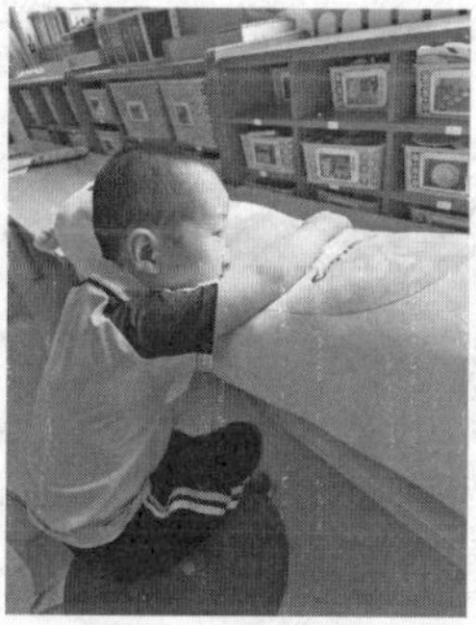
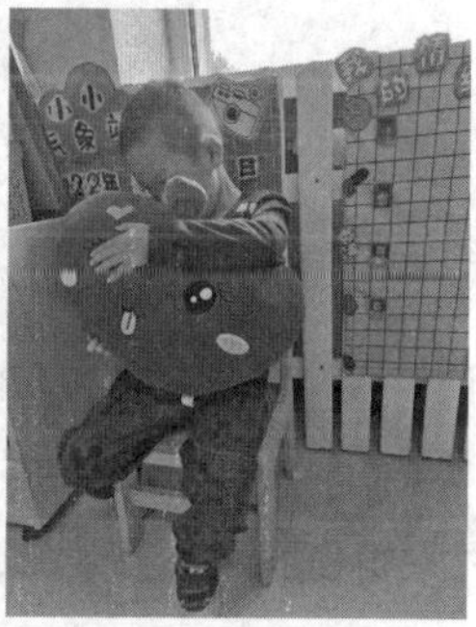

2. 悄悄话

（1）一人：将一个纸杯话筒放在自己的嘴上，另一个纸杯放在泡沫板上的大耳朵上，小声或大声地说出自己想说的话。

（2）两人：可以两名幼儿或是教师和幼儿一起，一人说一人听，相互表达自己的好情绪或坏情绪。

（提示：当幼儿不愿意表达和分享自己的情绪时，可以选择悄悄话。教师在适当的时候给予幼儿情绪上的疏导。）

（长春市人民政府机关第一幼儿园　王岩）

案例6
情绪安全屋（中班）

设计思路

4—5 岁幼儿在情绪异常激烈的时候，会大哭大闹，甚至会扔东西、打人，有时候用“认同情绪”和“提供选择”的策略不能很快奏效。这时候我们可以利用环境来引导幼儿恰当地表达或控制情绪。

为此，我从表达和调节这两方面出发，在班级创设了“情绪安全屋”为幼儿提供充分的情绪释放空间。在幼儿的情绪很激烈或还没有做好解决问题的准备时，可以去情绪安全屋平复情绪。这样，幼儿在实际体验中学会表达、调节情绪；教师在观察、认同、支持中更直观地了解每一位在园幼儿的情绪，掌握幼儿的整体情绪状态并有进行针对性的指导。

发展目标

1. 能认识并理解不同的情绪并勇敢、恰当地表达自己的情绪。

2. 乐于找到舒缓、释放不良情绪的方法，正确表达自己的情绪。

3. 愿意与身边的人分享自己的消极情绪，体验情绪转变的愉悦。

制作材料

小帐篷、打地鼠玩具 、沙锤、魔方、彩泥、包子、解压板、各种玩偶、小镜子、话筒、彩笔、画纸、各种字卡表情及缓解情绪解决方案图片、小桌子、整理箱、情绪绘本、地垫一块、小书架。

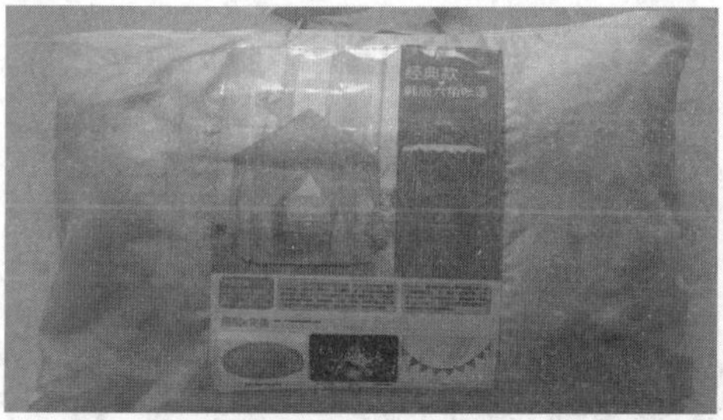

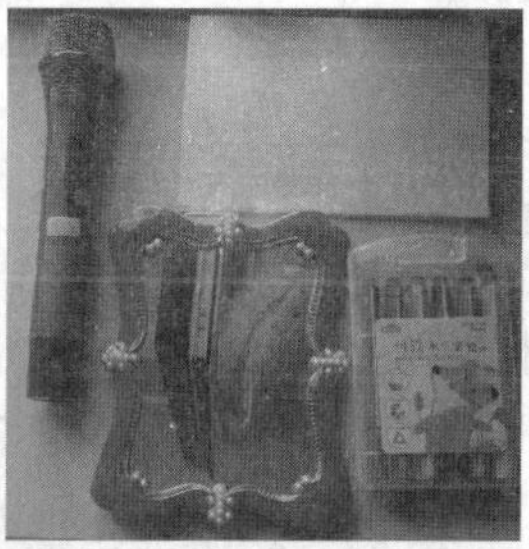

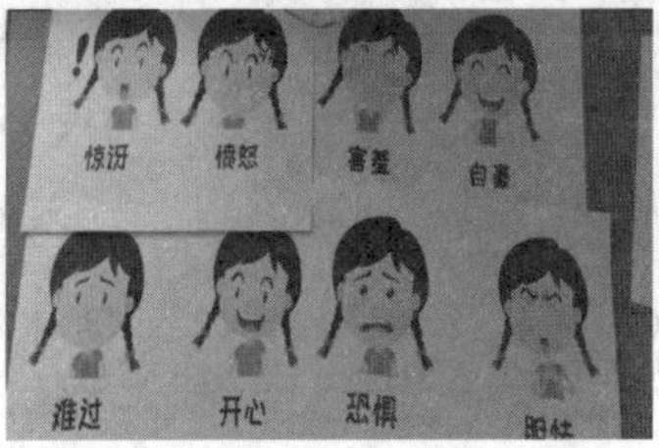

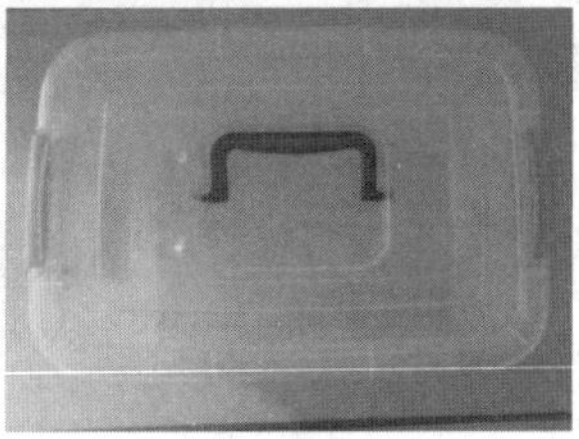

制作方法

1. 将小帐篷支好，铺好小地垫、贴上“情绪安全屋”。

2. 带幼儿识别各种情绪图片，彩印出来并剪下来塑封，贴到情绪安全屋内，小镜子贴上字卡放在情绪脸谱下面。

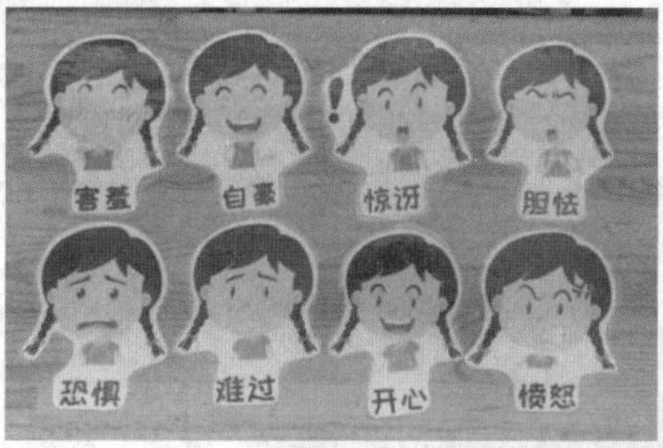

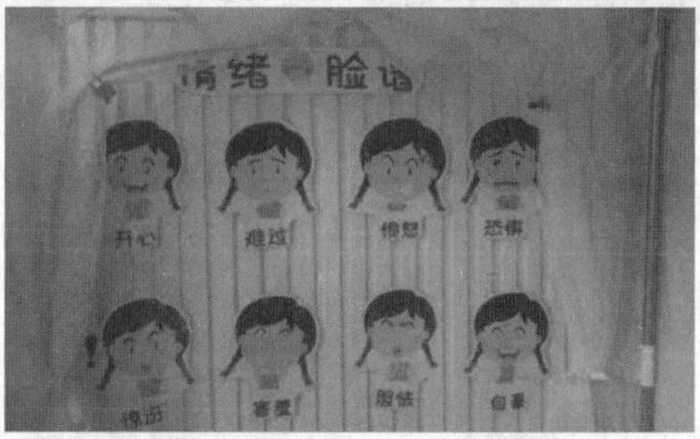

3. 与幼儿探讨出现情绪时解决的办法，将这些图片减下来塑封，贴到安全屋里。

4. 幼儿收集自己喜欢的各种解压小玩具，探讨使用方法，装在收纳盒中，贴好标签。

5. 在安全屋旁准备简易小书架，放置情绪相关书籍及彩笔画板等。

6. 将小桌子摆好，放上画纸和彩笔。

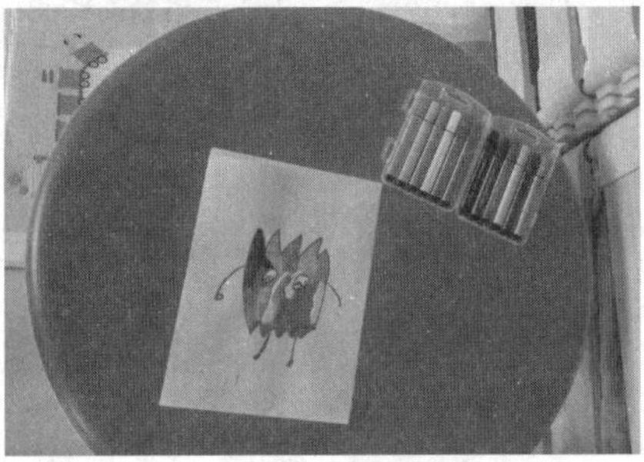

7. 收集幼儿喜爱的毛绒玩具，放在情绪安全屋内，给幼儿提供温馨、安全的环境。

使用建议

游戏一：各种各样的情绪

1. 利用情绪绘本《我真的很生气》《我不随便发脾气》等图画故事识别并理解情绪。

2. 利用小镜子搭配情绪脸谱，可以照照镜子看看自己当下的心情，帮助幼儿识别自己难以说出的情绪。

（提示：教师可以利用阅读时间与幼儿共读这样的情绪主题绘本，帮助幼儿识别并理解各种不同的情绪；在幼儿出现不同情绪时可以引导幼儿来到安全屋照一照小镜子，再看看情绪脸谱来识别自己出现的情绪，并能根据自己当下的心情理解这一情绪的感受。）

游戏二：情绪我知道

1. 使用情绪话筒帮助幼儿大胆地表达，引导幼儿说出自己的情绪。

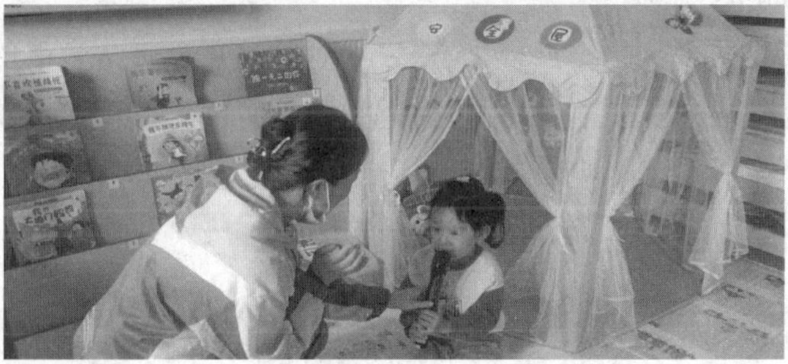

2. 在幼儿出现伤心、难过等情绪又不想表达时，可以选择喜欢的毛绒玩具抱一抱，当情绪稳定后再沟通解决。

3. 利用解压盒内的物品缓解、释放当下的情绪。

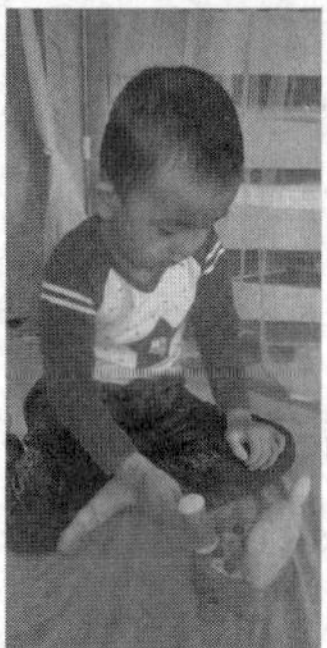

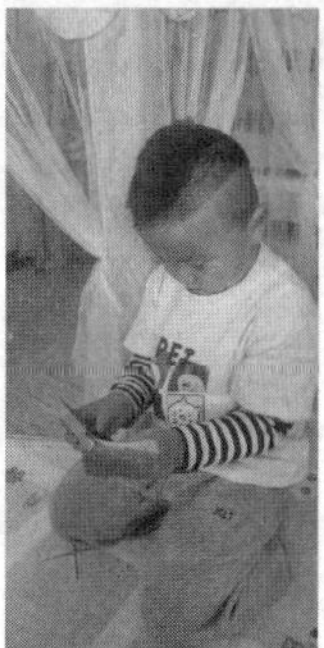

（提示：在使用小话筒时老师可以说：“我看到生气小人来到你身边了。”并用手比画说：“你现在的生气是这么大，还是这么大？”用此来量化生气的等级；选择柔软的毛绒玩具抱一抱得到安慰或选择小玩具来舒缓、释放自己的情绪；选择适当的解压玩具来表达自己的情绪。）

游戏三：最棒的自己

1. 小帐篷让孩子在任何感到情绪失控的时候都可以进去待一会儿。

2. “我能做的事”墙面：当幼儿情绪不是很稳定，需要表达释放时，可参照“我能做的事”，帮助幼儿选择合适的方式释放情绪。

3. 情绪主题绘本可以令幼儿掌握宣泄不良情绪、摆脱烦恼的方法。

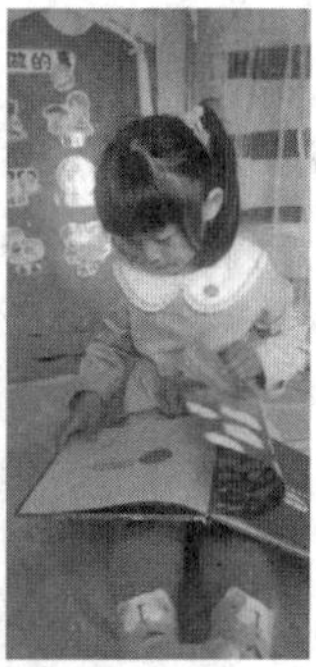

4. 幼儿可以在情绪波动比较大时，选择用画一画的方式宣泄情绪，将画纸团成团扔到垃圾桶内。

（提示：在幼儿情绪波动比较大时可以让幼儿在小帐篷里冷静下来，在“我能做的事”墙面能够找到舒缓自己情绪的不同方法；利用各种情绪图画书帮助幼儿掌握宣泄不良情绪、摆脱烦恼的不同方法，提高幼儿的情绪能力。）

（长春市人民政府机关第一幼儿园　张美加）

案例7
心情驿站（中班）

设计思路

幼儿情绪的觉察、识别、理解、表达是幼儿能够与他人建立联系的重要途径，也是非常重要的社交能力之一。《3—6 岁儿童学习与发展指南》中健康领域首要目标便是促进幼儿身心健康发展。所以，我们在注重幼儿身体健康的同时更要注重幼儿的心理发展。班级情绪角的设计，就是为了给幼儿提供一个认识情绪、记录情绪、消化情绪、宣泄情绪的空间。

我班幼儿在小班时，已经了解和识别了基本的情绪。进入中班后，我们通过“情绪温度计”“情绪垃圾桶”“排忧解难角”来帮助幼儿在识别和了解自己情绪的基础上，进一步用适当的方法表达和发泄自己的情绪。同时，本着尊重与理解幼儿的原则，充分调动幼儿参与的积极性与主动性，让幼儿成为环境的主人，由幼儿决定怎么做、做什么。

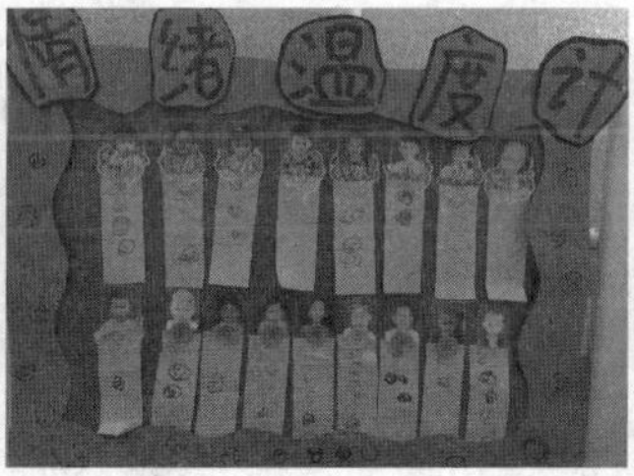

发展目标

1. 主动选择自己喜欢的颜色和图形准确记录自己的情绪。

2. 探索如何表达自己的情绪并可以用适当的方法宣泄情绪。

3. 体验与他人分享自己情绪的感受并尝试接受别人的帮助。

制作材料

硬纸板、彩色纸若干、粗麻布布料、彩笔、大矿泉水瓶 1 个、剪刀、胶枪、胶棒、幼儿照片。

制作方法

1. 将裁剪好的硬纸板用彩色纸包上。然后，将蓝色的彩纸剪成波浪形状，装饰在纸板周围。将幼儿照片贴到装饰好的纸板上，照片下面贴上彩色纸条。

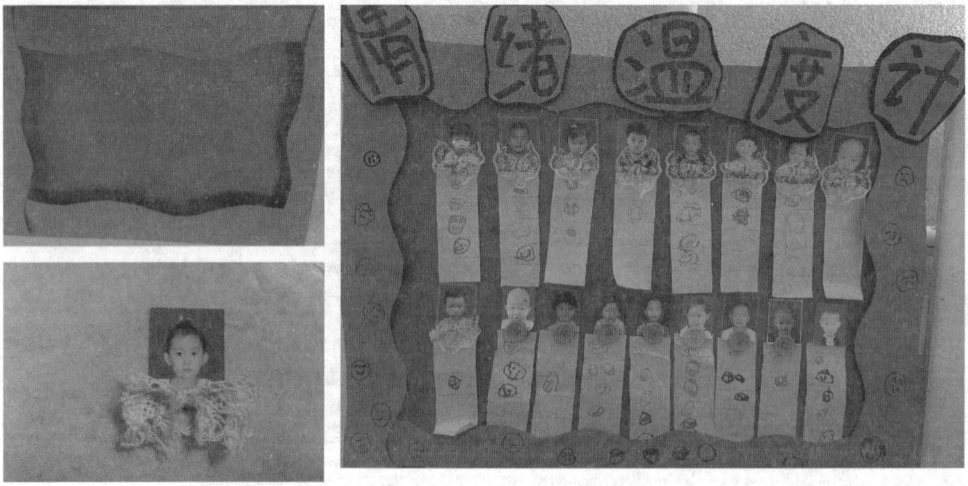

2. 选好一块布料，将剪裁好的硬纸板包上。然后，将幼儿画好的装饰小花与老师写好的字剪下来，贴到硬纸板上。将纸板贴到墙面适合幼儿操作的位置。

3. 请幼儿将小怪兽画好、涂上颜色并剪裁下来。将准备好的矿泉水瓶在老师的协助下用剪刀剪开，将矿泉水瓶包上边确保安全。装饰好的矿泉水瓶作为情绪垃圾桶与小怪兽一起粘到栅栏上。

使用建议

游戏一：情绪温度计

1. 幼儿每天早上来幼儿园的时候，把自己的心情用自己想用的颜色在自己照片下方的纸上画出相应的表情。

2. 幼儿随时可以查看自己的心情记录，便于调节自己的情绪。

（提示：教师为幼儿提供彩笔，给予充足的时间，让幼儿自行记录自己每天的情绪，幼儿做好记录后，教师可以根据幼儿记录的心情，进行个别指导。）

游戏二：排忧解难角

1. 幼儿用绘画的形式将自己害怕、难过、担心等消极情绪画到纸上，贴到排忧解难角。

2. 请其他幼儿根据自己的生活经验，自愿帮助他人想出疏解此情绪的办法，并画下来贴到旁边。

3. 幼儿可随时回到区域观看其他幼儿给出的意见。

（提示：在此区域，幼儿愿意主动用绘画的形式将自己害怕、难过、担忧等情绪画到纸上，接受与其认知水平相近的同伴为其想办法、排忧解难。这给了属于他们自己的互相倾诉、帮忙排忧解难的小天地。教师不要过多介入，应做好一个观察者与支持者，为幼儿提供材料和空间方面的保障。）

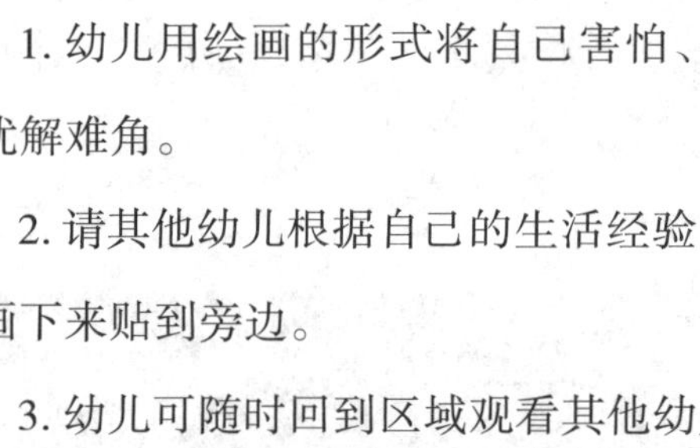

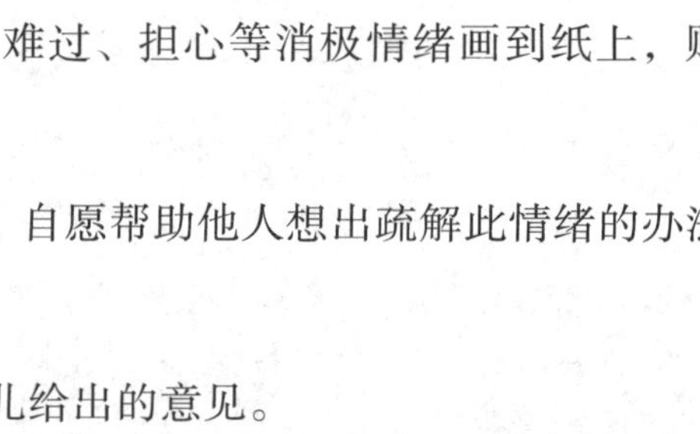

游戏三：情绪小怪兽

1. 当幼儿出现伤心、难过等消极情绪，不想向其他人倾诉，又无法排解时，可以来到此区域，将其画下来。

2. 画好后，将整张纸使劲地团成一个球，将团好的纸球，使劲扔向小怪兽。纸球打在怪兽的身上，落进情绪垃圾桶。

3. 也可以将画好的纸撕碎扔进情绪垃圾桶以宣泄情绪。

（提示：当幼儿不愿意与他人分享自己的情绪时，教师不要一味地进行询问，而应给予幼儿空间与时间。幼儿将自己的情绪变成一个个打在小怪兽身上的纸球，纸球掉进情绪垃圾桶里，就好似幼儿的消极情绪也掉进了垃圾桶。当幼儿情绪得以发泄后，教师可适时进行疏导。）

（长春市人民政府机关第一幼儿园　李颖）

案例8 心情时空画廊（大班）

设计思路

大班幼儿会因为成人或同伴的认可和赞美而产生开心的情绪，对于谴责与批评会产生羞愧、难过的情绪。对于情绪的认知面逐渐扩宽以及社会体验不断增多使他们的情绪日益丰富和深刻。

有研究表明，绘画是一种复杂的精神活动，是幼儿最直接、最自由、最便捷的情绪表达方式。为此，结合大班幼儿的兴趣特点，我在班级设计了情绪角“心情时空画廊”。为幼儿提供一个表达、发泄、疏解和整理情绪的空间，鼓励幼儿用画笔将自己的情绪抒发在画板上，充分表达自己的内心情感和对外部世界的感受。

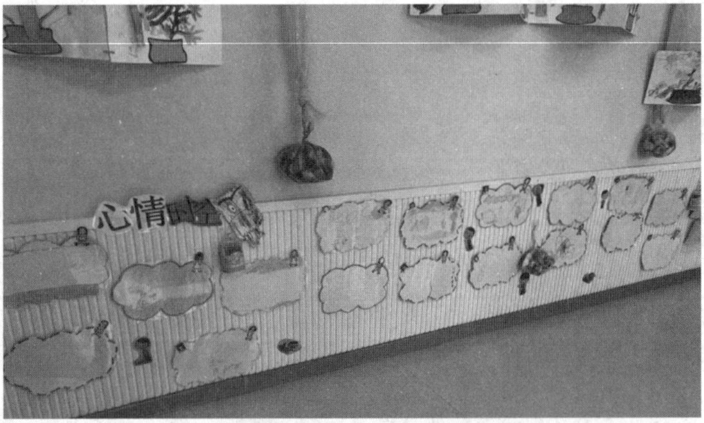

发展目标

1. 能够在情绪角中正确识别自己的情绪并与他人分享。

2. 愿意用绘画的方式，将自己当时的情绪画在画板上。

3. 乐于寻找调节消极情绪的好方法，体验情绪转变的快乐。

制作材料

17 种情绪卡片、A4 纸、塑封膜、幼儿 2 寸照片、彩色画笔、纸板、报纸球、彩色塑料袋。

制作方法

1. 与幼儿共同阅读《菲力的 17 种情绪》图画书，并将其中的情绪图片打印出来，幼儿选择自己喜欢的图片，剪下来粘贴到情绪角。

2. 将 A4 纸剪成云朵形状，将幼儿的大头照贴在上面，鼓励幼儿画出自己身体的模样，贴在纸上，并用塑封膜塑封好，粘贴在墙壁适宜幼儿身体高度的位置上。

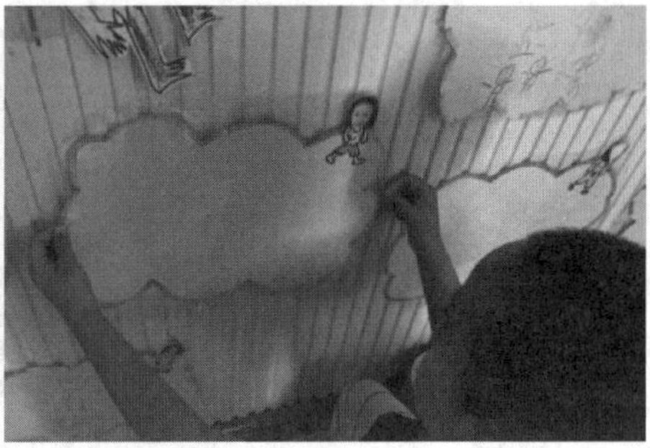

3. 与幼儿共同探讨调节情绪的不同方法，并绘画出来。

4. 将报纸团成球，装进塑料兜中，挂在情绪角。

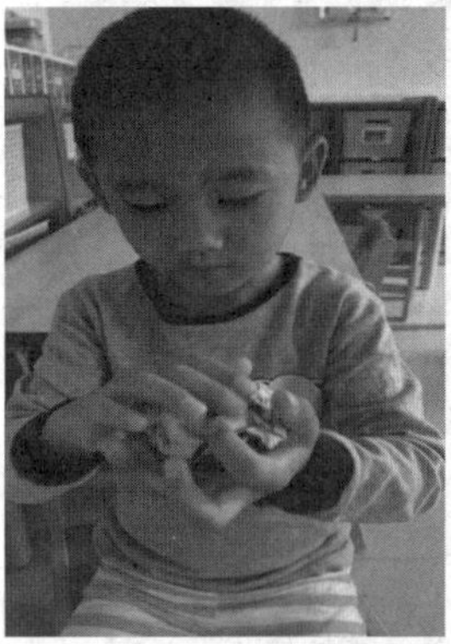

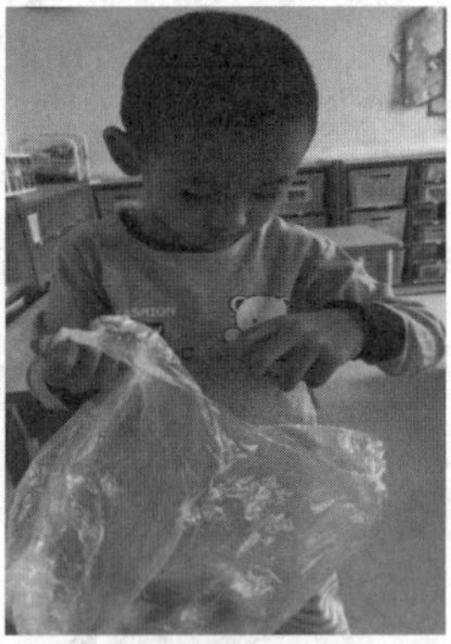

使用建议

游戏一：情绪猜猜猜

1. 教师为幼儿介绍《菲力的 17 种情绪》图画书，认识不同的情绪，并鼓励幼儿尝试模仿不同的表情。

2. 进行区域活动时，幼儿结伴观看情绪图画书，尝试模仿表情动作，让同伴猜测。

（提示：教师与幼儿共同阅读图画书，对于一些高级情绪，如焦虑、担忧、嫉妒等，幼儿还不能准确地辨认，这就需要教师的介入与支持，但不能操之过急，但要适时引导和启发，及时引导幼儿学会在适当的情境中用合适的方式去表达自己的情绪。）

游戏二：心情画廊

1. 每日在晨间活动时，幼儿自主选择来到心情画廊，将早晨入园时的情绪场景或昨晚做的梦画在画板上。

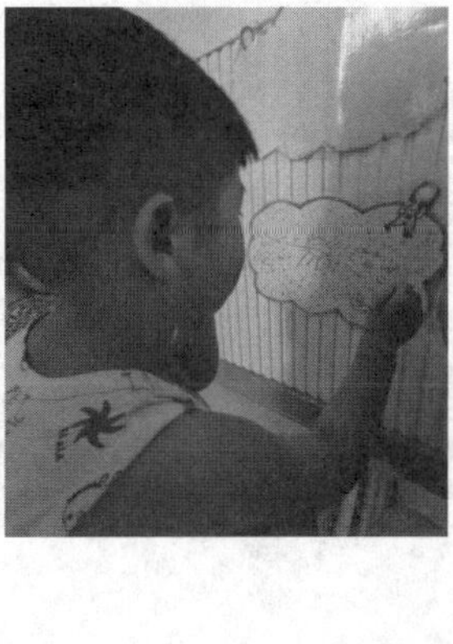

2. 经过上午的活动，在午睡起床后，幼儿可自行再次来到心情画廊，将上午的心情或者午睡时的梦境绘画在画板上。

3. 在晚饭结束后离园前，幼儿将下午的心情再用绘画的方式描绘在画板上。

（提示：教师与幼儿共同探讨，什么事情会让你心情变好？什么事情会让你有不好的情绪？每天你都想什么时间画画？想把开心和或不开心的事情记录下来吗？讨论后，幼儿在晨间入园时、午饭后和放学前，自主选择时间将自己当时的心情画在心情画板上。在一天的活动中，幼儿的画板是填满的，教师可以很容易通过画板中的人物表情、场景或使用的颜色辨认出幼儿当下的情绪。）

4. 当遇见开心或者有趣的事情时，鼓励幼儿将这种情绪绘画在画板上，和同伴一起分享快乐的场景。

5. 当遇见幼儿不愿意向老师、同伴表露情绪的时候，就可以将情绪画板利用上，鼓励他去画一画，幼儿会将这种情绪转移在画板上，并记录下来。

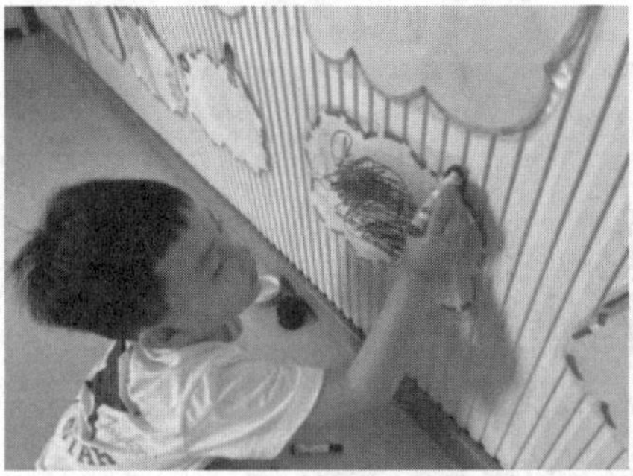

6. 教师在墙壁上粘贴好发泄袋，并鼓励幼儿在想表达积极情绪或消极情绪时可以随时来到情绪角进行宣泄。

（提示：教师在旁边观察幼儿，通过幼儿对于色彩的表达对他们的情绪有基本的了解，例如：红色说明孩子的内心如火明朗快乐；黑色代表着孩子此时的心情非常低落，甚至是愤怒、伤心……但不管它代表什么，都是孩子的内心状态，都是孩子在表达。当幼儿有绘画需要时，可以帮助其拍照合影留念，也可以把照片传送给家长；当发现有幼儿大量使用暗色系颜色时，教师应多关注幼儿的状态，协同家长帮助幼儿调整好情绪。）

游戏三：整理角

1. 幼儿需要安静时，为幼儿提供一个独立安静的空间，供幼儿思考、冷静，如需老师帮助，老师可以适时介入。

2. 离园前，教师组织幼儿讲一讲今天的心情画板内容，帮助幼儿梳理一天的情绪。当幼儿有不好的情绪时，教师帮助梳理引导，以保证幼儿每天的心情是愉快轻松的。

3. 值日生离园前将画板擦干净，与今天告别，准备开始明天新一轮的心情绘画时光。

（提示：教师不能够忽视孩子们的情绪变化，而应该积极地与他们进行沟通，耐心地听孩子们诉说。当然，教师还需要弄清楚孩子不良情绪产生的原因。如果他们是因为和自己的小伙伴产生矛盾而出现不良情绪，教师就需要引导孩子们及时道歉和好；如果他们是因为自己身体原因而产生不良情绪，教师就应该多给予孩子们一些关怀，帮助他们走出负面情绪。如果幼儿不想诉说，也可以让幼儿在安静的空间内独处，尽量帮助幼儿以愉快的情绪离园。）

（长春市人民政府机关第一幼儿园　王彤）

话题拓展

一般认为，情绪智力理论（Emotional Intelligence）由美国心理学家萨罗维和梅耶于1990年首次提出，当时情绪智力包括情绪的识别与表达能力、情绪调节能力与情绪运用能力三部分。经过对内容的不断修订，1997年，最终将情绪智力划分为四个维度：情绪知觉、评估与表达能力，情绪促进思维的能力，情绪理解和分析能力，情绪的调节能力。

1. 情绪知觉、评估与表达能力

情绪知觉、评估与表达能力指个体学习识别自己和他人的情绪状态，包括从自己的生理状态、情感状态和思维中识别情绪的能力；通过言语、声音、表情行为、他人作品识别所传达情绪的能力；准确表达情绪与情绪需求的能力；区分情绪表达的准确性和真实性的能力。这些能力从简单的识别基本情绪逐渐过渡到到辨识复杂的情绪，分阶段性渐次发展。

2. 情绪促进思维的能力

情绪促进思维的能力是指情绪引导思维注意重要信息，促使个体思考前后顺序；有效而适宜的情绪能够对情感判断和情感记忆起促进作用；情绪状态的变化会导致个体观点的变化，能够从多角度思考问题；不同情绪状态对于特殊问题解决具有促进作用。

3. 情绪的理解与分析能力

情绪的理解与分析能力包括情绪命名、认识词语与情绪本身关系的能力；理解情绪表达意义的能力；理解复杂情绪的能力；认识情绪转换的能力。

4. 情绪的调节能力

成熟的调节情绪能力包括根据对情况的判断，成功浸入和远离某种情绪的能力；将情绪与行为分开，监控自己与他人的情绪能力；管理自己与他人情绪的能力。

1995年，戈尔曼出版《情绪智力》一书，将情绪智力划分为五个方面：认识自身情绪的能力，妥善管理自己情绪的能力，自我激励的能力，认知他人情绪的能力，人际关系管理的能力。

该理论更加注重自身情绪的管理。其中，自我激励主要指将情绪专注于完成一项目标，过程中包含克制冲动、延缓满足与保持高度的热情。人际关系的管理主要指进一步管理他人的情绪，调控与他人情绪反应的技巧，此方面的能力和个体的人缘、领导能力与人际关系的和谐程度有关。

可以看出，无论哪一种情绪智力理论模型，都将情绪能力看作是个体社会生存和发展所必备的一种能力，并提倡通过一定的教育手段，帮助个体提升情绪能力。

话题四　幼儿情绪亲子故事

话题导引

哭闹是幼儿表达情绪最常见的方式。当幼儿“闹情绪”时，我们最常听到的话是“别哭了，脸都哭花了，不好看了！”“等你不哭了，我再听你好好说。”“别哭了啊，你看这个玩具好不好玩？来，我们吃点好吃的。”作为成人，你是不是认为幼儿哭闹时应该尽快让他先安静下来？你是不是最常用转移注意力的方式“安慰”幼儿，让他不再哭闹？然而，哭，是一种不好的行为吗？哭，不应该被表达吗？伤心、生气，不应该被允许吗？

其实，当幼儿安静下来不再哭泣时，情绪并没有消失。正如沙法丽·萨巴瑞博士所言，“感受永远不会因为遭到禁止而消失，它只会被扭曲，并且以异常的行为方式表现出来。”从表面上看，幼儿的哭闹行为停止了，实际上情绪并没有得到释放，只是暂时被搁着，被压抑在潜意识中。一直以来，隐藏和压制自己的消极情绪是多数成人年在童年时期遇到情绪问题的处理方式，这种方式也被用在下一代的教育中。

在家园合作的过程中，幼儿园鼓励家长关注家庭中幼儿的情绪事件，将科学的育儿理念应用到幼儿情绪事件的处理当中，及时记录幼儿生活中情绪的点滴变化，形成情绪主题亲子故事案例资源。

实践案例

案例1 小甜椒“治牙记”

故事呈现

小甜椒，3 岁 10 个月，性格外向，虽说会表达自己的想法，但也很容易产生激动的情绪，遇到需要独立去面对的事情时也会表现得极为不安。她每天出去玩都是笑呵呵的，每次笑起来都要把自己的小牙齿露出来，让看见她笑容的人都感觉到这是发自内心的快乐。整个小区都熟悉这个爱笑的宝宝，每次我带她下楼玩耍，都会遇见不同的邻居打招呼：“爱笑的小宝贝下楼玩啦。”这时小甜椒都会笑眯眯地打招呼。邻居们都很喜欢她。

有一天晚上刷牙的时候，我发现小甜椒的小门牙变成了红色，起初也没有当成大问题，因为牙医说这颗牙慢慢就会掉了。但她因为吃东西不注意，被硌到了，我再看小甜椒牙齿的时候发现牙齿已经有一个洞，我实在是不放心，就带着她去看牙医。就这样，小甜椒走上了“拯救牙齿”的旅程。

第一次，小甜椒很配合，我告诉她因为小牙齿受了伤，需要治疗，只有配合医生阿姨才能让牙齿变漂亮。正是因为这样，小甜椒躺在治疗椅上很乖，牙医阿姨的每一个指令她都很配合，从拍片、牙齿清理、浸润麻醉，到封药，整个过程都很顺利，小甜椒因为治疗过程极其配合，获得了医生和护士的夸赞，还得到了漂亮的指甲贴。

第二次，小甜椒开始很配合医生的各项指令，一系列操作后医生说要给牙齿洗澡澡，小甜椒也很开心，觉得很轻松，但是意外突然发生。因为护士怕冲牙的水呛到她，非常快速地把吸水管放到小甜椒口中，小甜椒被这突然的声音和动作吓得哇哇大哭，说什么也不继续治疗下去。没办法，我只能抱她起来，给予安慰，用她能理解的话去和她沟通，和她说明治疗牙齿这件事情的利弊，但是怎么说都没有用，小甜椒开始抗拒治疗，没办法，第二次治疗只能终止，医生在牙齿里面做了封药处理，待下次情绪缓和后再来治疗。

在回家的路上，我不断地问小甜椒：“你为什么哭呀？是牙齿疼了吗？还是不喜欢那个吸水管吸水的声音？”不管怎么问，小甜椒坐在我的怀里，就是不回答，还把头看向车窗外，我看也问不出什么来，就放弃了和她谈心的想法。

日子过得很快，没几天就到了约定的第三次治牙时间。小甜椒睡醒后听说要出门很开心，积极准备出门的衣服、鞋子，还要求我给编了一个漂亮的发型，但是一听说要去看牙，就开始委屈地哭了起来，任谁哄都没有用。我的耐心也被耗尽，直接对小甜椒说：“你又哭什么呀，问什么你也不说，就这么哭，那你自己哭吧，我不管了。”小甜椒听到我说这些话后更难过了，哭的声音更大了。我心烦地让爸爸来照顾一下孩子，自己去一旁准备去看牙医的相关物品，没想到小甜椒不跟爸爸，就跟在我后边哭。我真是被小甜椒哭的又气愤又无奈，气愤的是小甜椒就知道哭，也不说明原因，无奈的是看她那可怜的样子，又不知道怎么去安慰她，牙齿不治疗又不切实际，不知道怎么办才好。我无奈地叹了一口气，只能又从治疗牙齿的好处开始说。说到治疗过程的时候，我又问小甜椒：“你为什么哭呀？是当时牙齿疼了吗？还是不喜欢那个吸水管吸水的声音？那个声音吓到你了？”经过此次的询问，小甜椒终于说出是吸水管的声音和护士突然的动作让她产生了害怕的情绪，导致现在她听到要去治疗牙齿就从心底抗拒。了解原因后，我又对小甜椒说明治疗牙齿的利弊，讲了讲《小鳄鱼的糖果牙齿》，让她在故事中明白治疗牙齿的重要性。她听完故事对治疗牙齿就不那么抗拒了。

我带着情绪平静过后的小甜椒来到诊室，进行最后一次治疗。前期的操作也是顺利的，最后采用乳牙专用的可吸收根充材料来充填根管，一切都是如此顺利。在治疗期间，医生也和我沟通，怎样能让宝宝更配合，我通过前期和小甜椒的聊天，告诉医生无论什么操作，都需要提前告诉小甜椒一声，得到她的同意，她就不会哭闹了。小甜椒很配合，医生也一直在夸奖她是一个勇敢的宝宝。

小甜椒“拯救牙齿”的旅程就这样结束了。她又拥有了一口小白牙，又是那个一笑就露出牙齿的小甜椒了。

故事反思

很多人认为小孩子讲的话是无稽之谈。实际上，如果现在听取孩子所关心的事，认真倾听他们的内心世界，关注他们的情绪表现，进行积极的情绪示范，等他到十几岁后也能分担父母所操心的事，这对于家庭亲子关系的建立具有重要意义。

首先，不要将成人的负面情绪宣泄给孩子。在日常工作中，面对工作和生活中的各种压力，“疲惫”和“压力大”是很日常的感受。年轻父母更是没有什么耐性，跟别人说话不喜欢说第二遍，遇到稍微讲不清楚的事就容易烦躁，说话口气很明显就是不耐烦。小甜椒在第三次治牙前表现出明显的抗拒，我在失去耐心后，将自己的愤怒情绪用语言宣泄给孩子，对孩子说出“我不管你了”这样的话，很容易让孩子产生不安全感，因为害怕被亲人“抛弃”，所以不愿意跟着爸爸，一直跟在我身后哭。

其次，与孩子进行有效沟通，帮助孩子进行情绪表达。我认为我不是一个有耐心的好妈妈，但是看见孩子哭闹我又觉得很无奈很心疼，只有深呼吸，学着控制自己的情绪，才能有条理地去说服孩子。去倾听小甜椒内心的想法，让她把自己的害怕说出来。从孩子的倾诉中去想孩子的关注点是什么，然后有针对性地去帮助她。我会在今后的生活中，不断和孩子去沟通，去倾听她内心的真实想法。

最后，争取身边人的配合，给孩子情绪恢复的时间。孩子的各种不良情绪，会因为日常中的小事引发出来，小甜椒治疗牙齿不听指挥、闹情绪只是一个导火索，我只要稍微处理不当，就会让孩子很难过。在治疗牙齿的过程中，我没有强制孩子必须完成治疗牙齿的过程，而是给予她情绪缓冲的时间。同时，诊室的牙医也给予了小甜椒极大的接纳和安慰，用温暖的言语和行动让小甜椒恢复了往日的笑容。

（长春市人民政府机关第一幼儿园豆豆二班家长　李东旭）

实践案例

案例2 做勇敢的自己

故事呈现

和所有同龄的孩子一样，大潍一直渴望有一辆自己的自行车。为了满足孩子的愿望，也为了让大潍更好地练习平衡能力，我为他精心挑选了一辆自行车。拥有了新自行车的大潍非常高兴，我看到孩子这么喜欢，也非常开心，于是便迫不及待地带着大潍下楼练车去了。

可是，让我没有想到的一幕发生了：面对着崭新的自行车，大潍却原地站着不动，只是抚摸着新车，迟迟不肯上车练习。我以为大潍不知道怎么上车，就抱起孩子，尝试让孩子坐到车座上，可大潍挣扎着跳下来，就是不肯上车，只是简单推着走了几下就不想玩了。我非常疑惑，问："大潍，你不是一直都想要一辆自己的自行车吗？现在为什么不愿意练车了呢？"大潍听了，低着头，不肯说话，眼神里透露着委屈，说："妈妈，我要回家，我不要骑车。"在我的疑惑不解中，第一次练车就这样无疾而终了。

新买回来的自行车就这样变成了一件摆设，大潍始终不肯再练车。眼看着邻居家的小妹妹都骑得越来越好了，我非常疑惑，孩子一直想要拥有自己的自行车，为什么就是不肯练习呢？

过了几天，我试探着问大潍："大潍，你愿意和妈妈下楼练车吗？"大潍想了想，摇了摇头。我再次试探："妈妈会一直在你身边保护你，好吗？"大潍想了想，没有拒绝，于是我带着大潍，再次来到楼下练习骑车。

这次练车，大潍表现得似乎好了一些，没有再拒绝坐上车座，可就在这个时候，新的问题又来了，大潍不知道应该怎么踩脚踏板。我一开始很有耐心，蹲下身手把手地教大潍如何扶稳车把，如何用双脚来蹬脚踏板，可不论我怎么示范，大潍就是学不会，脚放在脚踏板上一动不动。我累得满头大汗，急了："大潍，蹬脚踏板，快！妈妈刚才教过你的，快蹬！这有什么可害怕的？"大潍愣愣地看着我，脚仍然不动分毫。这时，我所有的耐心已经被耗尽，看着邻居家的孩子骑着自行车嗖嗖驶过，我擦着汗，忍不住抱怨："这孩子，你怎么这么笨啊！妈妈这样教，你都学不会！你要是再不好好学，妈妈就把自行车送给别的小朋友了！"大潍看着我，更委屈了，大哭了起来，我非常无奈，只能再次带着大潍回家了。

我始终想不通，孩子那么喜欢自行车，为什么买回来之后，却不肯好好练习呢？难道是自己的引导方式有问题吗？接下来的时间里，我通过翻阅书籍、上网搜索等方式开始学习亲子育儿和儿童心理学的相关知识，慢慢意识到了自己在引导孩子时所存在的一些问题。

过了几天，我再次陪伴大潍练习骑车，这次，我没有着急让大潍上车练习，而是蹲下来看着大潍，对他说："宝宝，这辆自行车是你的好朋友，以后会一直陪伴你，它可以帮你跑得更快，和你一起并肩作战，你愿意和它成为好朋友吗？"大潍想了想，点了点头。我笑着摸着大潍的头，继续说："但我们要先学会和它相处，现在你才刚刚开始学习骑车，能够坐在车座上已经非常棒了！妈妈真为你高兴！妈妈猜你可能有点害怕，不过没有关系，妈妈会一直在你身边保护你，妈妈相信你一定会越骑越好，越骑越快！在妈妈心里，你一直是最勇敢的宝宝！"听到我的话，大潍的眼睛里也开始闪起了光。于是，大潍开始配合我，再一次坐到了车座上，并尝试用脚慢慢踩住脚踏板，认真地学了起来。

在我的帮助下，大潍慢慢地开始学会自己上车、蹬脚踏板、按刹车等基本操作，我没有再急于求成，而是沉下心来仔细观察孩子、感受孩子并肯定孩子的每一个进步。

一回生二回熟，在我的帮助和鼓励下，大潍没有再拒绝练车，每天从幼儿园回家后，都主动请求我带他下楼练习，车骑得越来越熟练，看到进步飞快的孩子，我也舒了口气，为孩子感到高兴。

故事反思

反思大潍的骑车经历，我开始认识到，和孩子的相处，其实并不如想象般简单，学会站在孩子的角度看待问题、理解问题，才能更好地解决问题。

首先，及时捕捉孩子传递的情绪信号。在大潍学习骑车的整个过程中，他所传递出的很多情绪信号，都在不经意间被我忽视了。我只看到了孩子拥有自行车的喜悦、去骑自行车的期待，却没能留意到他不被理解时的委屈和被指责时的难过，而我也未能在这样的时刻，及时给予孩子相应的帮助和支持。

其次，理解孩子面临挑战时的畏难情绪。在孩子的成长过程中，每一天都是一段新的学习历程，孩子在这段历程中慢慢学会各种技能。如：使用餐具吃饭、使用马桶排便、学习自己骑自行车等，这些基本的生活技能，对于身体和大脑正处于发育阶段的孩子来说，确实是一项项不那么容易战胜的挑战，而作为对这一切轻车熟路的我们，似乎并不能感受和理解孩子在面临这些挑战时所产生的畏难情绪。面对着3岁的大潍，我在一开始并不知道练习骑自行车这么简单的事情，对孩子来说可能是非常大的挑战，我没能理解孩子的恐惧心理，说出“这有什么可害怕的？”“你怎么这么笨啊？”等挫伤孩子自信心的话语，在骑车练车这件事情上急于求成，并在言语中打击了孩子的自信心，让孩子越发不愿意配合，也让自己陷入了焦虑之中。

最后，接纳孩子的感受，接受孩子失败。作为家长，要学着感受孩子，找出孩子在这件事中的担忧和顾虑。试着接纳孩子的情绪、接纳孩子的失败，同时提醒自己，对孩子要循序渐进，不能拔苗助长。要认同孩子的担忧和情绪，并试着有意识地挖掘孩子做得好的地方，找出闪光点，给孩子更多的肯定和鼓励。大潍学骑车经历失败是一个必然的过程，我要接受他的失败，并在失败中不断总结经验，同时让大潍意识到，过程中的努力和收获也很宝贵。

孩子每一天都在成长，在不断地认识这个世界，作为家长，我也在经历着一段新的生命历程，需要和孩子不断地相互适应。社会的进步、信息的发达让我们这一代家长有着更多的学习资源和学习机会。作为一位母亲，我仍需要多学习和掌握育儿知识，与孩子共建幸福美好的生活。

（长春市人民政府机关第一幼儿园豆豆二班家长　温泉）

实践案例

案例3
管理情绪，学会分享

故事呈现

诺宝满 3 周岁了，对近一年的幼儿园生活已经非常适应，每个入园日的早晨都能够开心、快乐地随爸爸步行前往幼儿园，一路上欢声笑语、充满阳光。诺宝非常喜欢幼儿园的老师，并且每天能主动跟门卫爷爷问好，也非常愿意与幼儿园的小朋友们互动玩耍，与之愉快相处。

夏日的一个午后，爸爸的同事小乔阿姨带着 1 岁半的女儿开开来家里做客，第一次见面的两位小朋友都没有热情地招呼对方，甚至没相互说一句话，只是彼此平静、略带警惕地望着对方。在我的鼓励下，诺宝与开开分享了自己平时最爱吃的零食，然后就把客人抛在一旁，自顾自地看起了图画书。过了好一会儿，开开尝试着走过去找诺宝一起玩耍，但诺宝却对开开毫不理会，还是我们在旁边化解了尴尬，诺宝才勉强带着开开到游戏房里去玩。

在游戏房里，诺宝也只是像平时一样独自玩着积木，并没有和客人一起分享玩具的意思。当开开走过去拿起一块积木想一起玩的时候，诺宝不高兴地一把抢过，气哼哼地拿着积木跑向卧室并爬上自己的小床。懵懵懂懂的开开跟了进来，也想爬上诺宝的小床，这个举动终于让诺宝爆发了，她像一只小兽要保护自己的领地一般，大声叫喊着阻止开开上来。

原本在旁边与客人聊天的我和爸爸看见了诺宝的过激表现，走过来尴尬地劝说诺宝："开开是客人，积木玩具先给她玩一下，开开走时会把积木还给你，玩具还是你的，你还可以继续玩的。"可是诺宝并没有听进去，还是噘着嘴，瞪着眼睛，满脸不情愿，坐在床上不肯下来，也不说话，还抱起了最爱的小兔公仔——诺宝只有在心里委屈或极不舒服的时候，才会抱着小兔公仔寻求安慰，可见她这时心里是多么的不情愿。

后来阿姨带着开开回家去了，诺宝可能觉得自己保护领地的行动获得了成功，所以又变回了那个独自在家开心快乐的乖巧宝宝，我和爸爸却在一旁摇头叹息。我平时经常会给诺宝讲一些情商培养的绘本，像是《学会分享更快乐》《我会交朋友》等，可是绘本里讲到的情绪分析诺宝真的只是当故事听了，当事情发生在自己身上时完全不记得书中讲过的那些道理。

故事反思

分享是社会交往的一种重要方式。在诺宝的成长过程中如何学会主动分享，如何获得玩伴的信任，如何在分享的互动实践中提高语言表达与交流能力，学会与他人相处，对诺宝将来树立正确的世界观、人生观、价值观都具有重要的意义，也是我和家人应该认真思考的问题。

首先，勿急勿躁，充分理解孩子为何不会分享。在成人的世界里，无论是东方的儒家文化还是西方的现代文明，主人对待来访的客人都应该是热情、礼貌、谦逊的，绝没有态度恶劣的待客之道。有好的东西与他人一起分享是一种美德，更是一种自信的表现，正所谓“独乐乐不如众乐乐”。但在孩子尤其是像诺宝这样三四岁幼儿的意识当中，还没有建立起“分享”的概念。处于物权意识敏感期的她，吃的、玩的，会阻止别人拿走，有时连我都不行，更别说是陌生的孩子。诺宝表现出的不愿意分享，是这个年龄段孩子的正常表现，我应该充分理解她的行为，而不应该用成人的社交方式去要求 3 岁的孩子，强迫孩子进行分享。

其次，循循善诱，耐心引导幼儿逐渐喜欢分享。面对处于物权意识敏感期的孩子，直接讲道理的方式效果是细微的。就像我对诺宝说“开开是客人，积木玩具先给她玩一下”，诺宝并没有听进去，因为 3 岁的她尚不具备成人理性思考的能力，没办法马上改变自己的行为。作为家长我不能急于将成人社会的规则强加于孩子，应该明白成人世界看似简单的道理对于孩子来说却并不是能够一下子理解的。他们更愿意与自己熟悉的小朋友分享，而对陌生的小朋友心存警惕，这是幼儿在社交敏感期的正常表现，并不代表他们不愿意分享。分享要建立在自愿的基础上，在孩子的眼中，被迫把自己的东西给别人玩不是“分享”而是“抢夺”，会本能地去捍卫与反抗。我和爸爸在日常生活中应该意识到孩子学习分享是一个循序渐进的过程，需要慢慢引导，可以先鼓励诺宝和同龄小伙伴互换玩具，在游戏中体会到分享的乐趣。

最后，因势利导，教育孩子学会管理情绪。孩子还没有学会管理自己的情绪，不懂得感同身受，不能设身处地为他人着想，更不懂得“己所不欲、勿施于人”的人生道理。帮助诺宝管理情绪，我和爸爸每天要花一些时间陪伴她，一起画图，一起贴纸，一起搭积木，一起去户外玩。并经常用诺宝喜欢的角色扮演方式跟她互动，将道理融入游戏里，不知不觉中培养她友善开朗的性格，积极面对问题，不以喊叫哭闹来发泄，正面表达内心的想法，管理好自己的情绪。

教育孩子非一日之功，我和家里的成员要共同努力，希望诺宝在家人的教育和呵护下，今后能够做好管理情绪、学会分享，健康快乐地成长。

（长春市人民政府机关第一幼儿园豆豆二班家长　张莹）

实践案例

案例4 淘米的紧张

故事呈现

淘米，3 岁 3 个月，性格内向，不善于表达自己，是大家眼中懂事听话的好孩子，做事认真，有时候甚至有些较真，骨子里是个倔强的孩子，认准的事不达目的不罢休。谨慎小心是他最大的特点，大人叮嘱过的危险物品从来不触碰，没有把握的运动项目也不会做，是长辈们所谓的好带的孩子。正是因为这样，他也是个敏感的孩子，旁人的情绪、行为变化很容易影响他。

我周末经常带着淘米去一个非常要好的朋友家做客，好友的孩子刚刚 7 个月大，小名叫二宝，按辈分淘米称呼好友为郇大大。每次在去好友家的路上我都要叮嘱淘米：“到郇大大家二宝睡觉的时候不要大声说话，跟二宝玩的时候不要抢夺二宝的玩具。”虽然淘米早已是郇大大家的常客了，但他深知自己是个小客人，言语行动都不如在家那样自由自在。

那日我进门后清洁了双手，摘掉了所有的配饰再熟络地抱起二宝坐在沙发上，想通过互动让一个 3 岁的孩子和一个 7 个月大的宝宝一起玩耍。我引导着淘米拿着二宝的玩具一起玩，淘米一会儿拿着卡片用稚嫩的声音教二宝卡片上的图形，一会儿拿着各种可以入口的玩具递给二宝以便他可以啃食。这样三五个回合下来二宝不知什么原因突然就哭了，我换个姿势抱起二宝自言自语地问："怎么了二宝，哪不舒服吗？"然后低头看向淘米开玩笑说："是不是二宝害怕你了？"话音刚落我就在淘米迷茫的小脸上看到了失落，他小心翼翼地侧着身体走到了沙发尽头的小凳子上轻轻坐了下来，两只小手紧张到无处安放。我立刻意识到自己的言语伤害到了淘米，急忙问淘米："怎么了？快到妈妈这来。"

好友听到了二宝的哭闹声向我们走了过来，同时也目睹了淘米不知所措的样子，边走边对我说："别这样说。"好友走到淘米身边牵起淘米的小手说："到大大这来，弟弟怎么会害怕你呢，弟弟可能是困了，我们拍一拍弟弟吧。"这个时候的淘米已经不愿意再伸出手来做拍一拍弟弟的动作了。好友见状抬起二宝的小手说："那二宝摸一摸哥哥吧。"没想到的是淘米用双臂紧紧地夹着自己，头小幅度紧张地晃动，他已经不知所措到极限了。这是我第一次见他这样的窘迫。

我起身将二宝递到好友的怀里，又弯腰抱起淘米说："儿子，妈妈抱抱，对不起儿子，妈妈错了，妈妈说的不对，妈妈不应该曲解你对二宝的善意，更不应该没弄清原委就无端猜忌下结论，你能原谅妈妈吗？"淘米没有说话，在我的怀里点了点头。见他依然没有恢复话痨模式，我提议说："现在让我们一起看看弟弟的这些玩具都是怎么玩的吧，有一些妈妈还不会呢，你能教教我吗？"我用手指了指远处的小火车问淘米："那个小火车是怎么跑的，往前推还是向后拉的？"他慢慢从我怀里出来，边走边说："我看看。"之后他认真地研究了一会儿，拿着小火车跟我说："妈妈，这个小火车是压着跑的，你看这么一压，就跑了。"我露出恍然大悟的样子惊呼道："哦，原来是这样啊，还是淘米有办法。"得到肯定的那一瞬间，我又看到了淘米眼睛里的光、嘴角的笑。

故事反思

懂事听话的孩子更需要家长用心教育。懂事的孩子在乎别人的感受，遇到事情不愿意表达，怕给别人添麻烦。如果成人没有及时关注，很容易让孩子产生不良情绪。

首先，我的严格要求引起淘米的紧张情绪。在人际交往的过程中，中国式家长的过分客套往往刺伤了孩子而不自知。讲礼貌是我国的优良传统，当孩子因为讲礼貌被夸赞时父母也觉得脸上有光，在去往好友家的路上时我就一而再再而三地叮嘱淘米做客的注意事项，淘米紧张的情绪在这时就已经埋下了种子，时刻谨记我的叮嘱，以至于处处小心谨慎，争取做个讨人喜欢的小客人。

其次，在与二宝互动中我忽视了淘米的感受。到达好友家之后我先是没有顾及淘米的情绪，更没有征得淘米的同意就抱起了二宝，同时也没有给淘米表达的机会就邀请淘米一起互动，在互动的过程中我又引导淘米去取悦更小的二宝，没有考虑到淘米的想法与感受，在二宝有情绪波动时又把责任推卸到了淘米身上，让原本就拘谨的淘米更加不知所措，默默地躲到角落里寻求安全感。在意识到伤害了淘米之后也没有第一时间去主动拥抱淘米，而是让淘米来妈妈这里，这显然不能缓解他紧张的情绪。

最后，拥抱和转移注意力的方式可以缓解淘米的紧张情绪。好友主动将淘米从角落里牵出来，用行动去安抚他紧张的情绪，先是试探性地让淘米再次和二宝互动，见他抗拒又选择让二宝主动和淘米互动，两种方式都没有让淘米放松下来是因为我一直抱着二宝，让他感觉自己和妈妈不是一体的，和二宝相比淘米更像是“外人”。我意识到了自己的错误后，将淘米抱在怀里主动承认了错误，让淘米卸下了心理负担后又转移了他的注意力，利用他感兴趣的玩具帮助他从紧张的情绪中走出来。我不能为了自己的面子、自己有炫耀的资本，就对淘米安排一切，让淘米什么都听从我的，礼貌谦让都是有前提的，一味地让孩子谦让只会让孩子变得懦弱，甚至不信任父母。如果我能够在适当的时候给孩子提个醒，充分地相信他、鼓励他，也许他并不一定是那个过分谨慎小心的孩子。想要孩子真正放松下来，不被紧张的情绪所笼罩，做父母的也要给孩子做出榜样，毕竟我们才是孩子最终的底气。

（长春市人民政府机关第一幼儿园豆豆二班家长　杨婧楠）

实践案例

案例5
烊烊的心事

故事呈现

我的女儿烊烊今年 4 岁了，在上幼儿园小班。烊烊平时很乖巧懂事，但是性格内向、胆子小。

一个夏天的晚上，烊烊放学回家了，身上又热又黏，我赶紧带烊烊去浴室洗澡。可奇怪的是，今天她满脸不高兴，还一直往角落躲，不肯洗澡，平时她最喜欢做的事情就是洗澡了。我想赶紧给她洗完澡后去做饭，于是强硬地拉过来给她洗头发。这时烊烊彻底爆发了，拼命哭喊："我不要洗澡！我不要洗澡！我不喜欢洗澡！"还用力把浴架上的洗发乳、沐浴乳都扔了下来，有的盖子都摔飞了，然后自己坐在地上号啕大哭。我看着发脾气的烊烊，觉得她的反常一定另有原因，但是我没有阻止她，而是静静地看着她发泄完。

过了一会儿，烊烊哭累了，变成了低低的抽泣，我温柔地把她抱在怀里，轻轻抚摸她的后背问："宝宝怎么了？为什么发这么大脾气？"烊烊抽泣着说："我不想洗澡，洗澡一点也不舒服。"我继续温柔地说："你不是最喜欢洗澡吗？今天为什么不喜欢了呢？是不是还有什么事情让宝宝不顺心，告诉妈妈好吗？我们一起想办法解决！"烊烊泪眼婆娑地看着我，小声地说："因为我什么事情都做不好！我吃饭慢，我穿鞋子分不清反正，我不敢上爬爬网，太高了！我害怕不敢上！我跟不上大家，我怕大家不喜欢我！"

听了烊烊的话，我知道了，原来是孩子因为自理能力差和运动能力缺乏导致的自卑与恐惧。我回想起之前已经发现孩子出现这些问题了，但是没有重视它们，自理能力差，我就替她做，怕高我就让她远离高处，没想到孩子会因为我对她的爱而受到伤害。

看着委屈的烊烊，我自责又心疼，但是问题已经出现，不能放任不管，要想办法解决。我温柔地对烊烊说："烊烊，现在你遇到的这些问题，妈妈原来觉得你自己可以做好，所以妈妈没有关注到，也没有好好教过你，是妈妈疏忽了，对不起！从现在开始，妈妈教你做这些，都做好了我们就能跟上其他小朋友的进度了。大家都喜欢勇敢的孩子，对不对？每个人都会遇到困难，但是要看对待困难的态度，不去管它，困难就永远存在，我们想办法战胜它，那么我们就是勇士，我们就长大了，对吗？”烊烊不哭了，似懂非懂地点点头，依偎在我怀里。我说：“那我们的小勇士，现在可以洗澡了吗？”烊烊不好意思地笑了，也配合我顺利地洗完了澡。

从浴室出来，烊烊马上找出了自己的鞋子，提到我的面前说：“妈妈，你教我穿鞋子吧！”我笑着说：“好呀！”我告诉烊烊，穿鞋子怎么认识里面和外面，怎么分清左右脚，怎么才能顺利穿上。她认真地听着，一遍遍尝试，还不停地问：“这样对吗？”最后终于顺利把鞋子穿好了。当这双鞋子穿熟练后，我又找出拖鞋、运动鞋等不同种类的鞋子，告诉她其他鞋子应该怎么穿，她很快就掌握技巧并穿好了。

我循序渐进，又反复训练她自己吃饭，提高吃饭速度的同时要细嚼慢咽，还专门在休息日带她到各种有爬爬网的地方锻炼胆量。一段时间后，终于看到了成效。

一次幼儿园放学，烊烊喜气洋洋地跑出来，特别兴奋地和我说老师表扬她了，因为她吃饭不是最后一名了，穿鞋子也不会穿反了，还和小朋友们一起在爬爬网上玩，老师因此奖励了她一根棒棒糖。她神秘兮兮地和我说：“其他小朋友都没有哦，老师只给我了！”

看着又恢复自信的烊烊，我开心地笑了。我和烊烊约定，以后遇到问题先冷静下来，想想解决问题的办法，如果自己解决不了一定和大人说出来，这样才能克服困难，突破自我。

故事反思

在这件事情里，开始洗澡时孩子已经出现抗拒，我虽然觉得有点奇怪，但是并没有寻找原因，而是单纯地觉得孩子不懂事，继续给她洗澡，直到她爆发。

首先，给予孩子宣泄情绪的空间。我在面对烊烊发脾气时没有指责，没有愤怒，也没有转身离去，而是静静等待烊烊发泄完后，给予孩子最温暖的怀抱，让孩子有足够的安全感，让孩子能够敞开心扉，诉说自己的苦恼，并适当安慰。面对孩子说出的问题，我没有横加指责或者嘲笑讽刺，先从自身找原因，然后和孩子平等对话，共同查找原因，共同想办法解决，提高孩子参与度。

其次，有针对性地解决孩子的情绪需求。对于幼儿来说，自我意识还未充分发展，不具备心理的自我调适能力。家长可能觉得孩子还小，没有思想，只要吃饱穿暖不生病就是对孩子最好的照顾。其实不然，孩子从出生开始就是独立的个体，他们有自己的想法，也有丰富的情感，只不过他们的语言能力还不足以支撑其表达。当烊烊遇到问题，又没有办法向家长清晰地说明时，只能用哭的方式表达各种情绪。此时，作为家长，需要蹲下来，仔细倾听孩子的心声，了解孩子的需求，找到问题原因，有针对性地找到解决方法，才能有效解决孩子的问题。

最后，让孩子参与到问题解决中。孩子生来就是一张白纸，家长在孩子成长过程中起到重要的作用，如果把所有问题都归结到孩子身上，显然是不负责任的表现。面对孩子的问题，提出解决问题的方法，明确告诉孩子努力的方向，让孩子觉得事情有解决的办法，这对孩子树立信心起到重要的作用。在孩子遇到困难想要退缩时，在确保孩子安全的前提下，鼓励孩子自己想办法，让孩子能够看到成功的希望，帮助孩子挑战自己，迈向成功。在孩子有进步时，适当地表扬与鼓励，增强孩子的自信心，同时告诉孩子解决问题的办法，也能够给孩子前进的方向。

父母不仅仅具有生物学上的意义，更是孩子接触社会的第一任老师。作为家长，要承担起启蒙和指导的作用，除了细心、耐心与爱心外，还需要有处理问题的方法与能力。把孩子当成独立的个体，尊重孩子，仔细倾听，才能给孩子以帮助，培养孩子的性格，最终影响孩子的一生。

（长春市人民政府机关第一幼儿园朵朵三班家长　杨薇）

实践案例

案例6
再见坏脾气

故事呈现

滴滴滴，滴滴滴……闹钟响了，关闭了闹钟，赶紧起床洗漱。洗漱后，想着今天开会需要一些材料，赶紧打开电脑。可是，搜索了很长时间都没有找到想要的材料。我开始有些着急，看看时间，已经到了早上 6：40，不能再找了，涵涵该起床了。

来到宝贝房间，打开围栏，开始像往常一样叫她起床。“宝贝，起床啦！宝贝，起床啦！”叫了几遍，她没有动一下，我知道这个周末她玩得太累了。我又重复着每天叫醒她的方法，她仍然未动。时间已经到了 7：10，我很着急，我提高了声调，开始晃动她的胳膊。

她半睁开了眼睛，在床上左右轱辘了两次，又闭上了眼睛。我赶紧又开始晃动她，她打了个哈欠，趁她半睡半醒的状态，我把她抱到了沙发上。她躺在那儿，眯着眼说再睡会儿。我压着火去拿了条湿毛巾给她擦脸，想让她精神起来，可她还是闭着眼睛躺在沙发上一动不动。

这时，姥姥进屋了。姥姥看到躺在沙发上的涵涵，嘴里说着：“快 7 点 30 了怎么还在睡觉？”我的火蹭一下就窜了出来。我大声喊道：“你再不起来，我就去上班了，你今天别上幼儿园了，让姥姥看着你在家睡觉吧。”不知道是被我的喊叫声吓到了，还是觉得我不让她去幼儿园了，她竟然慢悠悠地坐了起来，我看到她眼睛里噙着泪花，带着哭腔说她去上幼儿园。

姥姥看见我生气，孩子也哭了，赶紧过来解围。边给她穿上园服和袜子，边说：“咱们得快点上幼儿园去，老师和同学们都等你哪，都问你怎么还不来上学呢？”她带着哭腔告诉姥姥：“妈妈不让我去幼儿园，我想去。”我拿出已经备好的牙刷，准备给她刷牙，她嘴巴紧闭着，满脸的不悦。我放下牙刷，准备给她扎辫子，她又把头扭向了一边，我知道她这是不高兴了。

这时，我意识到我的情绪出现了问题。我快速调整自己，缓和语气，边梳头发边和她说："妈妈希望你早起不要磨蹭，这样我们就能正常点到幼儿园去吃美味的早餐，你不是最喜欢幼儿园的饭菜吗？"我做出讨好她的姿态，告诉她今天我给她梳的头发特别好看，像公主一样。以往她听到这样的话语，会跑到镜子面前臭美一顿，可是现在好像没听到我说话一样，只是坐在那不动。

都整理好后，我带着她离开了家。从进电梯开始，我就开始讲她感兴趣的话题，但她始终未开口说话。走到停车场，看到一个小水坑，她高兴地冲上去，哧溜一下，差点滑到。我赶紧在后面扶着，她高兴地连声说："太搞笑了，太好玩了。"我也赶紧扮出怪样，连声附和："太搞笑了，太搞笑了。"就这样，笼罩在她脑海里的阴霾总算散去了。这一路，我都在借着这个高兴劲儿，不断地重复刚才的场景，让她一直处在快乐的氛围中。

送她到幼儿园门口，她开心地和我挥手再见，看着她微笑的面庞，我的内心久久不能平静……

故事反思

在孩子心中，妈妈是这个世界上最亲密的人，她可以无条件地相信妈妈、依赖妈妈。生活中，我要做她的榜样，成为一个温和又有力量的妈妈，给孩子创造一个美好又宽松的成长环境，让孩子知道，遇到问题，心平气和一样可以解决。

首先，合理平衡工作与生活，避免将不良情绪传递给孩子。平日的工作任务几乎都是要求既准又快，每一天神经都绷得很紧。我既要完成工作任务，还要尽可能地照顾好孩子的学习和生活，像陀螺一样，身心俱疲。周末本可以加班轻松完成任务，可是孩子却十分想让我陪着玩，我果断地放弃了加班。当早上面对工作任务不能顺利完成，经过几次周旋孩子仍不能按时起床时，我的情绪就崩了。一整天下来，我都在反思这件事。我为什么要把工作带来的烦躁情绪撒到孩子身上？起不来就晚起一会，赶不上幼儿园的早餐可以在家吃过后再去。孩子爱玩是天性，因为贪玩，偶尔赖床又能怎样？耽误她成长和成才吗？孩子从小就很乖巧，我为什么要用成年人的标准去衡量一个 4 岁孩子的做法？

其次，关注问题背后的心理感受，避免简单粗暴地解决事情。我意识到当孩子出现赖床、不愿意早起的情况时，用简单粗暴的方式去解决，不仅问题没有解决，还衍生了新的问题——无形中伤害了孩子。想想我的孩子，如果因为害怕和我沟通，害怕在我面前耍赖，害怕告诉我她生活中发生的事情，会变得多么无助？多么孤独？多么压抑？想到这里，我觉得很可怕，我要改变自己，不断地调整自己，合理表达自己的不良情绪，而不是用向孩子喊出“今天别上幼儿园了，在家睡觉吧”这样威胁孩子的话。如果妈妈总是用对孩子歇斯底里这样简单粗暴的方式解决问题，孩子很有可能变得没有自我认同感。要知道，父母吼出来的往往不是威严，而是孩子的不自信。父母的坏情绪，很容易让孩子觉得自己没用，不被爱。感受不到父母的爱的孩子，很难真正爱自己。

最后，帮助孩子走出不良情绪，避免对孩子的消极情绪视而不见。当我意识到自己的情绪对孩子产生的影响时，我立即调整了自己的语气，温和地与孩子对话，尝试转移注意力，让她关注令自己开心的事情。当发现小水坑的意外事件能带给她喜悦时，我立即强化了这件事情带给她的开心，最终帮助她恢复往日的笑脸。

（长春市人民政府机关第一幼儿园果果班家长　封祎祺）

实践案例

案例7
翻滚吧，小情绪

故事呈现

童童今年2岁半，前几天，我和童童从商场里出来，路过一家烤地瓜的小摊位，一阵阵地瓜香味飘到鼻子里，童童拉着我的手停了下来，用手指着烤箱里外焦里嫩、香甜可口的地瓜说：“妈妈，宝宝要吃。”我买了一个烤地瓜，摊主把地瓜递给我，童童就迫不及待地伸手要抢，我怕孩子被烫到，赶紧把袋子藏到了身后，说：“等一下妈妈掰给你吃。”“我要吃，我要吃！”童童一边喊，一边转到我的身后找烤地瓜，当时我就把手举得高高的，一边掰，一边对童童说：“妈妈很快就掰好了，再等一下！”烤地瓜被掰了一小块，但黄色软糯的地瓜还是有点烫，我赶紧吹了吹，就送到了童童的嘴边，没想到童童竟然嘟起来小嘴，生气地不肯吃，把到嘴边的地瓜一下子打的远远的，并大声地哭叫道：“坏妈妈！坏妈妈！”

我当时也有点生气，抱起童童就往家走。童童一边哭一边用两只小脚踢我，不小心将装有烤地瓜的袋子踢破了，烤地瓜掉在了地上，当时的我又气又恼，狠狠地在童童屁股上打了几下，童童哭得更厉害了，路边的行人纷纷投来异样的目光。孩子突然莫名其妙地发脾气，又哭又闹，我却一头雾水，尴尬的都不知道怎么办才好。

回到家后，爸爸左手抱过闹情绪的童童，右手抱着童童最喜欢的玩偶，耐心地对玩偶说：“不管遇到什么事，都不能着急，刚烤好的地瓜那么烫，是需要凉一会儿再吃的，可以有情绪，但不能无理取闹，不能让坏情绪影响到自己和身边的家人，要不然童童看到你难过，童童也会伤心的。”虽然童童不太明白爸爸说的是什么意思，但他已经不哭了，愣愣地看着玩偶，还呆萌地点了点头，爸爸的做法就这样被童童认同了。

故事反思

有时候孩子哭闹的原因并不在事物的本身，而是父母的态度或孩子本身的需求能否被看见。爸爸将孩子的注意力从原本执着的事物，转用其他东西来替代，安抚了孩子的情绪。其间，我也反省了自己。

首先，理解孩子行为背后的情绪需求。童童一心想要吃烤地瓜，我怕烫着他，想掰好了，吹凉了再让他吃。但童童还是小宝宝，对“烫”并没有清晰的概念，他会认为妈妈不想给他吃，让他等待的时间太长了，不能理解他迫切想吃到烤地瓜的心情。后来我的冷处理和责备的话语，不仅没有对童童的消极情绪进行疏导，反而加深了孩子的不满，他才会哭闹不止。如果当时我能多点耐心，多点理解，让童童亲自用手碰一下烤地瓜，体会一下热的感觉，他可能就不会乱发脾气了。

其次，理解情绪产生的具体原因。童童和我之间因为一口小小的地瓜而产生大大情绪的事件，或许每位家长都遇到过。没有任何一个孩子的情绪会莫名其妙地失控，如果再有类似的情况发生，我应该先了解孩子情绪产生的具体原因，正确解读孩子的情绪和孩子独有的表达方式，然后再去引导孩子排解消极情绪，这样孩子的身心才会健康成长。

最后，大人要善于反思自己的教育行为。孩子的情绪表达有时在大人看来有些夸张，不可理解。事过之后，我也反省了自己，作为父母的我应该认可孩子的各种情绪，走进孩子的心灵，当孩子出现消极情绪的时候，我应该学会接纳，让孩子感受父母对他情绪的理解，使他愿意向父母倾诉。同时用适宜的表扬和鼓励，帮助孩子建立自信，强化好习惯，促进孩子健康成长。当孩子陷入不良情绪时，我应该帮助孩子将不良情绪及时宣泄出来，这样孩子才能获得心灵上的安定，建立积极向上的正面情绪。

总之，我要给予孩子积极正面的教育和引导，帮助孩子将情绪表达出来，才有利于孩子情绪的健康发展，在迎接挑战的过程中建立自信和勇气。

（长春市人民政府机关第一幼儿园果果班家长　董宇）

实践案例

案例8
只能赢不能输的果果

故事呈现

果果很喜欢各种竞赛类游戏，但只能赢不能输。这一天，他兴致勃勃地拿来三张拼图，想要来一场家庭拼图大赛，这个游戏的规则很简单，就是同样大小的拼图，最快拼完者为胜。

比赛开始，只见果果撅着小屁屁趴在爬行垫上，“哗啦”一下把花花绿绿的拼图碎片倒在同样花花绿绿的爬行垫上，二者融为一体。看到这一幕，我和果果爸相视而笑，看来这小子今天有一场硬仗要打呀！果果还是积累了一定的方法的，他先把拼图碎片都翻过来正面向上，开始找四个角的碎片图案，前三块找得比较顺利，他拼得挺开心，但是他在寻找第四个角的碎片的时候遇到了困难，找了几次也没找到。或许是趴累了，他坐起来，停下手，小嘴巴开始一开一合地讲他拼图里的故事，讲到兴奋处还站起来比比画画。我故意惊讶地说："哎呀，我安安静静地拼得可真快！"果果又急又恼地说："我才更快！"说完，他坐下来按住我的手，让我等着他，直到自己拼了许多块，拼得比我多了才罢休。我告诉果果："玩游戏不可以耍赖，要遵守游戏规则，经常耍赖就没有小朋友愿意和你一起玩了哦！"此时，我看到了他那快要哭了的表情。当他爸爸把最后一块碎片拼上的时候，果果终于控制不住哇哇大哭起来："我想赢，我不想输！"

我尝试着邀请他再比一次，没准这次就赢了呢！果果啜泣着说："我怕输，我不玩了。"

我轻轻地把儿子揽到怀里，安抚他："妈妈很喜欢你勇敢争第一的样子。但是这就是一个游戏，我们按游戏规则玩，输赢并不是最重要的，只要你尽力了，这次输了，下次还可能赢呢！你还记得我们一起看的乒乓球比赛吗？即使像樊振东哥哥那么强大的选手也有输球的时候吧！你看他输球哭了吗？放弃了吗？无论输赢他每天都会刻苦训练。再强的对手他也不怕，再弱的对手他也不会轻视，每次比赛都会和教练一起分析打得好和打得还不够好的地方，所以他才不断地进步呀！现在让我们一起找一找在刚才的比赛中你有哪些做得好和做得不好的地方吧！"

"妈妈发现你拼图是有方法的，"我先表扬他一下。"是的妈妈，我先把碎片都翻过来，然后先拼四个角，再拼四周，最后拼中间，这样会很快。"果果抢答道。"可是你趴在爬行垫上的姿势每拿一块碎片都很吃力又浪费时间，对吗？而且如果你能把碎片放在米色的模板上会更好找吧！"果果点点头，自己说："我也不能一直说话，我应该一心一意。""那我们再来比一次吧！""好！"这一次小家伙端正坐好，双手并用，时而蹙眉，时而微笑，认真的男孩最帅！意料之中，他赢了！

爸爸将这小冠军高高举起，并趁热打铁说："儿子，每个人输了都会感到难过，这个很正常，输和赢都只是比赛的一部分。重要的是我们一家人在玩游戏的时候都很开心，对不对呀？就像爸爸参加马拉松一样，爸爸一开始就知道这根本就不会赢，但爸爸喜欢跑步，爸爸在跑马拉松的过程中锻炼了身体，收获了健康，和我的朋友们一起跑步，也收获了快乐，不也很好吗？”

后来我们又玩了很多次这类游戏，虽然还是很想赢，但果果已经有了接受失败并再来一次的勇气。有时玩游戏落后时我会故意表现得很沮丧，这时果果反倒还会来安慰我：“没关系妈妈，我看到你的努力了，下次还会有机会的！”

故事反思

孩子都是很单纯的，有什么情绪变化都写在脸上，根本藏不住。常常一个简单的竞赛类游戏就能在孩子的心里掀起一场情绪的风暴。生活中，到处充满了比拼，“成功”与“失败”就像一对形影不离的小伙伴，我想让我的孩子从中对“胜负”有一个清晰的认知。

首先，理解果果失败后的心情，允许他释放自己的情绪。通过观察发现，面对失败，果果的情绪通常出现两个阶段。第一个阶段：不承认自己输了。随即出现类似破坏游戏规则、耍赖的举动。这个时候，我没有逼迫孩子“认输”，而是给他一个心理缓冲，让他接受并感受自己的“失败”。第二个阶段：控制不了自己的情绪，大哭大闹。这个时候，我没有去压制孩子的情绪，我和爱人一致认为此时更不能用其他与本次游戏无关的奖赏承诺去踩孩子情绪的急刹车。因为孩子的情绪有释放才能有吸收，压制情绪只能换来情绪更不可控的爆发。我们选择了一起陪孩子面对这件事，亲亲他，抱抱他，陪他冷静下来，告诉孩子：无论输赢，爸爸妈妈永远爱你。

其次，果果情绪恢复平静后，一起寻找原因。果果第一次拼图失败后，我等孩子情绪平复以后再和孩子一起回顾整个过程，肯定他在游戏过程中的闪光点，帮他找回自信。然后带着他一起复盘游戏，找出做得不够好的地方，拼图的姿势、拼图时说话，以及把拼图放在花花绿绿的垫子上，都是影响他拼图速度的原因。

再次，帮助果果熟悉游戏规则，每次开始一个新的竞赛类游戏，我都有意识地多帮助孩子熟悉游戏规则，督促孩子更好地遵守游戏规则，增加他获胜的概率。这样假如他赢了，他会意识到是因为他做了充分的准备和努力，如果他输了，我会引导他回到规则中了解自己哪里做得不够好。

最后，帮助果果正确理解输赢，享受比赛过程的愉悦。在孩子面对竞赛类游戏时，我们引导的重点是让果果多关注自己的进步，而不是局限在输赢上。在竞赛类游戏过程中要学会品尝胜利的喜悦，也要学会勇敢地面对失败，总结原因、努力练习、不断进步。我们经常与果果一起观看体育赛事，同时引导孩子多与同伴参加滑板车、自行车等游戏，多维感受竞赛类游戏，有利于果果对输赢有更鲜明的理解。在必要的时候我们也有过“故意输”，父母以身示范，我们是想告诉孩子，我输了，但并没有什么关系，只是一个游戏而已。

育儿的路任重道远，随着孩子的成长，我和爱人也正在摸索该如何更好地利用“只想赢不能输”这把双刃剑，帮助孩子把握好“好胜心”的度。拿破仑说“不想当将军的士兵不是好士兵”，但谁说站在光里的才算英雄？

（长春市人民政府机关第一幼儿园苗苗一班　刘杨）

实践案例

案例9 发火的俊俊

故事呈现

和风微拂，垂柳漫舞，一个阳光柔和的下午，我陪着3岁的小佳俊从幼儿园回到家，脱下鞋子，摘掉口罩，佳俊洗完小手后兴高采烈地跑到积木桌旁玩耍。我回到书房忙着手里未完的工作，佳俊妈妈陪伴在他身边，回应着他游戏间的各种要求。

客厅里有佳俊摆弄积木的响动，有妈妈陪佳俊聊天的轻声细语。平和与欢快，交织成一幅母与子温馨美丽的画卷。

“哎呀，怎么回事啊？”“怎么搞的这是？”“为什么呀？”……哼唧的频率越来越高，佳俊开始有一些烦躁，妈妈起身凑到他身旁，看看到底怎么了。妈妈问道：“怎么了，宝贝？”佳俊回答道：“我搭的积木倒啦！”妈妈和风细雨地说：“噢，那就把它重新装搭呗，这个你很擅长呀。”佳俊有些不耐烦地说：“可是这块三角形怎么也放不上，放上就倒。”“哗啦啦”，积木桌上的积木突然全倒了，佳俊的表情也开始变得越来越难看，并且哭了起来，边哭边对妈妈说：“你看它又倒了，又倒了。”妈妈和蔼地说：“倒了也没关系的，我们把它再搭上就可以了。”

然而此刻佳俊已经听不进去妈妈的话，闹着要妈妈帮忙搭上。为了不让他再哭，妈妈妥协了，帮忙搭积木。但是佳俊的情绪并没有因为妈妈的妥协而变好，随着积木的倒塌，他哭闹的时间就好像时钟停摆了一样，让人感觉每一秒都那么漫长心烦。可实际上佳俊情绪的变化却短到，上一眼看到的还是佳俊在高兴地玩积木，下一眼就是在妈妈面前失控大哭的画面。妈妈一边安抚着情绪崩溃的佳俊，一边帮着他重新搭起积木玩具，希望能快点止住他的哭闹。伴随着佳俊持续的哭闹，妈妈也渐渐变得有些生气。

妈妈大声地说：“我已经说帮你搭积木，并且已经帮你搭好，为什么你还哭呢，又不是妈妈给你碰倒的……”此刻的客厅乱作一团，妈妈的安抚、佳俊的控诉与哭喊，统统混杂在一起。

“妈妈不喜欢我了。”佳俊哭的更大声也更伤心了。妈妈突然安静下来，脸上满是迷茫——不明白，本没什么大事，怎么就有了这么大的动静。之后，妈妈沉默，扭开头避着佳俊，生气地沉默，因为刚刚安抚他的时候，他张口而出“妈妈，你不喜欢我”。这大概也是妈妈伤心的原因吧——母爱的无私奉献和呕心沥血地持家为子，妈妈怎能不喜欢他啊？

“吧嗒”我打开了书房的门，妈妈赌气地回到卧室，让我去陪着佳俊。“我搭的积木倒啦！它老倒，它老倒，它为什么老倒，我不开心！”佳俊的声音很大，语气里带着哭腔向我控诉着。

“你想想看，是不是你没有安装牢固或者没有安装到正确的位置？佳俊是聪明的宝宝，你可以选择更适合的形状并且把它安装牢固。选择合适的形状，认认真真安装牢固每一块，那样就不会倒了，不信你试试。”我耐心地帮他分析积木倒塌的原因，指导着每块积木的摆放位置。“好吧。”一脸哭相的佳俊将信将疑地回答。

为了让佳俊能更简单地理解牢固的概念，我一边做示范一边让佳俊跟着做。当佳俊选择合适的形状将积木安装牢固后真的没有再倒，脸上还挂着泪水的他瞬间开心地笑了，小嘴里还不住地嘟囔着：“佳俊最棒。”见此情景，我对佳俊说道：“佳俊，你去和妈妈说积木已经安装牢固，邀请妈妈和我们一起玩吧，我们可以把积木变成推土机，变成大高楼。”

佳俊开心地去邀请妈妈：“妈妈，和我们一起搭高楼好不好？”妈妈看着睫毛还湿着，脸上还有泪水，但是笑容满面的佳俊，满是心疼地回答说：“好的。”

故事反思

3 岁的小佳俊经常会有负面情绪出现，有的时候，会因为一件小事而哭闹。仔细想下，虽然在家长眼里，积木倒了可能只是一件小事，但是对于佳俊来说，好不容易搭起来的积木倒了，却是真真切切地感受到挫败。因为没有想出办法而懊恼，哭闹只是他发泄情绪的一种方式。作为家长，借此事反思，在以后遇到类似情况，我会做如下处理。

首先，稳定情绪。我们都有过这样的体验，遇到棘手的问题时，可能会抱怨、焦躁甚至哭喊等。这些情绪容易让人失去思考的能力，不知道该怎么办，甚至说不清楚问题是什么，更别说解决了。因此，解决问题的第一步，是稳定情绪。

当佳俊再遇到问题哭闹的时候，我会先认同他的情绪。比如佳俊因为搭的积木倒了而发脾气，我会和他说：“我看到你搭的积木倒了，你很生气，如果需要帮助就告诉爸爸。”如果孩子还是不能稳定情绪，我会通过转移注意力，邀请他做一些其他游戏、一起做个深呼吸等方法，让他逐渐停止哭泣、恢复理智。

其次，明确问题。解决问题前要做的另一件事，就是知道问题出在哪。只有找到问题根源，才能对症解决。所以，当佳俊再遇到问题时，我会问他碰到了什么麻烦，帮他明确问题。比如，佳俊正在玩积木突然哭了：“积木不好玩，我不要玩。”这并不是一个清晰的问题，我会试着引导佳俊说，什么时候、什么情景下觉得积木不好玩，是不是玩厌了，还是一个人玩孤单，又或者是积木总是倒很生气等。等我了解了事情的来龙去脉后，再帮佳俊重新明确问题，比如“今天搭积木总是倒，好几次都这样，所以积木不好玩”。

最后，解决问题。等佳俊稳定情绪，并知道自己遇到的是什么问题后，我会和他聊聊如何解决。我会尽量不直接告诉他解决方法，而是启发他去思考。多问佳俊“怎么办”，未来我会努力把“怎么办”作为和孩子相处的口头禅，而不是“我帮你”，引导佳俊去思考、去寻找解决问题的办法。长期坚持，我相信佳俊再遇到问题，也会尝试自己想办法，而不是第一时间找爸爸妈妈帮忙。

养育孩子需要细心与耐心。作为家长，我要努力管理好自己的情绪，既不唉声叹气，也不怨天尤人，更不责骂孩子。爱是“如他所是”，而非“如我所愿”。我会接受孩子的负面情绪，同时帮助他思考改变，让他在一个健康的环境里快乐成长。

（长春市人民政府机关第一幼儿园苗苗一班家长　宋帅）

实践案例 ▶▶▶

案例10
勇敢面对害怕

故事呈现

珺珺是一个活泼好动的2岁小女孩，对于新鲜事物总是充满着强烈的好奇心。有一次家里挂在墙上的钟表没电了，于是姥爷便搬来梯子，轻车熟路地换好电池。一旁的珺珺还从未看过梯子这种工具，她坐在地上一直仰着头看着姥爷的操作，此时姥爷在她眼中变得更高了。

忽然她起身，我看出来她也想爬梯子，以往的她只有在家人举高的时候才会站得那么高，自己只能爬到电视柜那样的高度。但是梯子很窄，身体能接触到的安全位置也有限，所以爬梯子对珺珺来说是一个不小的挑战，但是我也没有立即制止她，只是走到了她的身后做起了保护者。

她很容易踩到了第一节阶梯，但是这个高度明显不能满足她的“野心”，于是她又继续向上爬。这一次她发现直接抬腿踩在阶梯上没有那么容易了，有些重心不稳，她停下来看了看我，又向我摆了摆手，要我扶住梯子，在她觉得万事都安全的条件下索性又直接改变了攀爬的姿势，既然脚踩不上去那就用膝盖跪在阶梯上，两只膝盖都爬上去后再慢慢站起来。成功的快乐让她加速前进，用相同的方法爬到了第四层。

站起来的她已经比我高出许多了，她显得很兴奋，我及时进行语言激励：“宝宝真勇敢。”于是她想下来再次体验，但是这次就没有之前那么顺利了，她伸出的腿根本找不到下面的台阶，腾空的脚让她有些害怕，她着急地说：“妈妈来，怕。”我想着她的困难是找不到落脚点才不敢继续爬下来，我跟她说：“没关系，别着急，你伸出脚，妈妈帮你。”于是我帮助她把脚踩在了台阶上，“脚踏实地”的感觉让她慢慢平静下来，可是再次往下下的时候她依然因为够不到台阶而着急，伸出去的脚又收了回来，换了另一只脚，还是够不到，她又把目光投向了我，我还是帮助她把脚踩在了台阶上，就这样她顺利完成了一次爬梯子。

马上珺珺进行了第二次爬梯子，她很灵活，手腿脚并用爬到了第四级台阶。她碰到了以前碰不到的开关，这让她更加兴奋了。她还大胆把腿向前伸出去坐到了台阶上，我与她击掌表示鼓励。

但是这次她下梯子我打算换一种方式，让她自己尝试。我问她：“你刚才是怎么爬上来的？”她似乎没懂，“你想一想，刚才你都是用了身体的哪个部分爬的？”我再次追问。她拍了拍腿和手。“你可以像向上爬一样，跪到台阶上，用脚丫试着踩到下面的台阶上。”她听了我的话之后，慢慢蹲了下来，紧接着一条腿跪在了台阶上，尝试第一次自己独立下台阶。她不安的双手不知道握在哪里，一会儿上一会儿下，几次之后她好像逐渐发现双手握着梯子两侧向下时，脚尖能碰到台阶了。于是她努力向下伸，终于成功踩到了台阶上。有了第一次的成功，她更有信心下台阶了！

故事反思

害怕在生命早期是一个情绪反应，特别发生在2—4岁的幼儿期。儿童由于现有认知对一些问题不能够理解而产生害怕，这代表着孩子对危险识别的敏感、自我能力的认知以及自我保护的意识。

首先，从幼儿身心发展规律来看，2 岁幼儿的大脑、感官、感统才开始慢慢对空间、距离有进一步感知，且充满好奇。另外，剖腹产出生的儿童会更容易感统失调，而感统失调的幼儿会凸现出胆小、注意力不集中等现象，所以在体能和感统还未成熟的情况下，在进行有一定高度的攀爬活动是难度很大的，这是我分析她出现害怕的原因之一。

其次，人们在面对陌生的事物时总是会存在害怕、胆怯的心理，儿童也不例外。而爬梯子就是她从未有过的经历，面对高高的梯子，她会感到害怕，无从下手，但又有强烈的好奇心，这让她进退两难。在陌生的情况下，儿童需要一定的陪伴使她内心有安全感，情绪也才会慢慢平静，所以全程我都在她身边。一是为了安全保护，二是因为我要让她感受身边有熟悉的事物，避免因为急躁徒增害怕的情绪。

最后，如果让她远离令她害怕的事物，只会增强她的恐惧感。一旦儿童的害怕是由她自身所持有的某种错误的信念而产生，那么就会破坏她以后的探知欲望，也会间接传达给孩子“高处危险”的信号。因此我始终秉持支持的态度，用语言鼓励和耐心指导，让她克服害怕心理，我知晓她的害怕来自脚尖触碰不到台阶面，那我就帮助她找到这种安全感。

儿童有害怕情绪是正常的生理反应，作为家长，我们要加以正确的引导，除了等待幼儿以一定的规律和速度进行自然的生长发育，还需要让孩子有机会以一种他们感到可控和安全的方式来表达他们的害怕，也可以把害怕游戏化，比如你来扮演孩子害怕的怪兽，让孩子来追你，然后让他抓住你。我们要始终相信，爱能消灭一切！

（长春市人民政府机关第一幼儿园豆豆班家长　窦默）

实践案例

案例11
摔倒后再站起来，便是崭新的起点

故事呈现

晴空万里，朝霞满天。星期天在小区内玩耍时，5岁的宝石遇到了同班的果果与悦悦，我与家长们在一旁讨论着育儿的话题，三个小朋友在一旁嬉戏打闹着。突然，跑到远处的悦悦摔倒了，宝石和果果听到悦悦的哭声，两人一起快速地跑向悦悦，结果她们撞到了一起，宝石也摔倒了，膝盖一直流血。我抱起她跑向旁边的医院去包扎，包扎时她哭得撕心裂肺。护士问她是怎么摔倒的，她委屈地一边哭一边说都怪果果，是果果把她推倒的。我问她果果推她哪了？她摇头，想了想又回答说都怪果果她们才会撞到一起，不然她不会摔倒的。听到她这样说，我继续问她为什么会与果果撞到一起。我没有直接否定她，而是决定帮她回忆一下事情的经过。她想了想，说是因为悦悦哭了她要去看悦悦，结果她就摔倒了。她又说那都怪悦悦，不然她不会和果果撞到一起，这一次，她又把无处安放的情绪转到了悦悦的身上。我把宝石抱在怀里，并安慰说："妈妈知道你摔倒一定很疼，可是悦悦摔倒和你一样都哭得非常伤心，伤口一样也会很痛的。"找到了共情处，宝石似乎明白了什么，但又不知这委屈难过的情绪到底要如何发泄。慢慢地她不哭了，情绪也稳定下来，她问道："妈妈，我摔倒应该怪谁呢？"我回答说："妈妈看出悦悦摔倒时你和果果都非常担心，所以你和果果才会想要用最快的速度跑过去，是这样吗？"宝石连忙点头。我说："所以你们都是因为关心悦悦，才会因为跑起来的速度过快而撞到一起，她们可能也会受伤哦，所以我们要去关心朋友而不是责怪她们。"听完我的话，宝石点头，并开始担心好朋友们是否也受伤了。

包扎后带着宝石刚走出医院，碰到了果果和她妈妈在门口等候，果果害怕地躲在妈妈的后面。果果妈妈说，宝石去医院后，惊吓与自责过度的果果躲在角落里，妈妈叫了很久都不愿出来。我摆摆手对果果说："来看看宝石的腿。"

果果走到宝石的身边小心翼翼地问："宝石你的腿疼吗？"宝石带着哭腔说："很疼很疼的。"果果皱起眉头。宝石问："你受伤了吗果果？下次我们跑的时候真的要小心一点。"果果摇头说并没受伤，我想了想又说："看来宝石需要一位和她一般高的小帮手扶着她来缓解一下这受伤的腿。"果果急忙说："让我来，我来扶宝石。"果果一直将宝石送到家门口才挥手说再见。第二天早上在幼儿园门口看到果果与妈妈在等待宝石，果果说："宝石，我扶着你，我们一起上楼。"看着两位小朋友的背影，两位妈妈也相视一笑。

故事反思

消极的情绪会影响幼儿认知的偏差，宝石摔倒后产生了伤心、生气与委屈的消极情绪，导致她认为摔倒都是其他小朋友的问题。她首先将无处安放的小情绪全都放到了果果的身上，当她认为摔倒是因为被果果推倒时，我并没有直接进行否认，而是通过情景回忆的方法帮助她回忆事情的经过。通过回忆她认识到这次事件与果果并没有直接关系，这也让我想到小时候宝石摔倒，老人们会下意识地拍拍桌子，拍拍地板，说是一些物品的错，进行了错误的引导，也是导致摔倒后她不在自身寻找原因，而是想要找到情绪的寄托，并继续追问摔倒这件事情应该"责怪"谁的部分原因。

共情会促进幼儿对情绪的理解，也能够帮助幼儿的情绪由消极向积极转化。发现她将责任转向悦悦时，我把她抱在怀里，尝试通过拥抱缓解她的消极情绪。待宝石情绪渐渐好转时，我帮助她分析，让她明白她与果果是因为担心悦悦奔跑过快而摔倒的，强化她的正面情绪，不应去"责怪"谁，而是通过共情的方法引导她。当小朋友摔倒时我们会产生担心的情绪，也可能会出现伤心的情绪，这些都是我们生活中常见的情绪。宝石摔倒后，她由于产生了消极情绪才会忽略自己是因为奔跑速度过快而摔倒，把负面情绪强加于一起玩耍的小伙伴。我利用谈话的方式帮助她理清事情经过，发现她情绪稳定后我用语言鼓励她选择正确的情绪来寻找事件发生的原因，根据自己的亲身体验让她说一说自己的感受与其他小朋友的感受分别是怎样的。

同伴关系对幼儿的情绪水平有重要影响。再次碰到果果时，我发现了果果害怕与自责的情绪后，向宝石示范了如何关注同伴的情绪，帮助果果直面问题。

首先找到果果关心的问题，即宝石的伤情如何。听到她能主动询问果果是否受伤，并说出下次奔跑时都要注意安全的话语，我听后十分欣慰。让小朋友们自己沟通，真是个好办法，我也尝试通过寻找“小拐棍”让果果用自己力所能及的帮助来缓解她自责的情绪。

在这次事件中，宝石从刚开始的寻找应该责怪谁——缓解负面情绪后寻找摔倒的原因——她愿意与同伴交流事件原委，经历了担心、难过、委屈到情绪好转至愉悦。果果也从自责、害怕、紧张到如释重负，最后两个人能够愉快地继续在一起玩耍，相信这对于宝石来说是一次难忘的经历。在帮助宝石认清自己情绪的同时，也帮助宝石能够正确对待与同伴的关系；在关心自己女儿的同时也能够照顾到其他幼儿的情绪，对我来说，这也是一次成功的情绪引导经历。在幼儿心理成长关键期，家长需要给予幼儿陪伴与正确引导，并帮助幼儿找到由内而外的能量，这是长大成人的基本能量，这也是陪伴孩子成长最真实的状态，相信跌倒后再站起来，便是一个崭新的起点。

（长春市人民政府机关第一幼儿园朵朵二班家长　孙千棋）

实践案例

案例12
想当第一的小萱萱

故事呈现

一天，我带着3岁半的小萱萱下楼玩，遇到了幼儿园一个班的“哥哥和姐姐”（小萱萱上幼儿园比较早，她们班的小朋友年龄都要比她大，最大的小朋友要比她大一岁多，所以平时都会让着她一些，她也总觉得自己小，哥哥姐姐应该让着她）。哥哥姐姐们正在玩“老狼老狼几点了”的游戏，老狼是一个小朋友的爸爸在扮演，他们主动邀请小萱萱一起来玩游戏，小萱萱一听很高兴，马上加入到这个游戏中。游戏的过程中她很开心，跟着游戏的规则在当小羊，生怕被厉害的老狼吃掉。一轮游戏过后，该换人当老狼了，小萱萱想第一个当老狼，可是哥哥姐姐们不同意，每个人都想当老狼去抓小羊。但是她不管，她就是要第一个当老狼，说着说着，她和其中一个哥哥起了争执，哥哥说不能什么事都你当第一个。听了哥哥的话她崩溃了，开始大哭。说实话，看见她这样刚开始我有些生气，总在想这孩子为什么非要当第一个呢，但是我还是走过去安慰她没关系，如果你想当老狼，就要努力争取，你可以和哥哥姐姐们商量怎么确定谁可以当老狼，只要不被老狼抓到，你就可以当老狼。她根本不听，还是哭个不停，她崩溃的情绪已经无法再继续参加游戏，我只能把她带上楼，回到楼上的她伤心了很久。等她冷静了以后，我又和她讲："妈妈理解你想当老狼的心情，但是如果想第一个当老狼，就要自己努力想办法，不能因为你小或者是你哭了别人就要让给你。"她似懂非懂地点点头，看起来还是有些难过。

我以为这件事情就这样过去了，小萱萱不会再纠结于当第一个，但事情往往不会这么简单。过了几天，我们两个从楼下玩儿完后回到家，换好鞋子准备洗手。我来到卫生间打开了水龙头开始洗手，这个时候她又不干了，非说她是第一个来的，她要第一个洗手。我告诉她妈妈的手已经淋湿打上肥皂了，所以你说谁是第一个洗手的呢？她不听，还是一直说她是第一个来的。我告诉她如果想洗手就要去妈妈后边排队，下次快点过来就可以先洗手了。她越听我说情绪越激动，开始哭了起来。这个时候讲道理已经没有用了，我把她抱到沙发上，坐在旁边陪着她。她一边哭一边说："我要第一个洗手，我是第一个。"我没有说话，只是静静地陪着她，哭了一会儿她平静了。我抱抱她说："你没有第一个洗手很难过，是吗？"她点了点头。我又说："刚刚妈妈已经洗上手了，如果你想先洗手下次就要快一些，只有你先到了，你才是第一个，不是什么事都要争第一的。"在我的安慰下，她平静了下来，这一次她好像比上一次听进去一些，依旧有些抽泣的和我说："妈妈，刚才是你先去的，下次我不争着当第一个了。"我告诉她："妈妈相信下次你一定能做到。"又过了几天，我们两个一起洗手，她主动排在我后面说："妈妈，我是后来的，我在你后边排队。"我笑了，给了她一个大大的拥抱并告诉她："宝宝做得很棒，我的宝宝长大了。"

故事反思

理解并接纳孩子想当第一的心情。在孩子的认知里，第一个做什么事情的人是最厉害的。在小萱萱的心里也是如此，她觉得第一个当老狼的人就是最厉害的，第一个当老狼的人可以第一个去抓小羊，所以她想第一个当老狼。之所以出现因为想当第一而哭闹的情况，和她的年龄特点有很大的关系——3岁半的她自我意识开始萌发，开始有了自己的想法，但语言表达能力又有限，不能很好地将自己的想法表达出来，当别人不理解她的想法的时候，就会开始哭闹。说实话，在大庭广众之下，小萱萱第一次因为想当第一而大哭时，开始我不是很理解，在和她讲了一堆道理后她哭得更伤心的时候，我的内心有一股火苗一下就窜了上来，我很想批评她，告诉她这样做是不对的。但我还是按捺住了心中的怒火，带她上了楼。在彼此冷静下来以后，我让她知道，妈妈理解她的心情，但是要学会想办法，不能用哭闹来解决问题。我的理解让她的情绪稳定了下来，事情也变得不那么复杂了。

给予孩子情绪表达的机会。了解了她的想法，我就很容易理解她想当第一的心情。很多时候我们不给孩子情绪表达的机会，不会认真倾听孩子内心的想法，总说“这孩子怎么了，又不是多大的事怎么还哭起来没完了”。还好当时我没有冲动，没有用我作为妈妈的身份去压制小萱萱的情绪，而是尝试着接纳了她的情绪，让她有了一个发泄情绪的窗口。小萱萱因为没当上第一个洗手的人的时候也哭了好久，我静静地陪着她，让她把所有的委屈都发泄掉，然后再和她沟通。我的理解和接纳，让她有了安全感，哭完以后，她一下子放松了心情，接下来我讲的道理也可以似懂非懂地听进去一些。很多时候并不是她对当第一这件事情很在意，而是她正处于那个阶段，无法转变自己的思维，让自己从那个事件里抽离出来，从而出现了情绪失控的场面。

引导孩子正确看待输赢。孩子出现上面问题的时候，我也反思了自己，是不是平时我对她的要求太高，总是拿她和其他小朋友作比较，才会使她做什么事只想赢不想输。小萱萱比班级同龄的小朋友要小，但是我并没有因为她的年龄小而降低对她的要求。当同班小朋友吃饭、穿衣服都比她速度快的时候，我总是会说：“看，哥哥姐姐们吃饭多快，你也要快点追上他们。”可能我不太经意的话语，让她觉得她也要努力争第一，这样才能得到妈妈的表扬。我首先要改变自己的方式和方法，让她明白输了确实会让我们伤心和难过，但并不是什么事情都要争第一，无论做什么事情尽全力就是最好的，结果不那么重要，过程中的成长和进步才是最重要的。

（长春市人民政府机关第一幼儿园苗苗一班家长　王春秋）

实践案例

案例13
爱你，读你，才能懂你

故事呈现

这天，早早结束晚饭后，4 岁的小塔便拿出了她钟爱的积木玩具，在客厅里认真地搭起来，一面搭还一面自言自语道："我要搭一座大大的城堡，我们一家人都住在里面。"看着女儿全神贯注的小脸儿，我便放心地开始做自己的事情。

谁知没过一会儿，我先是听到积木倒塌"哗啦啦"的声音，接着小塔的号啕大哭便随之而来。我赶紧跑到客厅，小塔看到我来，更委屈了，只见她边哭边指着剩余的积木给我看："我们的大城堡倒塌了……"我悬着的心是放下了，可看着她哭的惊天动地的样子我又有点恨铁不成钢："塌了就再盖一座呗，哭什么呀！"我一边说着一边向她走去，看着地上"城堡"的残骸，我发现积木的下面摆得不是很整齐，这也是导致坍塌的原因，我没好气地说："你看，你的城堡下面都摆歪了，能不倒吗？"听了我的话，她倒是不哭了，只见她抽泣着小鼻子一把推倒了剩余的积木："我不搭积木了！"她气鼓鼓地说。

她竟没有查看剩余的城堡，没有反思自己哪里搭建得不好，反倒是一不做二不休地全都毁掉了，我甚是无语地看着她："不搭了就收起来，赶紧去洗漱吧。"我以为事情就这样过去了，可是接下来无论是洗漱还是讲故事她都是各种挑剔，

“这个牙刷不好”“沙眼睛了”“不好听”，总之就是各种折腾。

看着她作人的小样儿我压抑着心中窜动的小火苗：“宝贝，你到底怎么了？妈妈给你讲故事不开心吗？”只见她小嘴一撅，一脸委屈地说：“不是。”我抱起她问：“妈妈觉得好像有什么事让你不太高兴。”她小小的身体趴在我的怀里略带哭腔的说：“我的城堡没搭好，我还想给你和爸爸一个房间呢。”我如梦初醒，原来是刚才城堡倒了的问题没有得到真正的解决，我也终于明白她一晚上都别别扭扭的原因了。

于是我温柔地跟她说：“城堡倒了，你很难过是吗？”她狠狠地点了点头，“那妈妈陪你，我们一起再盖一座大城堡！”她两眼放光瞬间兴奋起来：“好，我要再搭一个大大的城堡，我住上面的房间，你和爸爸住旁边，还有爷爷奶奶的房间，小姨的房间……”小塔欢欣雀跃地规划着，滔滔不绝地和我分享着。在这个静谧的夜晚，我们一起搭建了一个大大的城堡，到了睡觉的时间她还沉浸在城堡的美好里，甜甜地笑着。

故事反思

首先，当孩子出现某种不良情绪时，我们想要去帮助化解，需要知道这种情绪是怎么来的，也就是要弄清诱发这种情绪的事件。因为每出现一种情绪，一般都和某一件事相关联。这时候作为家长就应回想一下：孩子从哪个节点之后，或者从哪件事情之后开始不对劲，开始各种拧巴，然后再前后联系就能知道到底哪里出了错。就如小塔，从城堡倒塌开始之后，做事情一直都提不起兴趣，不那么乖巧，殊不知城堡倒塌的阴影一直在她的心里，从而影响了她的情绪。这时候作为家长的我才后知后觉：原来从城堡事件开始孩子的不良情绪就一直埋在心底，没有解决好，这成为后续事件的诱因。这时我开始反思城堡事件，认同她的情绪，与她一起畅想再次搭城堡的美好，顺利地解决了问题。

其次，当我们遇到孩子产生消极情绪时，要第一时间接纳她的情绪。而不是对着情绪崩溃的孩子讲道理或转移话题，要很好地去调整自己的情绪，才能引导孩子去处理情绪，我们要学会表达、接纳等，让孩子感受到的是爱和包容。如果当时我给小塔的回应是这样的：“你辛苦搭的城堡倒了，你感觉很难过是吗？”让她感觉被认同、被理解可能就不会出现后面的问题了。学会从听的过程中识别并表达孩子的感受，是给孩子的一件伟大礼物。

最后，要允许孩子把情绪表达出来，并真心关心孩子。发泄情绪、表达情绪是每个人的权利。当孩子把情绪表达出来了，人也就释放了。等孩子发泄完了，一定要真心去关心孩子，比如说，问问他现在有没有好一点儿，给他递一张纸巾擦擦眼泪，或者给孩子一个拥抱。当父母真心去关心孩子的时候，孩子感受到的是父母的真诚和爱，这才是最重要的。最后我给小塔的拥抱以及耐心的询问，让她感受到了我的爱，更愿意跟我说出她的心里话。

家长是孩子成长路上的引路人，父母的高度决定了孩子的起点。当孩子在沟通中感受到被理解、被支持，就感受到了爱，有爱的沟通才有效。

（长春市人民政府机关第一幼儿园朵朵二班家长　张美加）

实践案例

案例14
天天的委屈

故事呈现

星期天的早上，微风不燥，窗外不时地传来麻雀叽叽喳喳的叫声。我像往常一样去叫天天起床，小家伙可精神了，早早醒了之后，就开始去他的“聚龙乐园”摆弄玩具了。吃过早饭，我打开电脑，准备把没完成的工作弄完。这时，听见天天在一旁喊道：“妈妈和我一起玩玩具。”我回头敷衍地对天天说：“你听话，自己玩啊！妈妈有工作还没做完。”过了很久，我听到安静的房子里，突然传出咔嚓咔嚓剪东西的声音，我起身快步走向“聚龙乐园”那边，看看天天在干什么。只见他不声不响地低着头，不知从哪里找来了一把小剪刀，在那里很认真地咔嚓咔嚓地剪，身旁已经剪了一堆碎片了。我见状，瞪大了眼睛大声呵斥道：“小天天，你在干什么！谁让你自己拿剪刀玩了？你看看，好好的图书都被你给剪坏了。边说边抓着他朝屁股打两下。天天看到我发这么大脾气吓坏了，一边哭一边委屈地说："不是，不是……"我让他自己在那反省一会儿，接着去工作了。谁知心里越想越烦，这孩子怎么这么不听话！转念又一想，老师说过，孩子受到委屈或是犯错误时，要仔细倾听和询问到底是什么原因，再去做决断。想想刚才自己也是急昏了头，并没有去问清楚孩子究竟为什么要把书剪坏，只顾着大发脾气，把孩子吓到而没有了解实情。想到这，我放下手里的工作，朝天天走去。

一脸委屈的天天，还站在那里小声地抽泣着。我拉着他坐下，一边给他擦眼泪，一边问他："告诉妈妈，你为什么要把这么好看的图画书给剪了，你平时不是最喜欢看这些图画书吗？"天天抬起头看着我说："嗯，在幼儿园里小朋友都拿书讲故事，我也想给他们讲，我看见家里有好多书，这里有很多小动物。"说着还去找到之前没剪完的图书指着上面，"我想把这些剪下来也给他们讲。""你是想把这里面的小动物们剪下来，再重新粘贴一本书吗？"我问道。天天使劲点了点头，说旁边这本书里有他喜欢的房子和小鸟。这下我明白了，原来他的本意并不是想搞破坏把书剪掉，而是想自己动手重新制作一本新书，给小朋友们讲故事。我摸了摸他的头，脸上露出微笑，对他说："妈妈明白了，原来是错怪你了，是妈妈不好。妈妈和你一起把剩下的图画书做完好不好？"天天听了高兴极了，忙拉我去找掉在地上的图书碎片，告诉我他要小鸟、大树等，让我和他一起剪下来，粘贴好带到幼儿园去，给小朋友们讲他的故事……

故事反思

孩子的内心是充满色彩的，想法也是多种多样的，很多时候，成人往往忽略了孩子的内心世界，只是看到表象的东西就对孩子加以评判和指责，这对孩子来说是不公平的。要想真正走入孩子的内心世界，就要倾听孩子的想法和诉求，真正做到理解和关爱他们。故事中，由于我的忽略和大意，没有耐心地倾听和询问孩子为什么会有这种行为，而只顾盲目地去批评指责孩子，这种做法是很不应该的。孩子的本意是想自己动手去制作新的图画书，和小朋友们分享自己的故事，但是当面临妈妈不分青红皂白爆发的脾气，胆小的天天是不敢马上说出自己的真实想法的，在我平心静气地耐心听完孩子的委屈并表示赞同时，孩子就放下之前发生的所有不愉快，而重新接纳成人。

这个问题也反映出了我平时家庭教育的不当。可能有时会过于关心孩子的表现，而缺少跟孩子的日常沟通，导致孩子会害怕说出实情后，家长会更加责备他。所以，在孩子幼小和脆弱的心灵里，有时会情愿把委屈收起，也不愿意跟自己的父母分享。那么如何改变和解决这种问题呢？我觉得要想真正走进孩子内心，首先家长要学会观察孩子，孩子的情感世界不会像成人那么丰富，喜怒哀乐往往都写在脸上。当发现孩子的行为和情绪不太对劲时，就要主动询问，为孩子营造一个轻松的氛围，让他真正地打开心扉。而且，询问时也要注意自己的语气和方式，不能用逼问的语气去质问孩子发生了什么事或为什么要这样；更不要在孩子不想说清理由时拼命追问。可以坐下来以玩伴的方式沟通，比如："妈妈现在是你的小伙伴，你可以把不开心的事告诉我。"当孩子说出委屈时，成人就该给予孩子正确的心理疏导和教育。不要责怪孩子，要激励孩子，引导孩子朝正确的方向发展。如果每次家长都忽略了孩子的情感，任其自由发展，久而久之，在孩子将来真正遇到挫折或失败时，就不能勇敢地正视自己，内心也会受到挫折和伤害，所以，要让孩子减少负面情绪，真正做到健康、阳光、乐观才是尤为重要的。

（长春市人民政府机关第一幼儿园朵朵一班家长　赵悦辰）

实践案例

案例15 乐乐游玩小插曲

故事呈现

七月的净月潭，草木青翠，碧波荡漾，清风徐徐，阵阵清香，正是游玩的好去处。周末带着2岁半的乐乐，来到了这块"避暑胜地"。刚找到扎营的地方，就有阵阵叮当悦耳的声音若隐若现。乐乐好奇地跑过去，想一探究竟。

忽然，听到有孩子的哭声，我赶忙跑过去。原来是乐乐抢了一个小男孩手里的小木槌，试图去敲打木琴。小男孩看到自己手中的小木槌被乐乐抢走了，哇哇大哭。而这时的乐乐却紧紧地握住手里的小木槌，生怕被抢走。

看到这一幕，我严厉地和乐乐说：“乐乐，你不要去抢其他小朋友的小木槌。小朋友在玩，没经过他的同意你就抢过来，这样的行为对吗？”乐乐很无辜地看着我：“妈妈，但是我也非常想玩这个，这个木琴发出叮叮当当的声音，我很喜欢！”我蹲下来和乐乐说道：“喜欢也不能去抢，公共玩具不是大家共同玩的吗？”

此时此刻乐乐听不进去我的话，就是拿着小木槌继续敲打着。我又很有耐心地对乐乐说：“咱们要懂得先后次序，你说对吗？”乐乐依然没有任何妥协的反应。我只好用出“撒手锏”，用严厉的眼神看乐乐并说：“快点，把手里的小木槌还给小弟弟！”乐乐看到我的表情很严肃，立马把手里的小木槌狠狠地摔在地上，跑了出去。

我快速追赶上乐乐，说道：“你为什么摔小木槌？不能好好还给小朋友吗？”乐乐委屈地看着我放声大哭：“妈妈，我刚才生气了才这么做的。”看到乐乐伤心的眼泪，此时此刻我心也软了。

于是，我抱住乐乐语气平和地说：“假如你正在玩你最喜欢的越野车的时候，我从你手中抢过来，你会开心吗？”此时乐乐沉默了，低下头自己想了一会儿对我说：“妈妈我错了，我的做法不对，你会原谅我吗？你还会继续爱我吗？”看到乐乐湿润的睫毛，脸上还挂着泪水，我心疼地回答着：“依然爱你，我的宝贝！”

故事反思

首先，孩子抢玩具需要家长的正确引导。乐乐抢小木槌的行为不是孩子的品行有问题，而是是非感不强，不能分清对错。对于 2 岁半的乐乐来说，他的意识里并没有“这是你的”或者“这是我的”这种概念，他的眼睛里只是看到了这个小木槌（玩具）。抢别人玩具并不是所谓的“抢”，其实更是乐乐对自己喜欢的东西表达喜爱之情的一种行为。作为妈妈，我并没有理解乐乐的行为，第一反应就是去阻止乐乐，用“你不要去抢其他小朋友的小木槌”这种负面的语言去阻止孩子的行为是有所欠缺的。

其次，孩子抢玩具源于家长的过分溺爱。没有绝对的“坏孩子”，乐乐“抢”玩具的行为，源于家里人的溺爱。由于工作的原因，乐乐爸爸长期在北京，我和乐乐还有爷爷奶奶一起生活。平时工作忙，乐乐大部分时间都由老人照看。因为乐乐爸爸不在身边，爷爷奶奶对孩子格外疼爱，有求必应。长此以往，乐乐觉得想要什么就必须得到，这才会出现看到别人玩乐器，自己也想玩，就直接去“抢”的行为。作为家长，我需要反思自己在家庭教育中的角色，用更多的时间陪伴孩子，鼓励乐乐用语言表达自己的需求。同时，我还应该引导乐乐向小男孩道歉，通过拥抱、交换玩具等方式引导乐乐与小男孩友好交往。

再次，家长要理解并接纳孩子的负面情绪。正因为乐乐的行为没有得到妈妈的理解与接纳，才会感到无助，就会乱发脾气。2 岁半左右的乐乐处在第一个心理反抗期，以自我为中心，稍有不顺心的事情就会生气、发脾气，这是成长的必经阶段。当乐乐很难过、伤心、焦急、低落的时候，他不明白该用什么样的方法去发泄自己的负面情绪，处于这样的尴尬状况，才通过摔小木槌的方式来宣泄自己。当乐乐正在发泄自己的情绪时，不要和他产生正面冲突，可以先找个地方躲开，让乐乐冷静下来。等乐乐的情绪得到释放后，再找时间跟他好好沟通。要是乐乐有什么想要的或者其他想法，他可以直接和妈妈诉说。如果乐乐不想正面沟通，就可以选择用笔写或者画出来的方式告诉妈妈，从而使事情得到解决。

最后，家长要学会控制自己的情绪。用严厉的语言让乐乐还回小木槌，说明家长受到了情绪“小怪兽”的影响。这时，家长应该调整自己的情绪，深呼吸，让自己慢慢恢复平静，不可以把自己的情绪转移到孩子身上，而应该和乐乐共同商讨并交还小木槌。这样既尊重乐乐的选择又能使事情得到解决。

总之，2 岁半的乐乐，正处于情绪管理能力的关键时期，如何识别自己的情绪、如何恰当地表达情绪、如何合理地调控情绪，都需要父母的帮助。因此，家长要从自身做起，经常与孩子进行沟通，了解他们的真实想法，并有意识地锻炼他们。坚持下去，你就会发现，自己的孩子正渐渐成为一个勇于面对困难的人！

（长春市人民政府机关第一幼儿园果果班家长　张晓磊）

实践案例

案例16
用情绪表达“需求”的子闰

故事呈现

烈日炙烤着大地，花草都垂下了脑袋，空气中弥漫的热浪让人喘不上气来。我正在厨房里做饭，突然听见子闰在客厅里号啕大哭，边哭边喊：“不要爸爸，不要爸爸。”我听到哭声立刻走出来，爸爸一脸无辜地说：“他把抹布弄湿没拧干到处擦，我就把抹布抢下来了。”我抱起子闰：“你是不是要帮助妈妈干活呀？我帮你把抹布拧干好吗？”子闰立刻恢复了平静，拿到了干的抹布，他擦得更认真了。

过了一会儿，子闰找到了一支按动中性笔，随处画画。爸爸发现后，子闰就带着中性笔到处跑，边跑边往沙发、桌子、地垫等他能够到的地方乱画。爸爸很生气，一把拽住他，大吼道：“你有没有听到我说话！”子闰还来不及反应，笔就被爸爸抢走了，子闰生气地大吼：“还给我，那是我的！”可他怎么蹦也够不到爸爸手里的中性笔，急得直跺脚。爸爸把笔举得高高的说：“不可以到处乱画！”子闰崩溃地坐到地上边哭边蹬腿。“子闰，这个就是不能到处乱画，画到沙发上和地上都擦不掉。”爸爸越说，子闰的哭喊声越大。

爸爸认为他一会儿就能好起来，可事实上子闰远比他想的有“战斗力”。他越哭越伤心，哭得满脸通红。爸爸似乎有些心软了，灵机一动，把中性笔里的笔芯拿了出来，边给子闰笔边说：“别哭了，别哭了，爸爸给你笔。”子闰这才睁开眼睛，哭声也变小了。他接过中性笔，往地上画了画，没有出现痕迹，歪着脑袋觉得很奇怪：“咦？”拿起来仔细端详笔的前端，发现没有笔尖。子闰哇的一声大哭起来：“这个不是！这个不是！”并把笔扔了出去，恰巧砸到了电视屏幕上。爸爸更生气了，一把把子闰拎了起来：“你干什么！随处画就是不对的，这又把笔砸到电视屏幕上，电视屏幕很容易出现碎点，怎么就这么不听话！”子闰号啕大哭。

我闻声走来，蹲下身子把子闰抱在怀里说："怎么啦？你哭得好伤心啊。"子闰连连点头，边哭边说："爸爸抢走笔，我可着急了。"这时哭声逐渐变成了抽泣，我轻轻地给子闰擦脸上的泪水，说："你看起来很生气，是因为笔画不出来你发脾气了吗？妈妈给你洗洗脸，你都哭成小花猫了。"我带着子闰去卫生间把脸洗干净。我轻轻拍着子闰的后背说："子闰不发脾气，不生气了。"我分别拿了两个抹布，递给子闰一个抹布并邀请他："你把沙发和地垫都弄脏了，可以帮助它们把脸擦干净吗？"我边擦边说："沙发，你高兴了吧，给你擦干净啦。"子闰学着妈妈的样子边擦边说："地垫，你高兴了吧，给你擦干净啦。"

子闰的心情逐渐恢复了平静，我拿出中性笔耐心地给他讲解："这个叫按动中性笔，里面没有笔芯所以画不出来了。这是子闰的蜡笔和画纸，子闰可以在这上面随便画，但不可以画到沙发、地垫、家具上，好吗？"子闰点点头，接过妈妈的蜡笔和画纸，开心地画起来。

故事反思

子闰的哭闹似乎在每一天都会上演不同的故事，他用哭闹来表达自己未被满足的内心。大多数的哭泣都明显地依赖于哭的后果是否得到成人的注意和妥协。

父母应当做孩子情绪识别的镜子，帮助孩子识别他正在发生的情绪。情绪的镜子功能和普通镜子类似，就是要把情绪原原本本地映射出来。

首先，父母可以通过用语言描述来做孩子生活中情绪的镜子，例如："你看上去很生气。""爸爸抢走笔你着急了吧。"对于正在闹情绪的孩子，这样的话是最有帮助的。它们清晰地表述了他现有的情绪。当正在发泄情绪的当事人能够认清自己的情绪时，可以自发地调节和改变。子闰今年 2 岁，只能支吾不清地描述他的情感世界，成人有时会不得其解。但他还缺乏隐藏情绪的技巧，每个手势和姿势都能帮助我们解读他们的内心世界。我通过子闰的面部表情、姿态表情、语调表情，做孩子情绪识别的镜子，识别他现在正在发生的情绪并尝试解读他的感受。

其次，缓解幼儿情绪时，除了语言上表达对幼儿情绪的接纳，更重要的是通过肢体接触来安抚。我一直悉心照顾子闰，和他建立了很好的感情连接。在子闰焦急、发怒、担心情绪出现时，之前良好的感情基础发挥了作用。例如，在他哭泣的时候抱抱他，轻拍他的后背，等等。孩子调节情绪是非常快的，几乎在你接纳他情绪的开始，他的情绪就已经发生了改变。

此外，父母在接纳幼儿情绪的行为上要达成一致，才能给孩子营造良好的情绪环境。爸爸平时工作繁忙，他对子闰的很多行为不能理解。在语言沟通上也缺少聆听和认同，多数是命令一样的说教。例如："你有没有听到我说话！""不可以到处乱画！"命令和说教会使孩子抗拒和情绪化。由于语言交流的无效感，爸爸就多次选择用成人身体的优势来达到自己的目的，比如把抹布抢下来，一把把子闰拎起来。我应该多和爸爸沟通孩子平时在家表达需求的各种表现，引导爸爸可以通过悉心观察子闰的行为，理解他为什么会有这样的表达，又该获得怎样的支持。

最后，我和爸爸要最大限度地支持子闰探索世界的需求。《3—6岁儿童学习与发展指南》中提出，最大限度地支持和满足幼儿通过直接感知、实际操作和亲身体验获取生活经验的需要。我们要甄别出子闰行为中正确且可提供支持的方向和需要。例如：只要改变抹布没有拧尽水的现状就可以支持孩子主动擦地、热爱劳动的行为；只要提供可以在哪画的原则和要求，就支持了孩子乐于画画的行为。家长还要积极促成孩子成为解决问题的参与者。我巧妙地把子闰哭得像小花猫一样的脸和沙发、地垫弄脏的情况联系在一起，子闰就很好地理解了弄脏了要擦干净的原则，行为上主动参与到了解决问题中。

理解孩子的情感世界是一个新奇的、永无止境的过程。虽然子闰和我们在现实生活中每天上演的剧情，是不容我们先去排练的。但只要我和爸爸愿意花时间去观察孩子，理解孩子用哭表达的心理需求，接纳孩子的情绪，支持孩子探索世界的独特方式，一起寻求解决问题的方法就不会迷失方向。

（长春市人民政府机关第一幼儿园豆豆班家长　申海燕）

实践案例

案例17
难以融入的“过家家”

故事呈现

晚餐后，我带着 4 岁的依依散步。漫步在绿树如荫的甬路上，依依牵着妈妈的手蹦蹦跳跳，像一只快乐的小兔子。刚走到小花园，只见三个小女孩用两个跳绳围城一圈，在里面放了一些树叶、花叶、纸团等物品，玩着“过家家”的游戏，女儿驻足，目不转睛地看着。

“你也想和小朋友一起玩吗？”女儿点点头，“那你去问问，尝试一下！妈妈相信你能行！”看着她感兴趣的样子鼓励女儿。

女儿走到小女孩们面前一再回头张望，怯生生地说：“我可以和你们一起玩吗？”

“不可以！”一个小女孩斩钉截铁地回答道。

女儿回头委屈地看着我，似乎马上就要哭出来：“妈妈，她说不行！”

我再三鼓励她加入游戏，试过几次之后，孩子却很伤心地对我说，“妈妈，她为什么不愿意（和我一起玩）？”。接连遭受拒绝的她很失望也很伤心，站在跳绳外，不敢越雷池一步。

看着女儿伤心的表情，我把她拥入怀中，拍拍她的后背，说道，“你很想和她们一起玩，但是小朋友不让你参与进来，你很伤心，是不是？”女儿同意地点点头，“当你面对一个熟悉的好朋友和一个陌生朋友，你会更愿意和谁一起玩呢？”

“好朋友！”女儿小声地答道，情绪平复一些。

“所以小朋友不认识你，拒绝让你加入这很正常。前面还有更好玩的东西，也许你也会交到其他的朋友呢。”

说罢，我欲牵着她的手离开，尽管女儿仍然不愿意离开，但我清楚继续留在原地，她的情绪也许会“倍受煎熬”。

恰在此时，有一位约6岁的男孩走过来，看着女孩子们的“家”，评价道：“你们的家怎么没有厨房呀？怎么做食物呀？而且也没有门，怎么让客人进来？……”男孩看着女孩们的“家”评价着，一旁的女孩子回答：“我们是需要一个厨房的。”说着，骑着脚踏车在周围开始采集树叶。

见状，我忙说道：“我们这里有厨房用的东西，还有食物，你们需不需要？”女孩子们听到我这么说，爽快地答应，见状，我又趁机说道：“我们来当客人，给你们带来可以烹饪的食物吧！”就这样，女儿有机会加入了游戏，非常高兴地和小朋友玩了起来，刚刚的失落阴霾一扫而光。虽然整个过程仅有一个小时，但依依的情绪犹如过山车一样，从起初被拒绝的伤心失落，到渐渐情绪平复，再到感受和同伴在一起游戏的快乐。

故事反思

作为一位母亲，女儿的情绪的起伏牵动着我的心。诚然，这是幼儿社会交往中经常遇到的拒绝和情绪处理问题，处理不当不仅会造成孩子社交退缩，甚至会影响孩子身心健康。作为家长该如何帮助孩子正确处理伤心难过的消极情绪呢？

首先，接纳被拒绝，积极面对悲伤情绪。随着孩子年龄的增长，家长应该逐渐引导其学习和掌握消极情绪转移、缓解与控制的方法。

当依依遭到拒绝时，作为妈妈，我没有生气，或斥责而压抑孩子的情绪，而是采用拥抱方式，理解和接纳孩子的情绪。等孩子情绪平复些后，告诉她：“每个人都有拒绝或接受别人的权利。假如有不认识的小朋友想和你一起玩，你只想自己玩，也会拒绝和他人一起玩呢。”让孩子识别伤心的情绪，同时利用换位思考，让宝贝产生共情，让她逐渐具备理解自己和他人情绪的能力。这有利于缓解社交情景中的因拒绝而产生的伤心、失落等情绪。

其次，父母要尝试不同的方法，帮助孩子走出悲伤困境。父母在充分接纳孩子的情绪后，更重要的是给予他们鼓励，以及可操作性强、有针对性的处理消极情绪的方法。

我看到依依在被拒绝后仍然努力尝试，便给予了肯定和支持，“你今天敢于说出了自己想和小朋友一起玩，敢于表达自己的想法，你真的很棒！”并且尝试通过转移注意力的方法，避免孩子深陷悲伤情绪难以自拔。同时，观察游戏中的需求，找时机加入游戏，发现可以学习的榜样，使得暂时遇到困难的女儿，在他人的示范和帮助下很自然地融入游戏。

最后，持续关注孩子情绪，做好孩子情绪的引路人。在帮助依依掌握情绪的相关知识和处理方法时，需要将其暴露于同伴互动的情景中，并对其出现的社会适应行为予以积极强化。

通过这次小小的过家家游戏，我发现依依在面对别人拒绝的时候手足无措，伤心沮丧。因此，作为妈妈，我以此次的过家家游戏为契机，经常带依依参加同伴游戏，并给依依创造社会交往的场合。同时，帮助孩子通过不断自我反思和尝试，掌握交往技能，做好处理情绪问题的引导者，帮助其逐步缓解社交产生的不良情绪。

良好的情绪不是一天形成的，改变也非朝夕。陪伴孩子成长之路，亦是家长的修炼之路。以此共勉！

（长春市人民政府机关第一幼儿园苗苗二班家长　王桂娟）

实践案例

案例18
汤圆的叛逆

故事呈现

刚一进屋，汤圆便以百米冲刺的速度跑进厨房，大喊大叫着：“宝宝要弄这个，啊啊啊啊！”看到情绪突变激动的他，我只能安抚着说：“你可以在厨房里玩一会儿，但是要小心，拿任何东西都要问一下妈妈可不可以拿。”他没有回答，自顾自地在那里认真模仿着平日里打扫厨房卫生的我。过了许久，我让他准备洗澡入睡，他却抵抗地叨咕着说：“宝宝不洗澡，宝宝不洗头。”这时，我耐心地给他讲洗澡的好处，并告诉他要做一个爱干净、讲卫生的好孩子。他却开始反抗地说害怕洗澡，又挑剔着说水太热，一番洗澡“奋战”后，我已经累得满身是汗、筋疲力尽。

随后，在我清洗衣物的时候，汤圆不但光着脚在厨房里到处乱翻，又把自己的玩具放进了烤箱。有些按捺不住脾气的我，大声呵斥到：“你进屋玩自己的小烤箱，那里的所有东西都和厨房的一样。”可他似乎并未在意我生气的态度，依旧抬高了嗓音对我说：“宝宝不进去，宝宝就在厨房里。”我按捺住即将爆发的情绪告诉他厨房里的烤箱有电，小朋友不能随意摆弄。而他又打开了空气炸锅，把家里的瓶瓶碗碗都放了进去。我再一次呵斥着强调妈妈在做家务，让他乖乖进屋玩玩具，一会儿妈妈就会陪他玩。可倔强的他依旧不理会我的情绪，说着：“宝宝就不进屋！”这时，已经不耐烦的我对他说：“你赶紧进去，妈妈要生气了，厨房没有你能玩的，你的玩具都在屋里呢，还光着脚不穿鞋，厨房地上凉。”可他依然没有理会，翻翻这翻翻那。这时已经失去耐心的我，想把他拉进客厅，他见状蹲下不起来，哭闹说着：“宝宝就要在厨房里！”我加大了声音的分贝说：“你赶紧进去，快点！”他一边哭一边坚持着自己的小倔强，已经身心疲惫的我毫无耐心，大喊道：“你能不能听话，赶紧给我进去，一天天总闹什么啊？天天这么闹谁能受了，让你干什么你不干什么，没有一次让你进去你能痛快进去的，你到底想干什么？”他看着我，哭得更伤心了，并大喊大叫，使劲拍打着我：“找妈妈，妈妈抱！”生气至极的我顾不上他的情绪，喊得嗓子都有点沙哑。见状不妙的他也开始害怕起来，一边哭泣一边说着：“宝宝听话。”还紧紧地抱着我。看到汤圆难过的样子，情绪已经宣泄的我突然感觉到自己这样的怒吼式教育是不对的！

其实，汤圆只是对我平时在家做饭打扫的模样很感兴趣，想要尝试去做一做，并且厨房里的东西的确都是他玩具里没有的物品，比起玩具的“假象”，厨房里这些真实的东西对一个孩子来讲更具吸引力，这勾起了他强烈的好奇心。想到这儿，我紧紧地抱着他，安抚着他的不良情绪，并嘱咐他乖乖玩一会儿，妈妈马上就整理好家务，然后陪他一起玩。我还建议他去看看他的小烤箱里都在烤什么，可以给妈妈吃一点东西补充一下体力。并告诉他我不是不让他去厨房，而是厨房里面太危险，在我不能保证他安全的前提下，希望能够尽量将他把控在安全环境中。他窝在我的怀里，抽泣着并点点头，慢慢地，我们的情绪都恢复了平静，在宣泄情绪的同时也在为彼此“疗伤”。

故事反思

首先，处于3周岁左右的汤圆还无法控制和调节自己不良的情绪，在家里各种说“不”的行为是第一个叛逆期的表现，此阶段的孩子通常会以自我为中心，通过一些较为夸张的行为吸引大人的注意。同时他们不愿被家长指挥，希望得到尊重，成为独立个体。此外，孩子的情感在这个阶段通常反复无常，摇摆不定。所以，我要在理解的基础上正面去鼓励他，使他勇敢地接触一些未知事物，只有适度的陪伴和呵护才是正面的教育。

其次，家长要懂得这一阶段孩子的表现属于正常现象，避免指责孩子的某些行为，如与家长对抗，不让做的事情一定要去做，等等，这并非孩子不听话，而是处于这一阶段的他们充满了好奇心，并且不愿被指挥，家长应保护这种心理状态，在保证孩子安全的前提下让他们多去探索，这对孩子的成长十分有益。当然，并非孩子的所有要求与行为均可以得到许可。在某些问题面前，家长可以适当说不，拒绝孩子的无理要求，可以让他们在内心建立界限，对合理与无理有一个初步认识。但也不要用过于强硬、呵斥的语气与孩子沟通，保持平等、谦和的语气，更容易被孩子接受。

同时，我的“暴躁”情绪也警醒着我，要发自内心地去了解汤圆的内心世界，而不是用自己对他的批评先去压制他的不良情绪，让他觉得“妈妈生气，我就得听话”“妈妈暴躁，我就不能说话”，所以在意识到自己的错误时，我紧紧地抱着他，给他安全感，并安抚他的不良情绪，给予他安慰，并告诉他不能在厨房里玩的原因。

最后，人类生活在一个丰富多彩的世界中，孩子对身边的一切都会感到很好奇，只要孩子对某一事物产生了浓厚的兴趣，就会大胆积极地去刨根问底。汤圆平时总是看着妈妈在厨房里忙碌，他也想学妈妈的样子，并研究一下烤箱、空气炸锅、吸尘器到底是什么样子的。浓厚的兴趣能够使孩子在求知过程中的各种感官处于最佳的工作状态，注意力高度集中，能够持久地观察并积极地思考。这一阶段是家长培养孩子良好社会心理的较佳时机。孩子可能会在日常生活中表现出一定的攻击性与对抗性，家长应积极引导孩子多去帮助他人，多理解他人，让孩子逐渐理解与他人合作、关爱他人的重要性，这对孩子未来能够顺利进入社会生活有一定帮助。

心理学教授约翰·戈特曼提出：我们对孩子的每一句批评，要配上五句鼓励，才能维持稳定的关系，所以我们应该给予孩子更多的耐心，多去信任孩子，鼓励孩子，不要把自己负面的情绪宣泄在孩子的身上，一句鼓励，一句赞美，一个温馨的拥抱，都会让他更有动力，觉得更加温暖！

（长春市人民政府机关第一幼儿园苗苗一班家长　刘佳）

实践案例

案例19
害怕音乐声的乐乐

故事呈现

我的儿子乐乐是一个活泼开朗的小男孩，平时喜欢听音乐、唱歌，虽然他才 3 岁，但是随着音乐节奏手舞足蹈可是他的拿手绝活。不过有一次，全家人去吃火锅，突然店里响起了生日歌，声音特别大，又特别突然，店里吃饭的客人都吓了一跳。这时，乐乐的脸色苍白，愣在那里，一下子就哭了起来，我见状急忙安抚他的情绪，待生日歌结束之后，乐乐的情绪才稳定了下来。我们以为这只是一个平常得不能再平常的小插曲，没想到事情并不是那么的简单。

第二天，听幼儿园老师说乐乐在听到广播放间操音乐的时候突然大哭了起来，怎么哄也哄不好，也不知道是什么原因。老师把乐乐抱了起来，离开操场，寻问乐乐怎么了？乐乐一边哭，一边说：“音乐听不了啦！音乐听不了啦！”音乐怎么会听不了呢？老师们都感觉很奇怪，不过一直在安抚他。后来间操结束了，音乐声也没有了，乐乐才慢慢好起来。联想到昨天晚上在火锅店发生的事，我“诊断”乐乐应该是吓到了，为了让乐乐不再哭闹，就跟老师说这几天先不让他做操了，心想过几天应该就会好起来。

几天之后，是幼儿园一年一度的六一运动会。那一天幼儿园所有的老师、小朋友和爸爸妈妈都怀着愉悦的心情来到了体育场里庆祝六一儿童节。运动会的第一项是各班小朋友们的入场式，当运动员进行曲响起来的时候，乐乐开始大哭起来，一边哭一边捂着耳朵大喊：“不要有音乐声！不要有音乐声！”老师怎么也哄不好他，拿出平时他最喜欢的玩具和最喜欢的零食都不行。马上就要轮到乐乐班级进场了，可是乐乐这样根本无法参加入场式，老师把乐乐交给了我，我和他爸爸无奈地只好把他带出了体育场。我意识到，乐乐不是单纯被吓到了，也不会随着时间的推移就自己好了，对于乐乐害怕音乐声，我决定要重视起来。

怎么能帮助乐乐克服这种害怕的情绪呢？我苦思冥想了一个晚上。第二天是周末，早上起来我做了他最喜欢吃的早餐，然后跟他一起玩他最喜欢的玩具，观察到他的情绪还不错，我说道：“你最喜欢的是哪个玩具呢？”乐乐说：“当然是喜羊羊了，他多聪明啊！”“那喜羊羊的朋友都有谁啊？”我接着问。“有美羊羊、懒羊羊、沸羊羊、慢羊羊啊！”“啊！喜羊羊那个歌怎么唱来着？教教妈妈好吗？”我一边试探地问着一边观察他的表情。乐乐一边玩玩具一边唱了起来，“乐乐唱得真好听！”我一边夸奖他一边跟着他一起唱。

这时，我轻轻地用钢琴弹奏出儿歌的旋律，请乐乐和我一起在钢琴的伴奏下唱歌。然后我邀请乐乐和我一起来弹钢琴，并引导他感知当手指触碰键盘的时候，钢琴就会发出声音，手指离开键盘时钢琴声马上就会停止。接着我用手机播放了乐乐小时候睡觉时听的《爱和乐》，音乐声音很小而且旋律悠扬缓慢，乐乐愣了一下，我试探着说：“我们来玩一个音乐停一停的游戏，你说停的时候妈妈就停止，好吗？”乐乐点了点头，只要他说停，我马上就让音乐声停止。接下来，我又选了几个乐乐喜欢的歌曲来玩这个游戏，慢慢地他接受了这个游戏，玩得很开心，也不再害怕音乐声了。为了帮助乐乐克服在幼儿园里对音乐声的恐惧，老师领着乐乐来到电教室，让他亲自播放间操音乐，在他想停止的时候立马可以让音乐停止，慢慢适应了几天，乐乐不再害怕音乐声了。

故事反思

乐乐突然出现恐惧声音的情绪，一开始让我和他爸爸有点措手不及，自认为自己的儿子平时那么的活泼开朗，怎么会害怕音乐声呢？虽然一开始有些不解，但是我看到乐乐在听到音乐时一边哭闹一边有着恐惧的表情时，我觉得还是要科学合理地帮助乐乐。

首先，作为父母要认同孩子的感受。当孩子表现出恐惧的时候，我们要理解孩子的情绪，不能逃避，也不能让孩子强行接受，要让孩子一点点地去认同恐惧，去接纳恐惧，从而克服恐惧，不要因为孩子表达情绪而去否定他。有研究发现：正常儿童中，90% 以上的幼儿会有不同程度的害怕心理；40% 的 2—4 岁儿童至少有一种害怕；43% 的 6—12 岁儿童有七种以上的害怕。通常小孩子总会怕这怕那的，家长其实不用担心。孩子在 3 岁左右的时候容易感到恐惧是正常的，因为这一时期的孩子大脑认知能力逐渐增强，想象力开始爆发。孩子胆小并不是一件丢人的坏事，怕，代表着孩子对危险识别的敏感以及自我保护意识的增强。家长需要知道，恐惧是一种正常情绪，不要因为孩子害怕的事情多就担心孩子懦弱没出息。我们要认同孩子的感受，可以抱一抱他，让孩子感受到被爱、被理解。

其次，帮助孩子认识恐惧本身。作为家长的我们应该时刻注意自己的言行举止，不要随随便便用一些玩笑去骗孩子，而要通过告诉孩子事物的真相来消除孩子的恐惧。在查找一些资料后，我了解到，儿童的恐惧是由于现有的认知对一些问题不能够理解而产生的。而乐乐是由于在火锅店里被突如其来的巨大音乐声惊吓到了，所以他对大的音乐声就出现了不理解和恐惧，一旦出现类似间操、广播的音乐声，他就会担忧、哭闹，产生心理负担，害怕声音停止不了。所以帮助他感知声音的由来，让他去尝试自己控制音乐的声音，只有他了解了事物的真相才能真正地克服恐惧、战胜恐惧。

最后，帮助孩子走出恐惧的阴影。随着孩子的长大，遇到的事情也越来越多，害怕的原因也五花八门，这时家长就要帮助孩子解决问题，克服孩子恐惧的心理，而不是抱怨孩子的胆小和无知。想一想作为父母的我们在小时候是不是也会怕这怕那的呢？那时候的我们希望父母怎么做，今天我们就去怎么帮助孩子、理解孩子吧。在乐乐出现害怕音乐声的这段时间里，我和乐乐爸爸包括老师都在积极帮助乐乐克服心理障碍，给他更多的关爱，让他知道音乐的声音是我们能够控制的，最终他战胜了害怕音乐声的心理。我们不是一味地去说教，或者放任不管，而是找出乐乐出现这种情绪的原因“对症下药”，最终经过我们的共同努力，乐乐不再害怕音乐声了，恢复了以前活泼开朗、爱唱爱跳的样子。

（长春市政府机关第一幼儿园苗苗三班家长　崔欢）

实践案例

案例20 不一样的五岁生日

故事呈现

七月的第一个周末，阳光明媚，微风不燥。我和一一像往常一样在家附近的“源来书屋”共享闲暇时光。她在各式各样的玩具间流连忘返，我翻阅着书架上的畅销读物，她会时不时过来和我分享自己的发现，就这样，时间一点点流逝。

在快要离开的时候，她拉着我的手，小声说：“妈妈，你快来看，Kitty 猫海边度假的手提房子，我真的很想要这个玩具。”按照以往的习惯，如果孩子提出买玩具的要求，我会根据玩具的类型、价格、购买频率这些因素来跟孩子商量是否买这个玩具，而不是有求必应。今天这套玩具的价格不菲，我下意识想要和她协商一下，却忽然意识到下个周末是孩子的生日，或许，可以换一个思路。

“你是真的很想要这个玩具吗？”我尝试确认她的想法。在我的印象中，她最爱的卡通人物是爱莎公主，很多玩具、用品都选择和爱莎公主相关的。第一次听到她想要一个 Kitty 猫的玩具，我很好奇这其中的原因。

“真的很想要，妈妈，你看它可以在海边度假，还有灯可以亮起来。”她向我介绍起这个套装的玩具。

我忽然想起前几天在车上感叹，“好想去海边度假啊，想吃三亚的波罗蜜，那是我吃过最好吃的波罗蜜！”“妈妈，我也想去海边度假。”一一在后排座听到后，马上喊道。“好啊，等你再大一点，我们一起去好多没去过的地方。”我带着美好的憧憬回应着她。

就是这样一小段对话，给孩子留下了深刻的印象，激起了她对海边度假的美好期待，这份期待留在她浅浅的记忆里，直到看到这套海边度假的玩具。

“下周六是一一宝宝的生日，到时候妈妈把这个玩具给你买来做生日礼物，可以吗？”在确认了她的真实想法之后，我提出了自己的建议，这样既满足了她对新玩具的期待，又给这套玩具赋予了特殊的意义。

“太好了，太好了，谢谢妈妈！”一一兴奋地围着玩具，再次向我介绍起来。

就这样，今年的生日礼物由她自己选好了，对于生日礼物的期待也由这一天开始。第二天起床她就问：“妈妈，今天是周几，我生日还有几天？”早上入园、晚上离园，她会在想起来的任何时候，无比期待地向我确认收到礼物的时间。然后兴奋地自言自语：“耶耶耶，周六过生日我就要收到新玩具啦！”

感受到期待对于孩子积极性的调动，我临时决定，今年的生日蛋糕要早一点选，并且把选择的权利交给孩子。周一晚上离园后，我和一一去欧亚卖场提前选蛋糕。在蛋糕店一页页翻看蛋糕册后，一一选择了她最喜欢的粉色王冠款蛋糕，兴奋地向店员确定她的选择。回家坐在车上一直唱着歌，晚上爸爸下班回来之后，我们一起选择周六过生日的地方。最后，决定去一直想尝试的户外露营。

玩具、蛋糕、露营，这些对于生日的期待萦绕在这一周的每一天。当然，我和爸爸也很默契地在孩子的自选礼物之外，又给她准备了神秘礼物。周末的生日在孩子的期待与惊喜中度过，给我们留下了美好的记忆。在记录的这一刻，我仍旧能够想起来，她趴在身边对我说，“妈妈，我太开心了，过生日是我最幸福的事情。”

首先，满足内心需求，增加积极情绪体验。马斯洛需求层次理论认为，人的需求包括生理、安全、社交、尊重和自我实现。孩子的健康成长，除了物质条件保障生理、安全之外，还离不开家长的心理支持。今年是一一的第五个生日，回想过去，除了第一年孩子的生日在ICU度过之外，之后的每一年我们都会按时买生日蛋糕，买礼物，记录这个特别的日子。但因为忙于工作，我们在庆祝生日时忽视了很多细节带给孩子的心理感受。今年，把过生日选礼物、选蛋糕、选地点的权利交给孩子，在这个过程中，孩子的内心需求得到了满足，感受到被尊重，兴奋、喜悦这些积极的情绪体验也随之而来。

其次，适时延迟满足，提升积极情绪感受程度。个体的期望实现时会产生积极的情绪体验。然而，积极情绪的感受程度与目的的重要性以及意外程度有直接关联。当一一非常想要度假房子的玩具时，如果我立即满足她的需求，她确实会很开心，获得积极的情绪体验。但通过与一一协商，适时采取延迟满足等待一周的方法，玩具被赋予了新的价值，可以作为生日礼物。等待玩具的期待、喜悦与兴奋充盈着接下来的一周，孩子对于积极情绪的感受程度比直接满足更深。

最后，抓住教育契机，营造积极情绪环境。孩子需求的产生，往往伴随各种各样的情绪状态。作为父母，我们往往更关注孩子的消极情绪，比如生气、难过、害怕。在孩子大声哭泣时，在孩子大喊大叫时，在孩子闷闷不乐时，我们总是会想各种办法去缓解负面情绪带给孩子以及周围人的影响，却忽视了抓住积极情绪带给孩子的内在力量。

实际上，对于消极情绪的关注属于补偿性教育，而积极情绪被视为具有正向价值的发展性情绪。情绪教育的本质是营造更多积极的环境，在日常生活中有意识地创造积极的记忆，与孩子分享对未发生事情的计划，都可以让孩子有更多机会去体验积极的情绪。在这次生日经历中，我有意识地让孩子沉浸在期待和惊喜的情绪中。看到孩子在等待过生日这段时间里情绪状态的变化，让孩子感受到成人营造的积极情绪氛围给她带来的美好体验，包括身边的家人，会因为这种力量的感染，获取更多内在的能量，增加心理弹性。这或许就是教育的唤醒作用发挥的神奇力量吧！

（长春市人民政府机关第一幼儿园果果班家长　樊俊杰）

话题拓展

阅读治疗最早起源于古希腊，古希腊人将图书馆作为“心灵治疗所”，运用图书馆内的圣经或道德书籍治疗患者，改善他们的心理状态。

现在，研究者根据服务对象的不同将阅读治疗分成两类：一类是治疗性阅读治疗，主要应用于医学和精神治疗领域，由医生选取适当的阅读材料协助病人解决心理问题；一类是预防发展性阅读治疗，主要应用于教育领域，指导者运用文学作品帮助个体接纳自我，增进对自我的了解，促进个体健康发展。

1. 阅读治疗的功能

近年来，越来越多的心理卫生机构和教育机构开始使用“阅读”作为促进儿童心理发展的手段与方法。研究者认为，阅读治疗对儿童发展的作用主要有以下几个方面：

（1）促进儿童的自我发展，解决儿童社会性发展问题。

（2）支持儿童表达情绪，提供情绪宣泄与情绪发展的途径。

（3）帮助儿童建立良好的人际关系，增进环境适应能力，面对同伴的压力、疏离和拒绝，帮助儿童结交朋友，改善对不同种族的歧视态度。

（4）帮助有生理或心理有障碍以及处境不利的儿童解决问题。

2. 阅读治疗的过程

对阅读治疗作用机制的探索较有影响力的是弗洛伊德学派。该学派认为，阅读治疗发生作用是读者被作品中的内容吸引后，进而开始关注故事主人公的经历及作品所传达的信息，在与作品内容互动过程中会产生一系列心理变化。有研究者将阅读治疗过程分为认知、检查、比较与自我应用四个阶段。

（1）认知阶段

读者在阅读时，会因为作品中某些语句所传达的信息而回忆起过去的相似经验，感受到与主人公相似的体验，或发现与其有类似困扰的问题，唤起未曾意识到的情感体验，从而对作品中人物的经验、行为或问题产生认同，进而衍生出情感联结。

（2）检查阶段

在对作品中的主人公产生认同后，读者会对由作品引发的感觉和观念进行检查，反思为什么会产生这些反应，哪些感觉对自己具有真正的意义，从而逐步释放个人情感。

（3）比较阶段

阅读结束之后，读者会将自己曾经经历的感觉和观念与作品中的人物的感觉和观念进行比较，从而对自身存在的困扰获得新的认识，引发内在的深刻反省，探索自身的需求与感受，从而找到适合自己的解决问题的方法。

（4）自我应用阶段

经过认知、检查、比较阶段之后，读者将作品中人物的行为、态度、方法运用到自己的实际生活中，从而引起自身的转变。

3. 阅读治疗的方式

故事书、读者和教育指导者是阅读治疗的三个重要因素。根据阅读过程中引导者与读者的关系，研究者将阅读治疗分为阅读式阅读治疗和互动式阅读治疗。

阅读式阅读治疗主要由医生、心理咨询师、教师等来扮演指导者的角色，推荐与读者治疗情况相关的书籍，由读者自行阅读。阅读治疗的实现体现在读者与阅读材料直接的交互作用上，与指导者没有直接关系。

互动式阅读治疗由指导者、读者、图书三者共同完成。在阅读的过程中，注重指导者对读者进行引导性的对话与二者的讨论，帮助读者确定其对作品产生的直觉反应，引导读者思考作品中主人公的行为方式，通过对话与讨论促进读者认知、态度及行为上的改变。

在教育实践中，以阅读治疗理论为基础，选取图画书作为情绪教育的资源与媒介，探究可能的教育模式，形成一定的教育方案，为促进幼儿情绪能力发展提供一定的依据与参考。